CAICT 中国信通院 | **集智丛书**

U0739110

2025年 ICT深度观察

CAICT Insight on ICT-2025

中国信息通信研究院◎编

人民邮电出版社

北　京

图书在版编目（CIP）数据

2025 年 ICT 深度观察 / 中国信息通信研究院编.
北京 ： 人民邮电出版社，2025. -- ISBN 978-7-115
-67380-0

Ⅰ. F492

中国国家版本馆 CIP 数据核字第 2025ZP0970 号

内 容 提 要

本书主要内容为中国信息通信研究院 2025 年在 ICT 产业、两化融合与产业互联网、无线与移动、信息网络、先进计算、大数据与人工智能、数字经济与工业经济、数字治理与法律、网络安全九大领域的深度观察研究报告，具有较强的时效性、权威性和实用性。

本书的主要读者对象为国内外电信运营商、设备制造商、增值服务提供商，以及政府部门、行业协会、研究机构的相关人员。

◆ 编　　　　　　中国信息通信研究院
　　责任编辑　胡　艺
　　责任印制　马振武
◆ 人民邮电出版社出版发行　　北京市丰台区成寿寺路 11 号
　　邮编　100164　　电子邮件　315@ptpress.com.cn
　　网址　https://www.ptpress.com.cn
　　三河市君旺印务有限公司印刷
◆ 开本：720×960　1/16
　　印张：18.75　　　　　　　　2025 年 9 月第 1 版
　　字数：304 千字　　　　　　2025 年 9 月河北第 1 次印刷

定价：129.80 元

读者服务热线：(010)53913866　印装质量热线：(010)81055316
反盗版热线：(010)81055315

编 委 会

主　编：余晓晖　王志勤

副主编：续合元　王爱华　史德年　石友康　许志远　何　伟

编　委：刘高峰　刘　默　万　屹　党梅梅　黄　伟　魏　凯

　　　　孙　克　张春飞　田慧蓉

作 者

ICT 产业篇　　刘高峰　张　晶　卢　玥　刘　泰　张　丽　胡昌军
张　悦　李小虎　韩　蕊　张雅琪　王雪梅　张利华　吴晓卿　王文跃

两化融合与产业互联网篇　　刘　默　田洪川　李亚宁　刘棣斐
张　涵　王瀚晨　李婷伟　王海萍　马晓琪　王润鹏　吴鉴洲　赵泽璧
张轲欣　贾金鹏　杨中桦　张佳玉　安梦越　夏　鹏　刘阳

无线与移动篇　　万　屹　曹　磊　朵　灏　刘　硕　刘　琪
杜加懂　韩凯峰　魏克军　马泽龙　李　凤　李侠宇　杨　艺　易建忠
王　潇　王智玮　戈志勇　周佳琳　宋爱慧　周　洁　王　琦　夏仕达
侯伟彬　景浩然　蔡雯琦　杜　滢　徐　菲　卢　丹　何异舟　于润东
郭文芳

信息网络篇　　党梅梅　苏　嘉　程　强　高　巍　刘姿杉　徐云斌
王　哲　赵俊峰　朱鹏飞　汤　瑞　高　静　王一雯　李向群　李　曼

先进计算篇　　黄　伟　周　兰　邸绍岩　王　扬　王　玮　丛瑛瑛
黄　璜　赖俊森　王　敬　吕佳欣　张　乾　崔忠杰　聂　一　何秀菊

大数据与人工智能篇　　魏　凯　王蕴韬　闫　树　孙　楠
郭　亮　李　洁　李　论　郭英男　胡宇航　王子暄　丁欣卉　于　达
韩　旭　齐格格　樊　威　丁怡心　董　昊　王泽宇　张斯睿　马闻达
艾博焕　贾　轩　吕艾临　康　宸　苏　越　李紫涵　巩艺骧　赵伟博
王靖婷　韩思齐　邹文浩　刘天赐　王少鹏　邱　奔

数字经济与工业经济篇　　孙　克　巩天啸　何　阳　李小虎
汪明珠　姜　颖　胡燕妮　冯泽鲲　耿　瑶　颜　蒙　郭怡笛　刘　璇
郑安琪　姜　涵　卜　越　陆　平

数字治理与法律篇　　张春飞　张子淇　石　月　程　莹　马　兰
邱晨曦　罗珞珈　伊婧煜　刘志鹏　韩晨阳　谭　俊　王甜甜　赵淑钰
王金钧　杜安琪　张君蔓　秦　越　彭宁楠　姚咏林　钱　悦　石立娜
何　波

网络安全篇　　田慧蓉　丰诗朵　李慎之　冯泽冰　刘晓曼　王玉环
李晓伟　周丽丽　杜　霖　焦贝贝　陕　言　宋燕琪　王金钧　杨文钰
葛悦涛

序

　　2024 年是全面贯彻落实党的二十届三中全会精神的一年，是实施"十四五"规划的关键一年，是加快培育新质生产力、夯实新型工业化发展底座的重要之年。党的二十届三中全会强调，要健全因地制宜发展新质生产力体制机制，健全促进实体经济和数字经济深度融合制度，完善推动新一代信息技术、人工智能、航空航天、新能源、新材料、高端装备、生物医药、量子科技等战略性产业发展政策和治理体系。这为信息通信业持续提质升级指明了前进方向，提供了根本遵循。这一年，全行业认真贯彻落实党中央、国务院决策部署，深入推进新型工业化各项任务，行业竞争优势和领先地位迈上新的台阶，在现代化体系建设中肩负起更大使命和责任担当。

　　2024 年，信息通信业坚持以人民为中心的发展思想，牢牢把握发展新质生产力的重要机遇，紧盯推进新型工业化的关键目标任务，积极创新、勇于改革，全面激发实数融合的巨大潜力，全国行业高质量发展迈出坚实步伐。**基础设施建设持续加强**。截至 2024 年年底，全国累计建成 425 万个 5G 基站，具备千兆网络服务能力端口达 2820 万个，实现"县县通千兆，乡乡通 5G"。在用算力中心标准机架数超过 900 万，算力总规模持续提升，有效满足各行各业日益增长的算力需求。移动物联网终端用户超过 26 亿户，"物超人"持续扩大。**核心技术攻关实现突破**。我国推出全球首个具有直连卫星服务功能的大众智能手机。5G-Advanced（简称 5G-A）标准贡献、6G 标准研制处于全球第一阵营，轻量化 5G 的核心网、定制化基站实现商用。空芯光纤、高速光电模块器件研制取得重大进展，400Gbit/s 长距离传输、光纤到房间等新技术规模部署。人工智能、量子通信等领域取得新成果。**实数融合应用规模发展**。5G 应用融入 97 个国民经济大类中的 80 个，5G、千兆光网、算力创新应用优秀案例数分别达到 13.8 万、3.7 万、1.3 万个。"5G+ 工业互联网"实现 41 个工业大类全覆盖，迈入高质量、规模化发展新阶段。"人工智能 + 智能硬件"开启新一轮消费空间，AI 手机出货量占比快速提升。**普惠民生服务扎实推进。**电信普遍服务和"宽带边疆"行动深入开展，农村网民规模超 3 亿。我国累计举办超 20 万场"银龄数字课堂"，为老年人开展智能设备使用、在线支付、防诈骗知识普及等相关培训活动，让更多人共享数字红利。**行业营商环境显著提升。**信息通信企业数量达到 17.7 万家，同比增长 11%，民营企业市场活力持续释放。对外开放进一步深化，在北京、上海、海南、深圳启动实施增值电信业务扩大对外开放试点。人工智能治理体系和标准规范加快完善。**安全保障能力日益增强。**关键信息基础设施安全保护持续深化，电信领域数据安全保护制度不断健全，筑牢个人信息保护防线和数据安全屏障。

2025 年是"十四五"规划收官之年，也是"十五五"规划谋篇布局之年。中国信息通信研究院将继续秉承国家高端专业智库和产业创新发展平台的定位，切实增强建设一流信息通信业总体院的责任感、使命感、紧迫感，聚焦 ICT 产业、两化融合与产业互联网、无线与移动、信息网络、先进计算、大数据与人工智能、数字经济与工业经济、数字治理与法律、网络安全九大领域，充分发挥思想库、智囊团、使能者作用，打造一批高水平科研成果，有力支撑工业和信息化事业发展，为谱写中国式现代化新篇章贡献更大力量。

《ICT 深度观察》系列报告已连续 17 年发布，是我院持续发布的年度重磅成果，汇聚专家对行业的透彻观察、深入剖析与真知灼见，希望能够为社会各界了解 ICT 产业最新态势和发展趋势提供参考。不足之处，请读者不吝指正。

王志勤

2025 年 4 月于北京

目录

ICT 产业篇

导　　读

2024 年，世界经济在缓慢复苏的进程中呈现出增长动力不足、发展不平衡和碎片化趋势加剧的特点。随着地缘政治冲突的升级及单边主义和保护主义政策的扩散，不同地区和国家之间的经济增长差异显著扩大。各国不断加大科技投入，推动产业转型升级，以适应全球经济发展的新趋势。尽管外部环境依然复杂动荡，全球信息通信业在人工智能（AI）等新技术的推动下，实现加速增长。

2024 年，我国 ICT 产业规模正加速扩张，对经济社会发展的支撑作用愈发显著。信息基础设施正加快完善，空天地一体化部署逐步加快，电信运营商积极布局新领域，盈利能力持续增强。互联网发展提速增质，国际化业务向深向广拓展。电子信息制造业产品迭代升级加速，收获 AI 首波红利。

展望 2025 年，ICT 产业将开启创新发展的新篇章，制造业与服务业的交替上升将成为显著特征。随着数字化转型的深入，ICT 将广泛渗透到制造业的各个环节，推动生产方式的智能化、自动化升级，使生产效率与质量显著提升。同时，服务业也将借助 ICT 实现服务的个性化、智能化，使用户体验大大提升。ICT 将推动制造业与服务业的深度融合，形成新的产业生态，促进经济的高质量发展。

本篇作者：

刘高峰　张　晶　卢　玥　刘　泰　张　丽　胡昌军　张　悦　李小虎
韩　蕊　张雅琪　王雪梅　张利华　吴晓卿　王文跃

一、2024 年 ICT 产业发展情况综述

（一）2024 年 ICT 产业在稳健增长中加速前行

全球 ICT 产业收入增速提升。2024 年全球 ICT 产业主要领域收入同比增长 9.9%，较上年提升 4.6 个百分点。与全球 GDP 增速对比来看，2024 年全球 ICT 产业收入规模增速高于全球 GDP 增速 6.7 个百分点。全球 ICT 产业主要领域收入规模增速和全球 GDP 增速如图 1-1 所示。

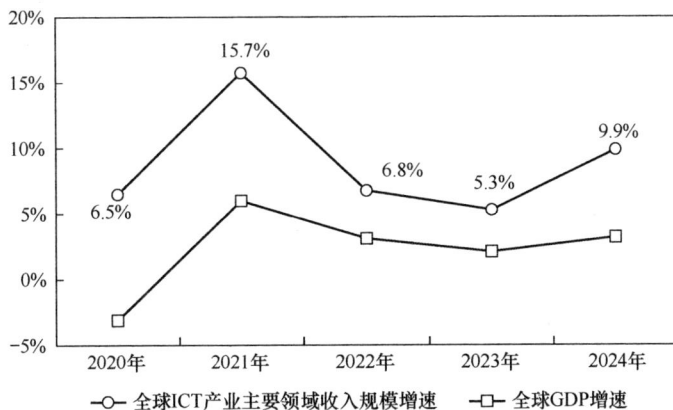

图 1-1　全球 ICT 产业主要领域收入规模增速和全球 GDP 增速

［数据来源：高德纳咨询公司（Gartner）、中国信息通信研究院、万得信息网（Wind）］

我国 ICT 产业增速回升。2024 年我国 ICT 产业收入规模达到 33.46 万亿元，同比增长 7.7%，较上年提升 2.8 个百分点。与我国 GDP 增速对比来看，2024 年我国 ICT 产业收入规模增速高于我国 GDP 增速 2.7 个百分点。我国 ICT 产业收入规模和增速如图 1-2 所示。

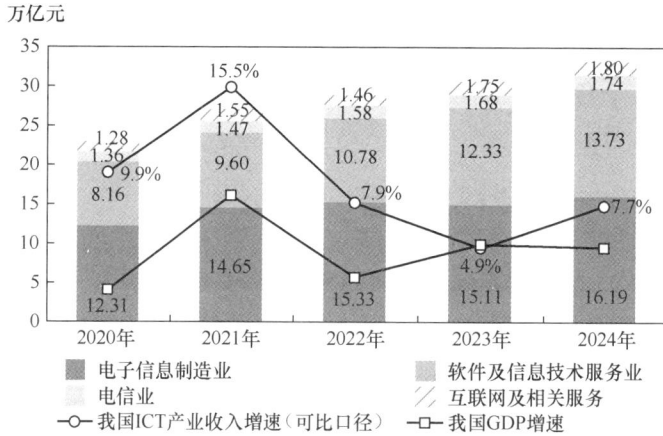

图 1-2　我国 ICT 产业收入规模和增速

（数据来源：工业和信息化部、中国信息通信研究院整理）

（二）在 AI 带动下电子信息制造业实现快速增长

全球 ICT 制造业 2024 年实现双位数增长。2024 年全球 ICT 制造业收入增长 12.8%，相较于 2023 年 –4.6% 的增速，2024 年全球 ICT 制造业呈现出明显回暖态势。从细分领域来看，**全球服务器和半导体领域的高速增长是 ICT 制造业回暖的第一动力**，2024 年这两个领域收入增长分别达到 72% 和 22%。其高速增长的主要原因是 AI 促进了人们对智能算力的需求的暴增，一方面这带动 AI 芯片和存储芯片产品的收入快速增长，带动半导体领域走出 2023 年景气周期低谷，在 2023 年收入下降 9% 的情况下，2024 年将实现 22% 的增长；另一方面这带动算力基础设施主要产品（服务器）的快速增长，服务器领域收入 2024 年在 2023 年 3% 增速的基础上实现 72% 的高速增长。**消费终端市场反降为升是全球电子信息制造业回暖的另一股重要力量**。手机、个人电脑（PC 和平板电脑）和两类消费终端产品 2024 年将从 2023 年的负增长转为 5%、3% 的正增长。2020—2024 年全球 ICT 制造业收入规模及增速如图 1-3 所示。2024 年全球 ICT 制造业关键领域收入增速如图 1-4 所示。

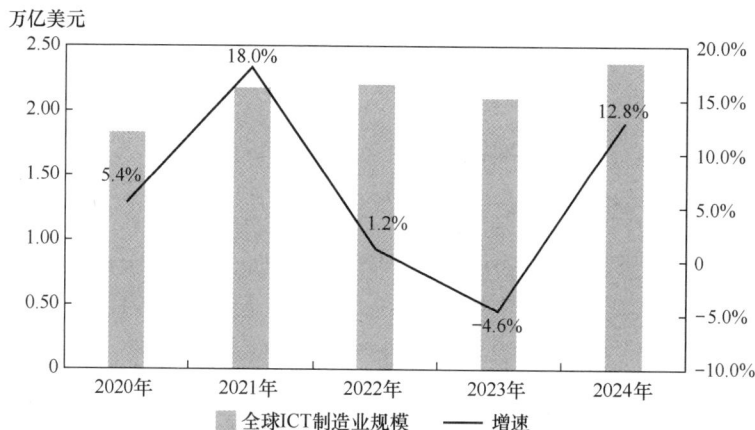

图 1-3　2020—2024 年全球 ICT 制造业收入规模及增速

[数据来源：Gartner、国际半导体设备与材料组织（SEMI）、TechInsights、群智咨询（Sigmaintell）、中国信息通信研究院整理]

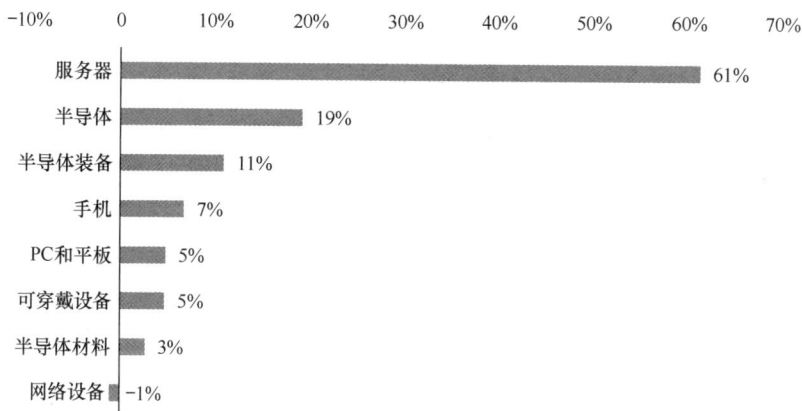

图 1-4　2024 年全球 ICT 制造业关键领域收入增速

（数据来源：Gartner、SEMI、TechInsights、Sigmaintell、中国信息通信研究院整理）

我国电子信息制造业增加值增速重回两位数。2024 年我国电子信息制造业增加值增速达到 11.8%，较 2023 年提升 8.4 个百分点，预计比同期工业增加值增速高约 6 个百分点。在过去的 10 年中，我国电子信息制造业增加值增速除 2023 年外，所有年份均高于同期工业增加值增速，呈现出明显的引领工业增长的作用。截至 2024 年 11 月，我国电子信息制造业增加值累计增速达到 12.2%，在 41 个工业大类中居第二位，仅次于金属制品、机械和设备修理业。2024 年我国电子信息制造业增加值增速与工业增加值增速的对比情况如图 1-5 所示。

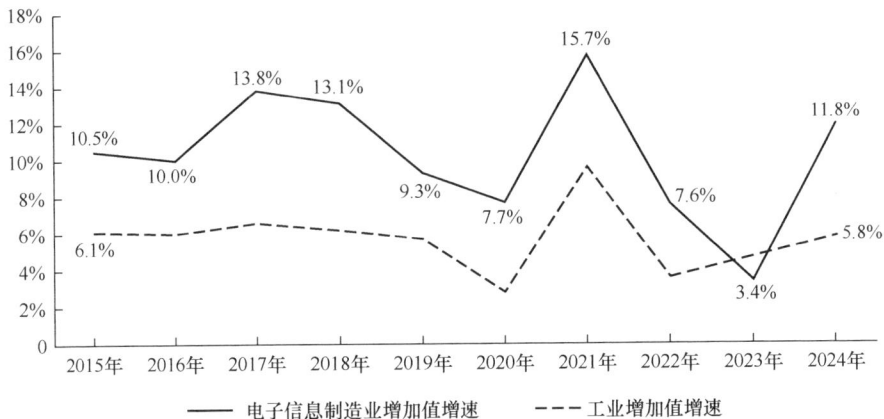

图 1-5　2024 年我国电子信息制造业增加值增速与工业增加值增速的对比情况
（数据来源：国家统计局）

（三）软件业收入保持快速增长，数字化服务和安全等领域收入增长较快

软件业收入保持增长态势。2024 年全球软件业收入超万亿美元，同比增长 11.8%，增速同比提升 0.3 个百分点；全球 IT 服务收入达到 1.65 万亿美元，同比增长 5.6%，增速同比提升 1.5 个百分点。我国软件及信息技术服务业实现平稳增长，收入达 13.7 万亿元，预计增长 10.0%。全球软件业、IT 服务业收入规模和增速如图 1-6 所示。

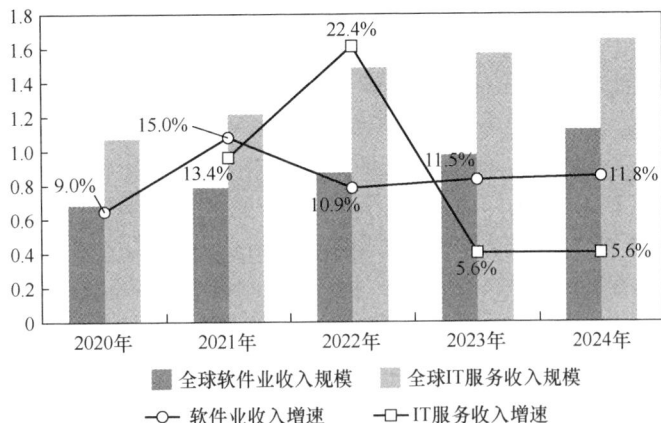

图 1-6　全球软件业、IT 服务业收入规模和增速
（数据来源：Gartner、中国信息通信研究院整理）

数字化服务和安全等领域收入增长较快。分业务来看，在全球软件市场中，为提升企业运营效率、优化客户体验应用的数字化服务领域和加强数据安全管理等软件细分领域收入增长较快。全球软件重点领域收入规模增长情况如图 1-7 所示。

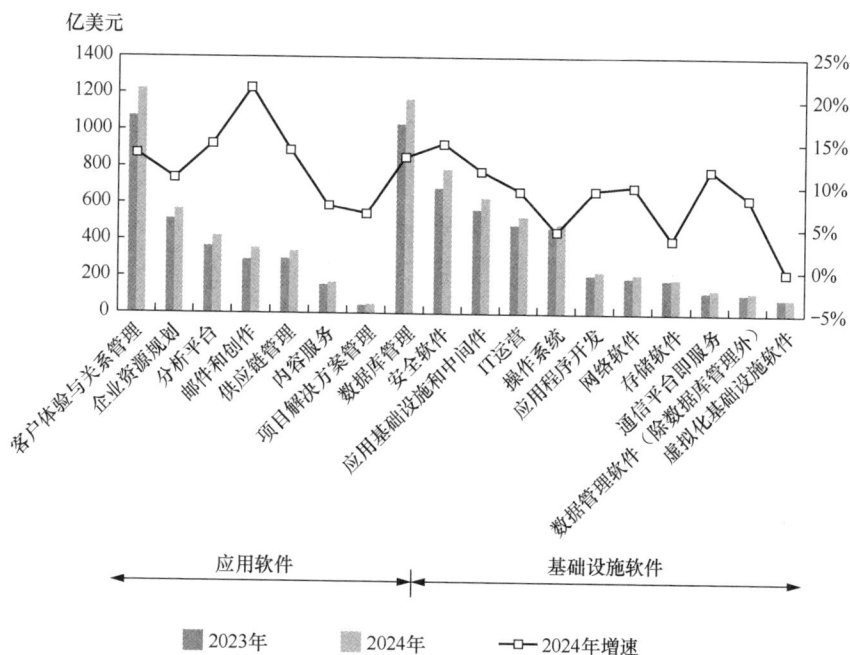

图 1-7　全球软件重点领域收入规模增长情况

（数据来源：Gartner、中国信息通信研究院整理）

（四）电信服务业收入增速略有下降，新兴业务收入较快增长

电信服务业收入增速略有下降。2024 年全球电信服务业收入同比增长 2.8%，较 2023 年下降 1.5 个百分点。我国电信业务收入同比增长 3.2%。全球电信服务业发展情况如图 1-8 所示。我国电信业务收入增长情况如图 1-9 所示。

万亿美元

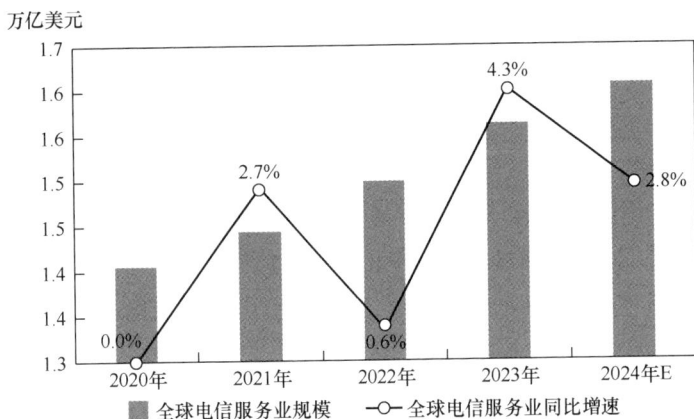

图 1-8　全球电信服务业发展情况

[数据来源：Gartner、中国信息通信研究院、世界银行、爱立信、

全球移动通信系统协会（GSMA）、TeleGeography]

万亿元

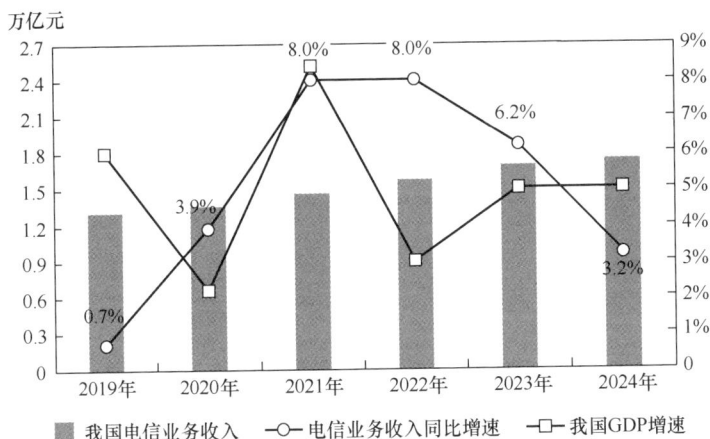

图 1-9　我国电信业务收入增长情况

（数据来源：工业和信息化部、中国信息通信研究院）

新兴业务收入较快增长。我国电信运营商积极发展互联网电视（IPTV）、互联网数据中心、大数据、云计算、物联网等新兴业务。新兴业务在电信业务收入中占比由上年的 21.6% 提升至 25%，拉动电信业务收入增长 2.5 个百分点。具体来看，我国云计算、大数据、物联网收入分别增长 13.2%、69.2%、13.3%。我国新兴电信业务发展情况如图 1 -10 所示。

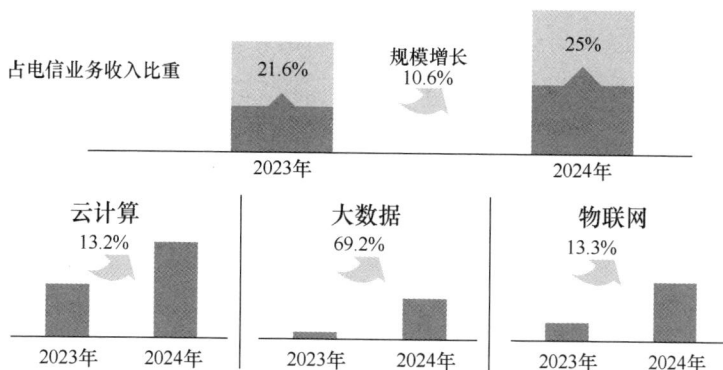

图 1-10   我国新兴电信业务发展情况

（数据来源：工业和信息化部）

（五）互联网企业营收稳步增长，上市企业市值持续回升

全球互联网行业营收整体稳中向好。 2024 年，全球经济逐步企稳，主要国家央行进入降息通道，牵引全球股债汇市场震荡回升。中国经济仍延续恢复向好态势，政府出台一揽子增量政策，极大提振了资本市场信心，互联网运行总体平稳、稳中有进。

从营收增速来看， 全球头部互联网企业营收从 2022 年开始出现明显反弹，并保持持续增长态势。2024 年上半年，全球 Top10 互联网企业营收增长 13.3%，中国互联网企业同比增速达 11.7%。其中，全球 Top10 互联网企业包含 5 家中国企业和 5 家美国企业（排名为：亚马逊、谷歌、脸书、京东、阿里巴巴、腾讯、拼多多、美团、优步、奈飞），拼多多取代 Paypal 成功跻身前十。全球 Top10 企业营收情况如图 1-11 所示。

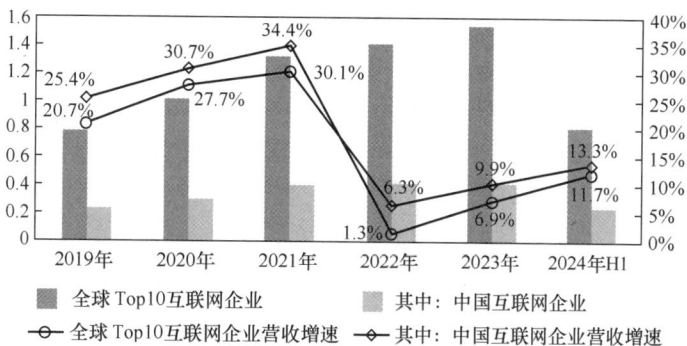

图 1-11   全球 Top10 企业营收情况

（数据来源：中国信息通信研究院、Wind）

从投融资规模来看，国内国际投融资市场规模出现分化，2024 年上半年，全球互联网融资规模为 776 亿美元，同比上涨 26%，融资笔数为 6616 笔，中国互联网融资规模同比下降 15.3%。全球互联网投融资总体情况如图 1-12 所示。

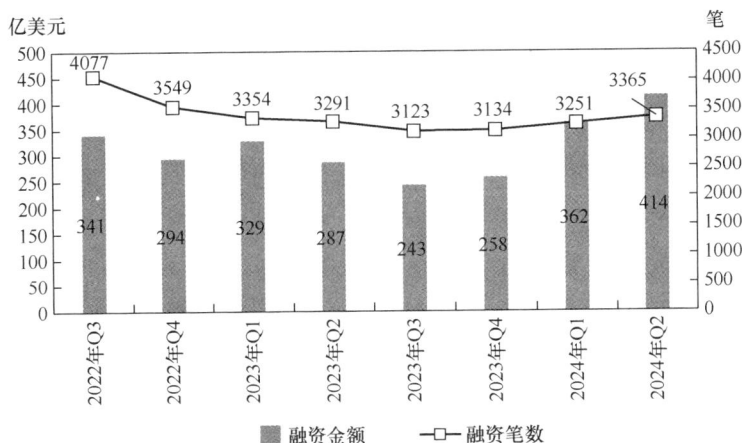

图 1-12　全球互联网投融资总体情况

（数据来源：中国信息通信研究院、CB Insights）

从企业市值来看，全球头部互联网企业估值持续修复，全球 Top30 互联网企业市值从 2022 年年底企稳回升，2024 年第三季度，全球 Top30 互联网企业市值达到 8.7 万亿美元高峰。全球头部互联网企业总市值（Top30）如图 1-13 所示。

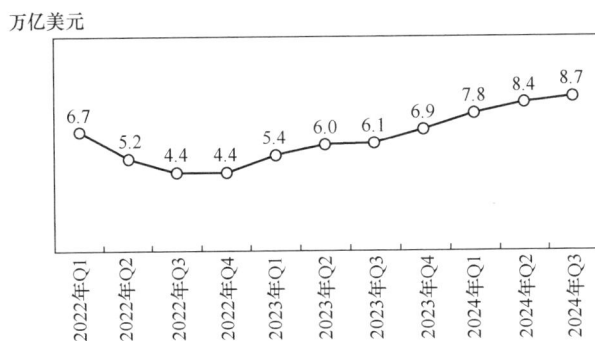

图 1-13　全球头部互联网企业总市值（Top30）

（数据来源：中国信息通信研究院、Wind）

二、2024 年 ICT 产业热点分析

（一）电信运营商积极布局新领域，盈利能力持续增强

1. 电信运营商聚焦主责主业，积极探寻新赛道、新领域

专注强化网络基础设施建设和能力提升，不断优化网络架构并增强网络性能。 在提升通信网络能力方面，2024 年我国增设国际通信业务出入口局，助推电信运营商海外电信业务发展。电信运营商积极在全网部署 400G 高速端口，建设 400G 全光高速网络。目前网络连接能力已实现千兆普及、万兆启航，截至 2024 年 12 月，我国 5G 用户规模达到 10.14%，千兆及以上宽带接入用户规模达到 2.07 亿户。在优化智能算力部署方面，2024 年上半年 3 家基础电信运营商智算规模已达到 81EFLOPS，推进 6 个万卡集群建设。同时 3 家基础电信运营商积极布局自有算力调度平台。

积极布局低空经济、网信安全、车联网、视联网等新赛道、新领域，开拓新的增长空间。 一方面，我国电信运营商积极探索深海空天覆盖，加强低空智联网建设，突破天地一体演进技术。中国移动发射全球首颗可验证 5G 天地一体演进技术的星上信号处理试验卫星；中国电信面向细分群体推出手机直连专属套餐；中国联通实现 NR NTN 终端直连在轨卫星业务的端到端全流程贯通；中国星网发射卫星互联网高轨卫星 01 星、02 星、03 星。另一方面，电信运营商基于现有网络能力，积极部署新领域、新赛道。2024 年中国移动推出首款全场景防诈服务产品，成功研发量子密话系统，车联网前装连接数增长 1443 万个，视联网解决方案收入增长 26.4%；中国电信持续提升安全 / 量子服务能力，业务收入增长 17.2%，量子密话密信用户数超过 500 万，推出全球首创"汽车直连卫星"服务，视联网业务收入增长 40.1%；中国联通智能服务收入增长 26.5%，数据服务收入增长 20.8%。

2. 电信运营商着力提升科技创新能力，打造融合创新生态

着力提升自身科技创新能力。 我国电信运营商不断加大投入、优化机制，增

强科技创新能力，近 3 年研发费用增速 30% 以上，研发人员占比增至 10%。电信运营商积极培育科技型子企业，目前电信运营商旗下已有 7 家企业入选双百企业、16 家企业入选科改企业。同时，电信运营商还进一步加大云计算、量子通信、下一代光网络等领域布局力度，打造原创技术策源地。

积极构建开放合作的融合创新生态圈。电信运营商围绕战略性新兴产业和未来产业，加强产学研合作，共建产业生态。一是聚焦关键领域（包括智算云、AI 大模型、数据要素、低空经济和量子科技等领域），积极布局。二是加强成果转化，通过产学研深度合作、建立联合实验室等方式加快核心技术攻关，强化创投孵化能力，推动试点示范工程的发展。同时，电信运营商积极组建创新联合体，中国电信牵头成立了云计算创新联合体、量子通信创新联合体、下一代光网络创新联合体；中国移动牵头成立了 5G 创新联合体、中央企业算力网络创新联合体；中国联通牵头成立了下一代互联网创新联合体。此外，电信运营商还积极打造创新生态，以低空经济为例，中国电信举办低空经济合作发展大会，成立低空经济产业联盟，宣布"低空领航者"行动计划；中国移动联合 15 家中央企业及 15 个领航城市共同实施"一十百"行动，到 2025 年创建 100 个低空行业标杆示范项目；中国联通召开低空经济大会，发起低空智能网联产业创新发展倡议。

3. 电信运营商积极推进智能化、绿色化发展，持续降本增效

利用 AI 技术提升智能化运营水平。在提质方面，电信运营商通过智能客服系统和智能助理的部署提高了客服即时响应能力和处理复杂需求的能力，也促进了新客户获取率的增加和客户满意度的提升。在降本方面，AI 技术通过优化运营流程和减少人力及能源消耗，帮助电信运营商显著降低了运营成本。2024 年上半年，中国电信销售费用占服务收入比重下降 0.8 个百分点；中国移动上岗数字员工 5.5 万个，累计减负 154 万人天；中国电信 AI 赋能网络累计节电 5 亿度。在增效方面，AI 技术通过优化资源利用率和服务响应速度，显著提升了电信运营商的运营效率。2024 年上半年，中国移动每百元固定资产网络类成本同比下降 3.5%，中国移动 5G 单站能耗同比下降 11.7%；中国电信光端口利用率提升 0.9 个百分点；中国联通智慧客服问题解决率达到 98.7%。

推进自身节能，并赋能全社会。2024 年，电信运营商多举措并推进绿色化，

能耗总量实现低增长，能耗强度持续下降，赋能全社会节能减排成效凸显。能耗总量增速与能耗强度持续下降，赋能社会节能降碳应用场景日益扩大化和多元化。2024 年，第二届"新绿杯"信息通信行业赋能碳达峰碳中和创新大赛共收到赋能社会节能降碳案例 1500 余个，较第一届增长 36%，应用场景数增长 30%，"新绿杯"大赛案例数量分布情况如图 1-14 所示。

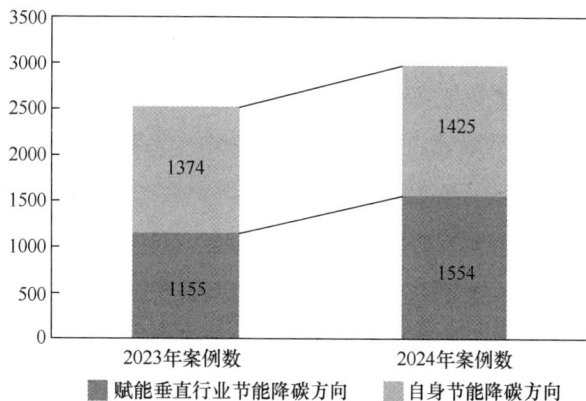

图 1-14 "新绿杯"大赛案例数量分布情况

（数据来源：中国信息通信研究院）

电信行业利润稳健增长。2024 年，预计我国电信行业利润总额将再创新高，电信收入利润率将达到 15.0%。我国电信利润总额及电信收入利润率如图 1-15 所示。

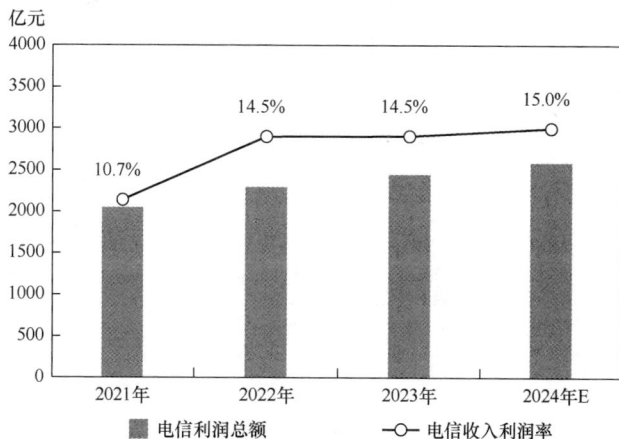

图 1-15 我国电信利润总额及电信收入利润率

（数据来源：工业和信息化部、中国信息通信研究院）

（二）互联网发展提速增质，国际化业务向深向广拓展

1. 互联网企业营收增长稳健，海外业务打造新增长极

2024 年，我国互联网企业积极面向国际化业务、科技前沿等领域进行布局，积极利用 AI、大数据等技术提升业务效率，企业降本增效成果显著。2024 年上半年，我国上市互联网企业营收实现 2.46 万亿元，同比增长约 9.0%，我国 Top10 上市互联网企业净利润实现 2939.3 亿元，同比增长约 124.5%。近 5 年，我国上市互联网企业营收情况如图 1-16 所示。我国 Top10 上市互联网企业净利润情况如图 1-17 所示。

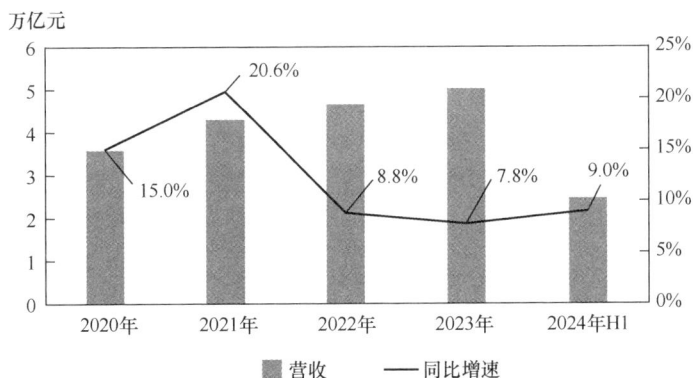

图 1-16　近 5 年，我国上市互联网企业营收情况

（数据来源：中国信息通信研究院、Wind）

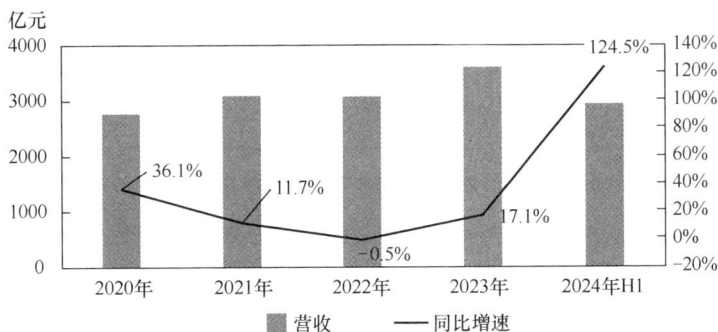

图 1-17　我国 Top10 上市互联网企业净利润情况

（数据来源：中国信息通信研究院、Wind）

从总营收来看，我国近 200 家上市互联网企业营收增长平稳，利润大幅修复。

自 2021 年起，每年行业总体营收超过 4 万亿元并保持稳步增长。近 5 年，我国互联网上市企业的营收同比增速已有较明显的修复迹象。

从净利润来看，2020—2024 年上半年，我国互联网企业降本增效成效显著，盈利能力大幅提升。自 2021 年起，我国 Top10 上市互联网企业每年净利润均超过 3000 亿元，2024 年上半年同比增长达 124.5%。

从海外收入来看，由于政策利好等积极因素增多，海外业务占比提升。在国家政策利好方面，"一带一路"倡议及相关政策的出台，打通商品、服务、技术出海的通道；在市场环境方面，海外发展中国家市场开发程度低、潜力大，部分国家出台税收减免、土地租赁优惠等政策，吸引我国企业入驻；在综合实力方面，我国互联网企业国际优势比较明显，技术成熟稳定、服务和产品质量提升。有数据显示，截至 2024 年上半年，阿里巴巴电商、腾讯游戏业务板块海外收入持续上涨，占总营收比重分别达到 12%、8.6%，对营收增长的贡献逐步显现。

2. 互联网海外区域布局不断延伸，东南亚、中东地区等成为出海焦点

随着"一带一路"倡议的深入实施，我国互联网应用加速走向海外市场。据统计，南亚、东南亚及欧美等区域的我国 App 数量超过 1.4 万款，各区域主要市场的中国 App 平均渗透率超过 40%。目前，中国 App 国际拓展主要区域为南亚、欧洲、东南亚、北美、俄语地区、南美、日韩、中东、北非等。

东南亚成为我国数据中心等国际化布局的焦点区域。Data Center Map 统计，中国互联网企业在马来西亚、菲律宾、泰国等国家投资建设 AI 中心、数据中心等，数量超 10 个。

中东地区成为我国企业国际拓展的新选择。沙特公共投资基金累计向中国公司投资超过 100 亿元，鼓励我国企业进驻中东市场。目前，中国的外卖、生鲜零售等本地生活平台已布局沙特市场。

拉美地区成为我国内容出海、跨境电商企业的新蓝海。2023 年，在巴西收入前 100 的泛娱乐类 App 中，中国 App 数量占比达 33%，仅次于美国。拉美跨境商品中有 62% 来自中国。

3. 互联网海外业务领域持续扩展，跨境电商、AI 等领域业务量高速增长

2024 年以来，国家相继推出一系列涵盖跨境电商、跨境物流、跨境支付等领域政策，为企业国际化发展提供了坚实基础。我国互联网企业积极响应，加大海外业务布局，在电商、物流、支付、企业服务、AI 等领域全面发力，形成了一批具有全球竞争实力的领军企业。

跨境电商业务持续爆发式增长，带动产业链供应链出海，2024 年上半年，跨境电商进出口总值达 1.22 万亿元，同比增长 10.5%。出海需求的快速增长促进不同地区供应链协同出海，较有代表性的为珠三角地区的消费电子、医疗健康、家具；长三角地区的家电、五金、家纺、眼镜；中西部地区的服装、玩具、箱包、鞋类等。

跨境支付、跨境物流等业务量大幅增长，人民银行数据显示，2024 年 1—8 月，银行代客人民币跨境收付金额为 41.6 万亿元，同比增长 21.1%。国家邮政局数据显示，三季度国际 / 港澳台快递业务增速较二季度提升 17.5 个百分点。截至 2024 年 10 月，支付宝的海外平台 "Alipay+" 已在全球 66 个市场覆盖 9000 万商户；截至 2024 年 8 月，菜鸟物流已建成 18 个海外分拨中心，物流网络覆盖 200 多个国家和地区。

AI 赋能广告营销新范式加速变革，AI+ 数据已渗透广告营销素材创意、投放管理、预算分配、效果数据等各个环节。我国移动广告营销服务平台正借助 AI 实现 "弯道超车"，跻身全球广告平台前列。AI 应用流量增长较快，截至 2024 年 8 月，我国 AI 出海前 10 App 的下载量平均增幅超 100%。其中，视频编辑、教育等赛道热度高。

（三）电子信息制造业产品迭代升级加速，收获 AI 首波红利

1. 电子信息制造业增长的主要动力来自 AI 相关领域

2024 年全球 ICT 制造业增长主要由 AI 相关领域带动。2024 年，全球 ICT

制造业重点领域[1]市场规模为 2400 亿美元左右，其中 43% 的增长来自半导体领域，33% 的增长来自服务器领域，手机、PC 和平板电脑等消费终端对增长贡献为 17%。电子信息制造业成为第一波享受 AI 技术革命红利的行业。2024 年全球 ICT 制造业市场规模增长来源分析如图 1-18 所示。

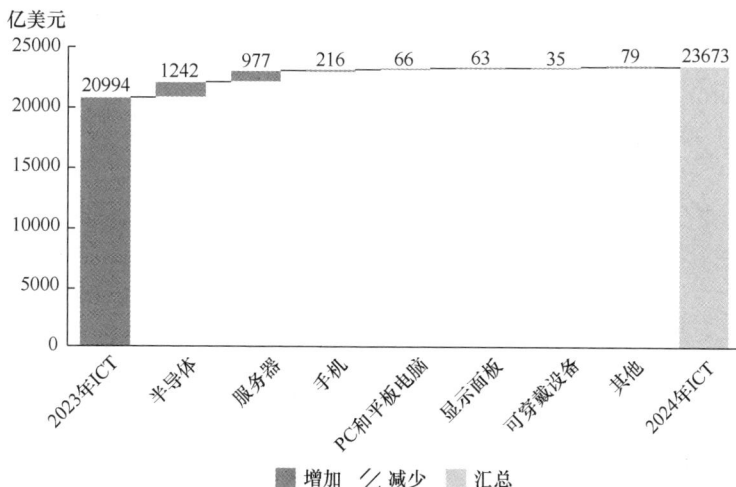

图 1-18　2024 年全球 ICT 制造业市场规模增长来源分析

（数据来源：Gartner、SEMI、TechInsights、Sigmaintell、中国信息通信研究院整理）

AI 促进半导体领域快速走出下行周期，实现双位数增长。2023 年全球半导体市场处于景气周期的低谷阶段，全年市场规模下降 9%，从 2023 年第四季度开始，AI 已经带动存储芯片价格回暖，带动整个半导体市场快速走出低谷期。据 TechInsights 的数据，2024 年全球半导体市场规模增长 1242 亿美元，其中 AI 芯片和高宽带存储器（HBM）等领域增长最为明显，如存储芯片市场增长 78%，逻辑芯片中 GPU 芯片增长高达 83%。2024 年全球半导体市场增长来源分析如图 1-19 所示。

1　重点领域为重点监测的手机、PC 和平板电脑、企业网络设备、外部存储、服务器、通信网络设备、可穿戴设备、电视、显示面板、半导体、半导体材料、半导体装备 12 大领域。

亿美元

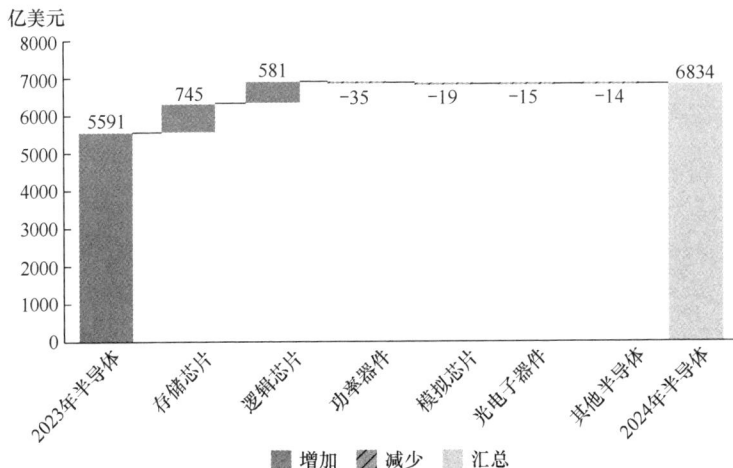

图 1-19　2024 年全球半导体市场增长来源分析

（数据来源：TechInsights、中国信息通信研究院整理）

2. AI 带动电子信息制造业多个细分领域快速增长

AI 带动 ICT 制造业多个细分领域增长，最为典型的为 AI 芯片、AI 整机产品和相关电子元器件。

从 AI 芯片来看，2024 年计算中心和存储所用 AI 芯片增速将超过 100%；TrendForce 预测，AI 需要的 HBM 占动态随机存储器（DRAM）总营收的比重将从 2023 年的 8% 增至 2024 年的 21%。2023—2024 年全球 AI 芯片细分领域收入增长如图 1-20 所示。

从 AI 整机产品来看，AI 服务器、AI 手机和 AI PC 增速最为明显。根据国际数据公司（IDC）的数据，三大领域市场都呈现出快速增长态势。在 AI 服务器领域，2024 年预计全球 AI（加速）服务器收入规模将达到 680 亿美元，同比增长 81%，占整体服务器市场规模比重将达到 40%。在 AI 手机领域，到 2024 年年底 AI 手机将实现 344% 的强劲增长，占据整个市场 18% 的份额。在 AI PC 领域，2024 年预计 AI PC 出货量达到 0.79 亿台，同比增长 72%，占 PC 总出货量的 30%。

AI 带动相关电子元器件需求增长。一是低功耗器件。由于 AI 推理和训练需要较高算力和较高功耗，为了提升 AI 产品的续航能力，低功耗器件将随着 AI 终端产品的出现实现快速增长。如功耗更低的 OLED（有机发光二极管）面板将与端侧 AI 产生协同作用，未来 5 年市场规模年复合增长率将达到 5%，高于 LCD（液晶显示器）面板 1% 的复合增速，呈现快速增长态势。二是高密度电路板（HDI）。伴随以 AI 服务器为代表的终端产品集成度、传输速度需求的提升，HDI 产品凭借散热、高传输速率等优势，有望实现持续快速增长。

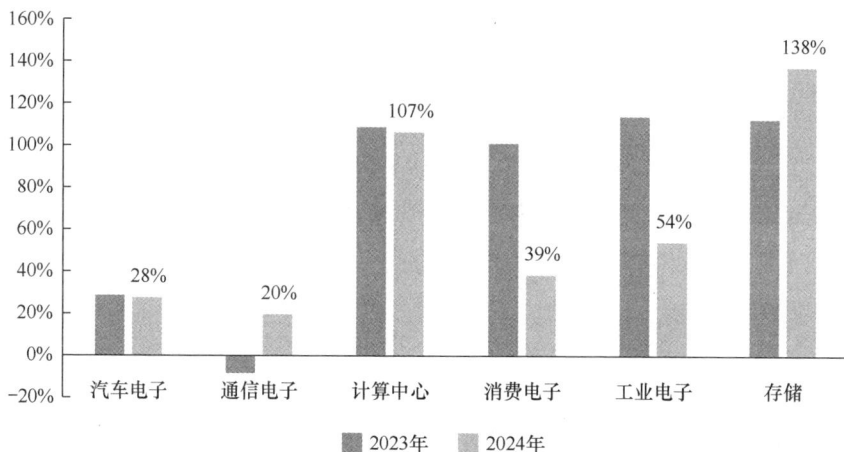

图 1-20 2023—2024 年全球 AI 芯片细分领域收入增长
（数据来源：Gartner、中国信息通信研究院整理）

3. 厂商推动形成多个 AI 产品元年，对市场的实质推动需要时间

电子信息制造业厂商加速迭代 AI 消费类整机产品，使 2024 年成为 AI 手机元年和 AI PC 元年。 软硬件的协同创新来持续推动 AI 整机产品的市场爆发，预计在未来 1 ～ 2 年内形成对产业链的整体推动力量。

AI 手机元年的体现是手机内置端侧 AI 模型。 2023 年，AI 手机已经开始进入市场，但是主要以 AI 芯片＋第三方 AI 应用的方式呈现，没有形成较强的市场影响力。2024 年，AI 手机已经呈现 AI 芯片＋内置本地化的端侧适用性模型＋操作系统初步协同的特点，开始改变用户的手机使用习惯，因此 2024 年是真正的 AI 手机元年。随着硬件和操作系统的协同创新，AI 手机终端预计将实现更快的增长，如华为原生鸿蒙系统将提升 AI 终端的智能体验。主要手机企业的端侧 AI 模型及其参数规模和应用领域如表 1-1 所示。

表 1-1　主要手机企业的端侧 AI 模型及其参数规模和应用领域

公司	端侧 AI 模型	参数规模	应用领域
华为	盘古	10 ～ 100B	AI 图像编辑功能
小米	MiLM	1.3B/64B	AI 智能场景识别
vivo	蓝心	1B/7B/13B	文本创作类功能

AI PC 元年的体现是算力引擎优化 + 新场景。2024 年之前，市场上主要智能 PC 是指具备智能功能的 PC，嵌入初级对话助手，主要还是处理标准化任务。而自 2024 年以来，AI PC 实现底层处理器架构创新，AI PC 采用 CPU、GPU 和 NPU 协同工作模式，可以根据需求灵活选择适合的算力引擎，与上层更丰富的 AI 会议助手、智能内容创作等智能应用场景形成协同效应，让 2024 年成为真正意义上的 AI PC 元年。

三、2025 年 ICT 产业发展趋势展望

（一）全球 ICT 产业将保持相对较快增长，制造业服务业交替上升

全球 ICT 制造业将保持较快的增长态势。全球半导体市场及手机、PC 和平板电脑为代表的终端市场，占据 ICT 制造业的半壁江山。预计 2024—2027 年，全球半导体行业都处于市场的景气周期内，预计 2028 年左右开启新一轮半导体景气周期。全球半导体市场未来发展趋势如图 1-21 所示。以手机、PC 和平板电脑为代表的消费终端已经重回增长通道，预计未来 3 年保持 10% 以内的平稳增长。全球消费电子市场未来增长趋势如图 1-22 所示。在两大市场增长的带动下，全球 ICT 制造业将保持相对较快增长态势，其中 2025 年预计仍能实现双位数增长，之后增速逐步趋缓。2020—2027 年全球 ICT 制造业收入增速如图 1-23 所示。

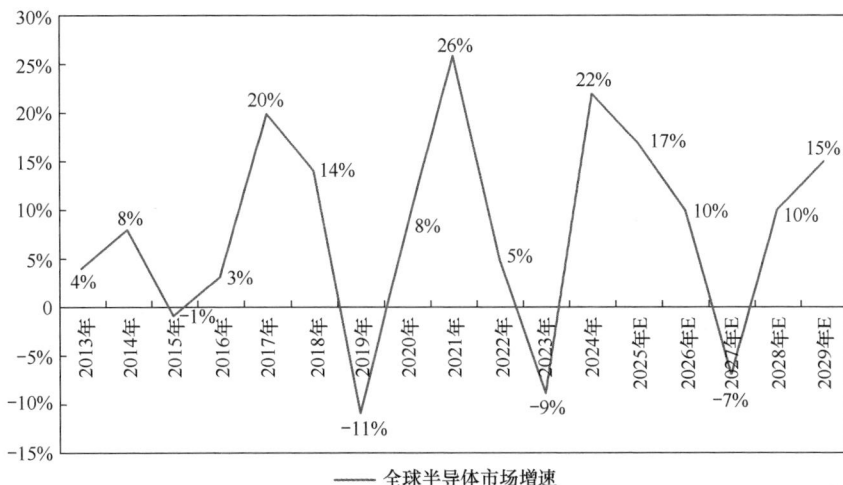

图 1-21　全球半导体市场未来发展趋势

（数据来源：TechInsights、中国信息通信研究院整理）

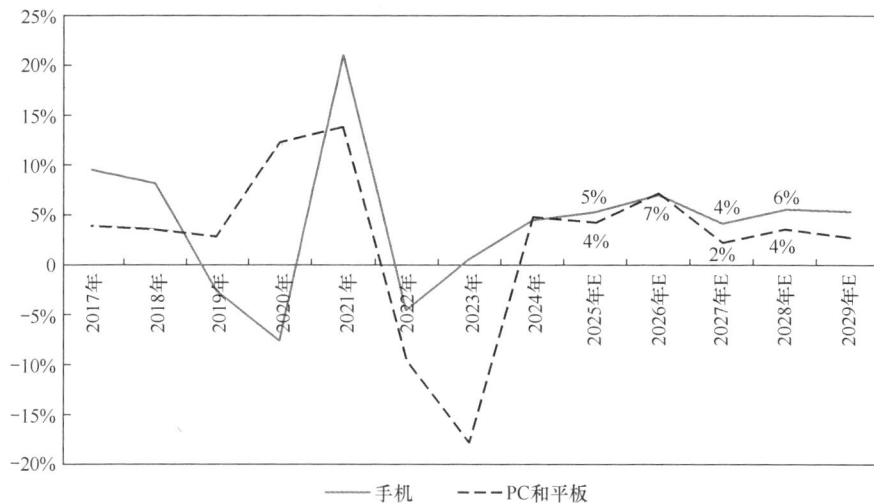

图 1-22 全球消费电子市场未来增长趋势

（数据来源：Gartner、中国信息通信研究院整理）

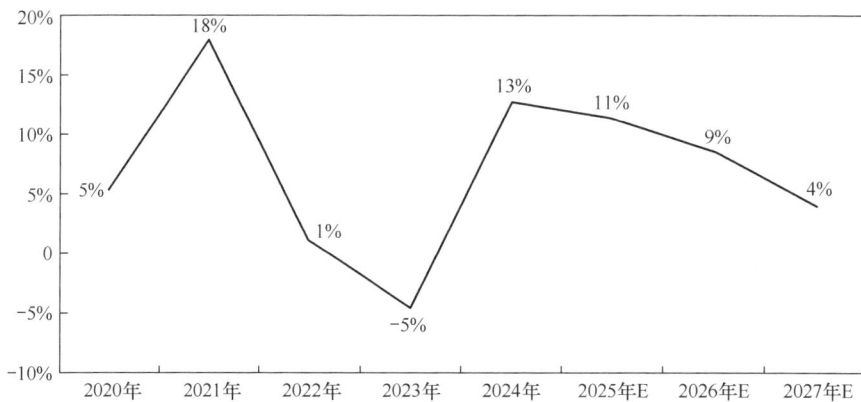

图 1-23 2020—2027 年全球 ICT 制造业收入增速

（数据来源：Gartner、SEMI、TechInsights、Sigmaintell、WSTS、中国信息通信研究院整理）

全球 ICT 服务业收入增速持续提升。 2024 年，全球传统电信和互联网业务趋于饱和、增长放缓。随着企业数字化转型步伐的加快和 AI 应用的蓬勃发展，ICT 服务业将加速与垂直行业融合，并不断拓展新空间、新场景。预计未来 3 年，全球 ICT 服务业收入增速将持续提升。2020—2027 年全球 ICT 服务业收入增速如图 1-24 所示。

我国 ICT 产业规模将保持稳定增长。 预计 2025 年，我国 ICT 产业平稳增长，收入增速为 9.0%；2021—2025 年 ICT 产业收入年均增速为 9.6%。从分项来看，2025 年，电子信息制造业受短期生产端库存压力和国际形势带来的市场端不确定性的影响，呈现增长放缓的趋势；软件及信息技术服务业收入稳健增长，AI 嵌入应用加快，云计算、大数据服务等驱动产业结构持续优化调整；电信业深化转型，聚焦 5G 网络，融合 AI 与云网、算网，深化产业合作，赋能传统产业数字化，坚持绿色、安全、可持续发展；互联网及相关服务业紧抓国内国际两个市场，在业务创新、技术创新、数字赋能、海外布局方面持续发力。2020—2027 年我国 ICT 产业收入规模预测如图 1-25 所示。

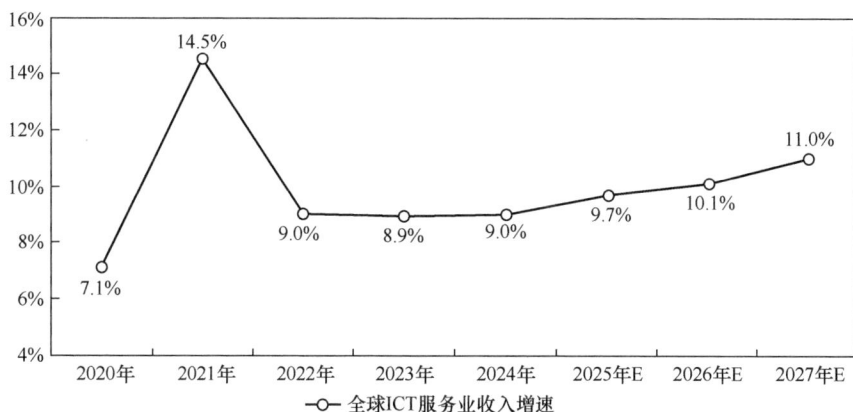

图 1-24　2020—2027 年全球 ICT 服务业收入增速
（数据来源：工业和信息化部、中国信息通信研究院）

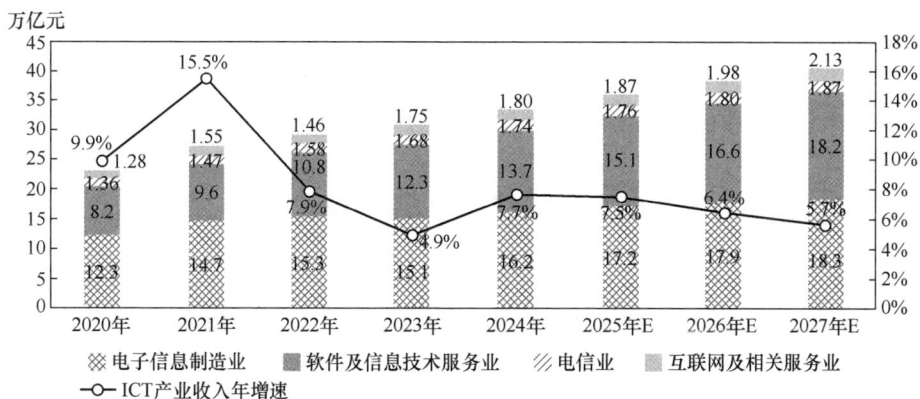

图 1-25　2020—2027 年我国 ICT 产业收入规模预测
（数据来源：工业和信息化部、中国信息通信研究院）

（二）ICT 产业组织走向融合化，产业生态更加开放多元

ICT 产业垂直整合和交叉融合进一步加强。 在垂直整合趋势上，龙头企业从单一垄断向多领域垄断扩张。一是上下游协同，强化产业链协同创新，产业生态更紧密高效发展。二是算网云融合，基础设施资源围绕算力实现灵活高效调度，通用技术平台依托云为基础深化多元整合。三是软硬件一体，制造企业将更加注重软件的开发和优化，软件企业也将加强与制造企业的合作。在交叉融合趋势上，各产业具有行业属性，从事专业化服务的中小型企业越来越多。一是跨行业融合，ICT 产业与其他产业更深入交叉融合。二是多技术融合，5G、AI、物联网、区块链等前沿技术将加速融合创新。三是数智化融合，数据与智能的深度融合，挖掘数据价值。

ICT 产业生态多元化、开放化。 一是 ICT 创新主体量质双增，我国 ICT 企业数量稳步攀升，预计 2025 年将突破 20 万。二是 ICT 龙头企业向创新链前端攀升，龙头企业加大研发投入，打造高能级创新平台，搭建高水平中间平台。多措并举下，我国领头企业在全球研发投入强度企业排名中持续提升，专利申请与授权数量将持续提升。

ICT 企业类型更加多样。 一方面，ICT 产业营商环境进一步优化。一是投资主体多元化，政府投资、民间投资、外商投资、风险投资不断丰富。二是区域间协同发展，区域创新高地之间进行互动合作，优势互补。三是国际科技合作加深，加强国际产业科技合作，加强产业联动。另一方面，增值电信业务扩大对外开放试点持续推进，预计 2025 年增值电信企业数量将超过 3000 个。

（三）ICT 产品和服务加速进行智能化变革，全方位全链条赋能经济社会

智能化将成为 ICT 产品和服务的转型方向。 一方面，原有的网络基础设施持续升级，网络能力稳步向双万兆、天地一体演进，网络传输及覆盖能力大幅提升。另一方面，ICT 产业的数智化进程不断深化，服务模式逐步向支持万物互联的智能化应用转型，原有服务能力显著增强。5G、云计算、大数据和 AI 等前沿

技术的应用，不仅显著提升了运营效率和客户体验，还大幅扩展了其在经济社会各领域的赋能深度和广度。

AI+ 云重构多种业务形态。在当今数字化浪潮席卷全球的背景下，AI 与云计算的融合呈现出日益紧密的趋势，正全方位地重构业务流程，提升行业灵活调度能力，丰富行业产品形态，推动生产模式变革。亚马逊预测，2024—2030年，企业上云所产生的全球 GDP 将突破 12 万亿美元，而在云上使用 AI 将进一步贡献 1.5 万亿美元。同时，AI 与云计算的深度融合有力地推动了大模型的发展与广泛应用，AI 云平台可实现大模型的快速部署和推广，赋能千行百业。目前，垂直领域大模型被广泛应用于政务、工业、金融、医疗、教育、交通、零售、安防等方向。

新一代信息技术将全方位、全链条普及应用，赋能制造业数字化转型。未来随着数字化、网络化、智能化融合发展，互联网、大数据、AI 等信息技术同实体经济将深度融合，加快推动产业体系优化升级。大中型企业将在数字化转型中发挥引领作用，打造标杆企业和智能工厂，成为行业典范。中小企业的数字化转型供给体系将进一步完善，加速普及其数字化进程。新模式、新业态不断涌现，推动 AI 等新技术在工业研发设计、中试验证、生产制造、营销服务、运营管理等重点场景深度应用。

两化融合与产业互联网篇

导　　读

2024 年，全球数字化转型在规模化普及与前沿技术探索的双轨路径上稳步前行。制造业、农业、医疗、能源、城市等关键领域持续深化数字化探索，制造业、农业、医疗、能源、城市等关键领域持续深化数字化探索，一年来，其中智能工厂建设、中小企业转型和可信数据空间尤为引人瞩目，成为当下发展的热点与重点，形成独具特色的推进路径并取得亮眼成效。与此同时，工业互联网技术产业不断纵深发展，智能化装备、5G+ 开放自动化、工业智能等产业持续创新应用，在技术创新及产品化进程中展现出广阔的发展前景。未来，全球数字化转型投入预计将持续保持增长态势，数字化转型将深刻影响产业发展，AI 将进一步激发创新活力，数据空间生态的雏形也将逐步显现。

具体来看，本报告从发展综述、热点分析和趋势展望三个方面对两化融合与产业互联网领域 2024 年发展情况进行分析论述。**在发展综述部分**，全球持续深化转型战略，制造业、农业、医疗、能源、城市等领域步入数字化转型“快车道”，制造业中的重点行业，如智能工厂建设形成依托行业特点的特色化发展路径；工业互联网技术产业纵深发展，智能化、协同化、融合化成为智能装备主要趋势。自动化与 5G 技术加速演进并走向融合，新型工控成为创新热点。工业智能加速走向深度机理融合，新技术、新应用持续延拓发展空间。**在热点分析部分**，一是总结了主要国家智能工厂的建设情况，树立了各行业智能工厂建设的典型应用场景及推广路径，并研判了制造模式的变革趋势。二是分析了中小企业数字化转型规模普及路径的发展状况，为中小企业转型精准施策与规模普及指明方向。三是明确了数据空间建设处于关键阶段，系统性呈现了不同类型数据空间的特点及部署重点。**在趋势展望部分**，报告指明，全球产业数字化转型步伐在进一步加快，工业 AI 在保持快速增长的同时，技术赋能路线将逐渐清晰，智能工厂建设将进一步走向大规模普及，数字园区将打造产业发展新体系和构建服务新模式，数据要素生态也将随之加速显现。

本篇作者：

刘　默　田洪川　李亚宁　刘棣斐　张　涵　王瀚晨　李婷伟　王海萍

马晓琪　王润鹏　吴鉴洲　赵泽璧　张轲欣　贾金鹏　杨中桦　张佳玉

安梦越　夏　鹏　刘　阳

一、2024 年两化融合与产业互联网领域发展情况综述

（一）全球持续深化转型战略布局，"数据 +AI"成为布局关键

一是纵深推进数字化转型。2024 年国务院常务会议审议通过《制造业数字化转型行动方案》，提出"点线面"加速制造业数字化转型，布局新型技术改造和中小企业转型试点城市。欧盟委员会发布第二份《数字十年状况》报告，提出要加强数字技能、高质量网络等领域的投资，以实现 2030 年转型目标。

二是加速布局工业智能创新。我国提出人工智能赋能新型工业化，加强行业大模型研发布局，开展"人工智能 + 制造"行动，打造人工智能应用标杆场景。美国国土安全部发布《2024 年人工智能路线图》，公布 41 种人工智能用例清单，加速人工智能战略的领域落地。欧盟委员会提出一揽子人工智能创新计划，重点建立人工智能工厂，实现成员国人工智能发展计划的对接与推进。日本发布《统合创新战略 2024》，提出加强人工智能领域竞争力，推进人工智能在医疗、药物研发等领域的应用。

三是大力推广绿色低碳技术。《中共中央、国务院关于加快经济社会发展全面绿色转型的意见》提出推动传统产业绿色低碳改造升级，加快绿色化与数字化协同转型。美国能源部（DOE）投入 85 亿美元，支持发展储能、清洁能源、电网、碳捕集等技术，支持能源和排放密集型行业脱碳。欧盟的《净零工业法案》等三大关键立法生效，推动净零技术等研发与应用，开启"绿色新政工业计划"。日本发布《2024 年节能与非化石能源转型技术战略》，遴选确定节能和脱碳等关键技术。

四是重点推进数据流通利用。中国发布《可信数据空间发展行动计划（2024—2028 年）》《公共数据资源授权运营实施规范（试行）》等政策，布局五类数据空间，加快公共数据资源开发利用。美国发布《数据网格参考架构

（DMRA）》草案，提出以数据网格推动跨组织大规模数据共享、访问和管理分析。欧盟持续深化欧盟数据战略，成立数据空间推动中心，并提出启动健康数据空间建设。日本和欧盟达成数据跨境协议，开展跨国数据流通，使汽车、运输、机械、电子等行业受益。

（二）数字化转型市场投入稳中有升，工业智能和数字孪生成为热点

全球数字化转型市场规模增长略有放缓，我国成为主要拉动引擎。从规模看，国际数据公司（IDC）发布的《全球数字化转型支出指南》显示，2024 年全球在数字化转型方面的支出预计将达 25300 亿美元。其中，中国数字化转型支出预计达 4280 亿美元，在 2020—2024 年 5 年间平均占全球数字化转型总支出的比例接近 17%。**从增速看**，未来 5 年全球数字化转型支出增速将受到整体经济的影响而放缓，从 2020—2023 年的 18.6% 预期降至 15.4%，但中国仍将保持高于全球的增速，预计未来 5 年增长率达到 16.7%，中国数字化转型市场成为全球数字化转型市场重要拉动引擎，如图 2-1 所示。

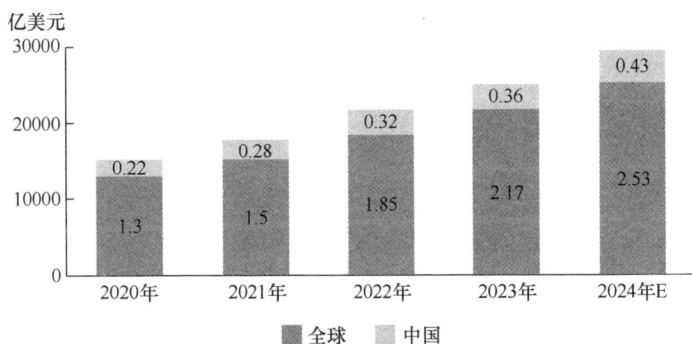

图 2-1　2020—2024E 全球及中国数字化转型支出规模

（数据来源：IDC）

工业智能、数字孪生等成为数字化转型投入的热门领域，未来将持续高增长态势。2020—2024 年重点产业全球市场规模及未来 5 年复合增长率如图 2-2 所示。**一是**大模型技术创新叠加制造业 AI 应用的需求持续扩大，极大促进了工业 AI 的市场扩大。2024 年全球工业人工智能的市场规模约为 54 亿美元，未来保持约 45.6% 的超高速增长。**二是**数字孪生技术极大程度上提高了工厂全流程运行与

资源配置效率，市场应用潜力巨大。2024 年全球数字孪生市场规模达到 212 亿美元，未来 5 年复合增长率高达 37.1%。三是 SaaS 应用、工业机器人等重点领域持续稳步增长。2024 年全球企业 SaaS 市场规模达到 3175 亿美元，预计未来 5 年将保持 18.4% 的增速。

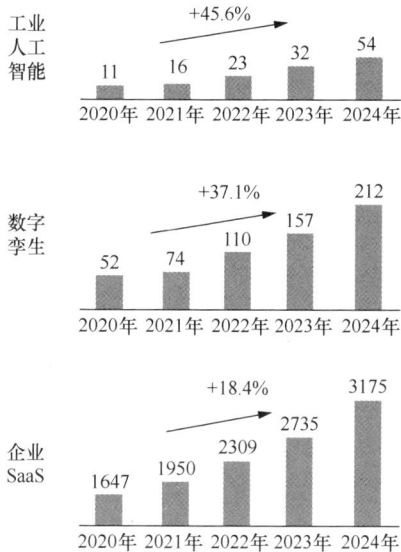

工业
人工
智能

+45.6%

| 2020年 | 2021年 | 2022年 | 2023年 | 2024年 |
| 11 | 16 | 23 | 32 | 54 |

数字
孪生

+37.1%

| 2020年 | 2021年 | 2022年 | 2023年 | 2024年 |
| 52 | 74 | 110 | 157 | 212 |

企业
SaaS

+18.4%

| 2020年 | 2021年 | 2022年 | 2023年 | 2024年 |
| 1647 | 1950 | 2309 | 2735 | 3175 |

图 2-2　2020—2024 年重点产业全球市场规模及未来 5 年复合增长率（单位：亿美元）

（数据来源：Markets and Markets、IDC、Fortune Business Insights）

（三）技术产业纵深发展，智能装备、5G、新型工控、工业智能等领域呈现体系性变革趋势

1. 智能装备加速演进，智能化、协同化、融合化是主要趋势

智能装备在亚太地区发展势头向好，我国智能装备加速推广。从区域看，市场研究和咨询公司 Grand view research 的数据显示，2023 年亚太地区的工业机器人和数控机床市场规模分别占全球的 67%、38%，在区域市场中占据主导地位。**从领域看**，基于我国 2021—2023 年使用关键装备分布情况，如图 2-3 所示，**一是**我国工业机器人应用推广明显加速。工业机器人的使用场景占比从 2021 年 27% 提升到 2023 年 32%，"机器换人"呈现增长趋势，场景渗透也不断加快。**二是数**控机床、智能检测装备和智能仓储装备在工厂中使用场景的占比相对稳定，智能

检测装备成为新应用热点。三年间数控机床使用场景占比稳中有升，智能检测装备推广速度相对较快，智能仓储装备有小幅下降趋势。

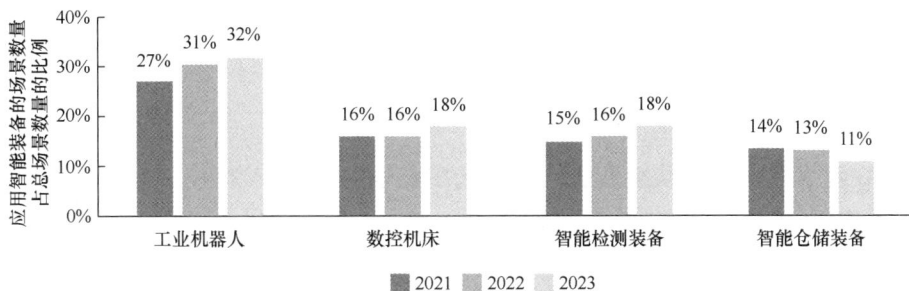

图 2-3　我国 2021—2023 年使用关键装备分布情况

（数据来源：中国信息通信研究院）

智能化、协同化、融合化成为智能装备领域的重要探索方向。一是智能化，大模型赋能的人形机器人掀起了具身智能新浪潮，人形机器人基于模仿或强化学习实现端到端操作，目前已在汽车制造场景率先落地和应用。如特斯拉发布的第二代擎天柱机器人能够依靠 2D 摄像头、触觉和力传感器进行端到端神经网络训练，准确分装特斯拉工厂的电池单元；优必选推出的 Walker S Lite 机器人能够结合语义 VSLAM（视觉同步定位和绘图）导航、端到端模仿学习、视觉精准识别、全身精细运动控制等技术，高效执行搬运任务。**二是协同化，**以群体智能为核心的多装备深度协同实现了各任务之间的紧密协调。如优艾智合能够构建强大的移动机器人资源池，在 20 万平方米场地内精准调度超过 100 台机器人协同作业，实现效率"大跃进"；京东在物流仓储领域应用的天狼、地狼机器人能够高效完成货物入库、分拣和出库的全流程，实现和生产设备、AGV（自动导引车）、仓库的集中式群体协同。**三是融合化，**数控机床通过一次装夹并整合多道机加工工序，实现一机多能、多工艺融合，使工艺链大幅缩短。如德玛吉通过工艺整合，将 5 台机床、13 道工序整合成 1 台机床、5 道工序；山崎马扎克将机械加工到 3D 增材制造的所有工序都集中在一台机器上，大幅缩短产品的生产交付周期。

2. 自动化与 5G 技术加速演进并走向融合，新型工控成为创新热点

自动化加速向多环节深度智能与全终端兼容演进。一方面，数据驱动与自动

化工程无缝连接，实现性能、效率的大幅提升。如西门子加快生成式 AI、机器学习等数据驱动方法与自动化系统的融合，实现系统自动建模、自主生成与优化工程代码、基于 AI 的实时沉浸式可视化等能力。另一方面，云化 PLC 走向跨操作系统、跨硬件设备的兼容性部署。如菲尼克斯发布虚拟 PLC 解决方案 Virtual PLCnext Control，利用容器化和虚拟化技术实现一机多控。

5G 网络技术性能持续演进，并强化工业适配。5G-A 相较 5G 具备 10 倍的数据传输速率、百万级设备连接、亚毫秒级时延等核心能力，提升 5G 工业专网连接、确定性通信及 5G 与工业网络协同等能力。如中国电信携手中国联通在 5 省 / 市现网环境下完成 RedCap 商用验证，构建了全频段、全制式、全场景的 5G RedCap 端到端商用能力。

从外围叠加到原生集成，新型 5G+ 工控技术产品不断涌现。基于 5G 工业网关、5G+ 移动边缘计算（MEC）云化 PLC 解决方案等，实现开放编译、实时虚拟化与分布式协同控制，有望打破传统 PLC 封闭的工业体系。同时，推动控制架构从一个多层级的线程网络演进为三层的扁平化架构。目前已有企业开展探索，如中国移动发布 5G 虚拟化工业控制网关，解决在干扰环境下通信质量保障难、异构协议接入难等问题。

3. 工业智能加速走向深度机理融合，新技术、新应用持续延拓发展空间

传统工业专用小模型走向数据与机理融合的深度分析应用。传统工业专用小模型应用情况如图 2-4 所示。从全球 901 个应用案例统计分析来看，2024 年，数据建模优化类应用占比从 2023 年的 43% 上升至 48%，成为当前最主要的应用模式。**从技术演进看，AI 模型的输入输出对应关系走向透明化，提升工业 AI 决策可靠性。**2024 年，德国 AI 公司 Tensor AI Solutions 在其设备智能产品中使用深度学习技术，通过访问神经网络中关键物理量，实现设备维护全部数据决策的可解释。**从技术赋能看，AI 融入高度集成化的复杂工艺环节，深度赋能制造革命。**小米将 AI 技术融入一体化大压铸工艺，实现合金研发、压射参数优化、AI 质检、智能运维等多环节的智能应用。

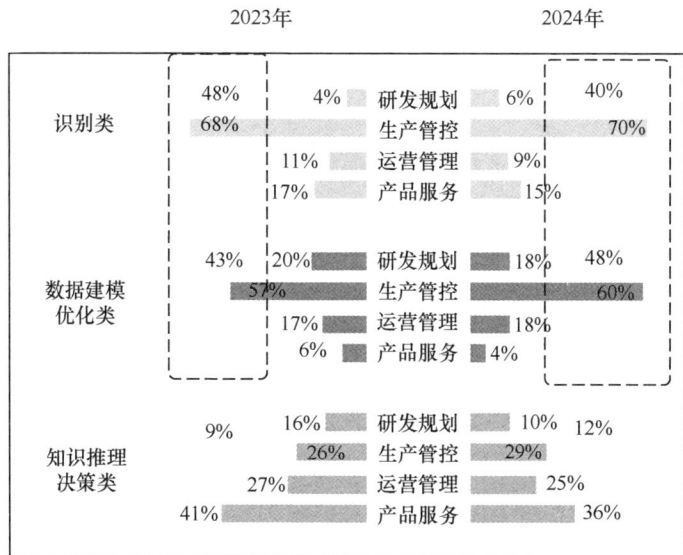

图 2-4　传统工业专用小模型应用情况

（数据来源：中国信息通信研究院）

工业大模型由经营管理走向更多环节，知识发现类应用探索加快。工业大模型应用情况如图 2-5 所示。从全球 112 个工业大模型案例统计分析来看，大语言模型驱动的工业问答交互与内容生成仍是最主要的应用方式，近 2 年占比均超 80%，专用领域大模型驱动的蛋白质结构预测、新材料研发等科学计算类探索也进一步加快。**从技术演进看，基于多模态大模型的工业数据综合处理，可提升 AI 推理精度。**西门子与慕尼黑大学联合探索多模态技术在工业领域的应用，利用 GPT4 分析控制器图片、控制理论、工控代码等多模态知识，实现综合问答，提高检索精度。**从技术赋能看，依托专用领域大模型对专业内容生成的探索加快，降低建模门槛、加速设计进程。**全球工业软件巨头 Autodesk 基于超 1000 万个模型进行大模型训练，实现物体 3D 模型多视图精细化生成。

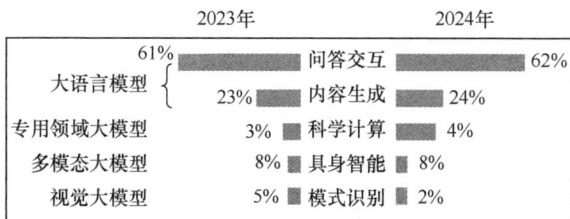

图 2-5　工业大模型应用情况

（数据来源：中国信息通信研究院）

（四）行业应用加速普及推广，制造业、农业、医疗、能源等行业呈现新特点

1. 制造业：重点行业智能工厂建设展现新趋势

智能工厂演进新趋势如图 2-6 所示。

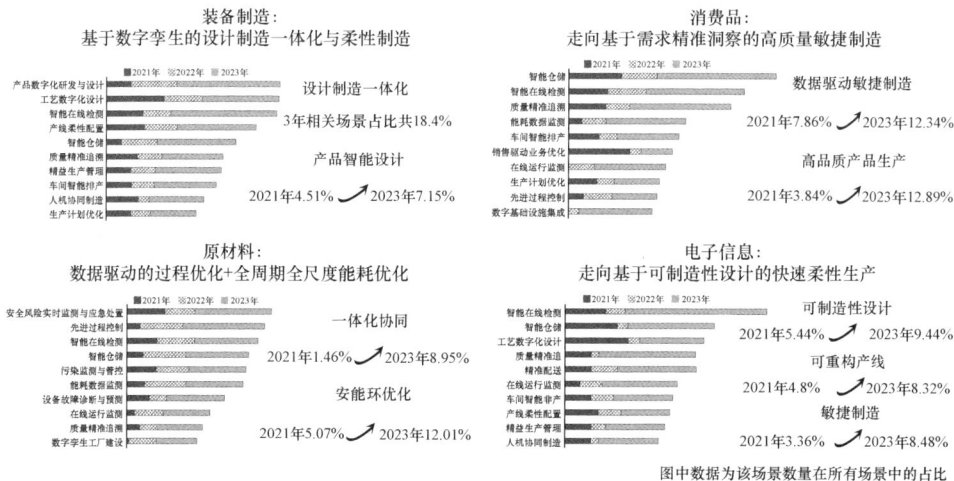

图 2-6　智能工厂演进新趋势

（数据来源：中国信息通信研究院）

一是装备制造行业向基于数字孪生的设计制造一体化与柔性制造方向发展。 我国大力推进智能工厂建设，从 2021 年到 2023 年，装备制造行业的设计制造一体化 3 年相关场景占比高达 18.4%，产品智能设计相关场景占比从 2021 年 4.51% 提升至 2023 年 7.15%。例如，东风设备建立数字孪生虚拟生产环境，实现虚拟环境与实物环境同步，高端商用车焊装生产线的生产效率较传统生产线高 25%。

二是原材料行业向数据驱动的过程优化和全周期全尺度能耗优化并重发展。 从 2021 年到 2023 年，我国原材料行业智能工厂的一体化协同相关场景占比从 2021 年 1.46% 提升至 2023 年 8.95%，安能环优化相关场景占比从 2021 年 5.07% 提升至 2023 年 12.01%。例如，中石油实施油气生产系统提效、余能利用与天然气回收、能量系统优化等 50 项节能降耗项目，万元 GDP 二氧化碳排

放同比降低 6.7%。

三是消费品行业走向基于需求精准洞察的高质量敏捷制造。 从 2021 年到 2023 年，我国消费品行业智能工厂的数据驱动敏捷制造相关场景占比从 2021 年 7.86% 提升至 2023 年 12.34%，高品质产品生产相关场景占比从 2021 年 3.84% 提升至 2023 年 12.89%。例如，安踏始祖鸟全渠道追踪线上 / 线下销量、销售额、复购率、搜索量等 52 个维度信息，及时根据需求调整产品设计和生产，优化面料与压胶工艺，直营店铺销售额占比达到 65%。

四是电子信息行业走向基于可制造性设计的快速柔性生产。 从 2021 年到 2023 年，我国电子信息行业智能工厂的可制造性设计相关场景占比从 2021 年 5.44% 提升至 2023 年 9.44%，可重构产线相关场景占比从 2021 年 4.8% 提升至 2023 年 8.32%，敏捷制造相关场景占比从 2021 年 3.36% 提升至 2023 年 8.48%。例如，华为折叠屏手机基于 AI 进行可制造性设计，颠覆性设计元器件布局，铰链厚度减少 16%，手机厚度最薄至 3.6mm。

2. 农业、医疗、能源、城市等领域步入数字化转型 "快车道"

农业、医疗、能源、城市等领域数字化探索持续深化。以应用场景为牵引，通过专有数据与外部数据的多元融合，实现高价值场景的赋能。**一是农业多维数据助力实现种植、营销场景的重点应用。** 例如，北大荒整合气象环境、卫星遥感、农机装备等各类数据，科学推算种子、水肥及农药的需求量，实现智能化农业生产。浪潮打通农业生产、制造加工、物流仓储、超市门店全流程数据，构建产供销一体化的平台经济模式，提升农产品流通效率。**二是医疗数据的融合应用向研发、服务环节延伸。** 例如，北京市计算中心构建包含 400 多万个小分子、多肽等数据的新药研发数据集，支撑 AI 预测靶点超 1 万余个。海南打通医院、药监、医保等不同业务数据，实现 "三医" 联动，为 1000 多万居民建立健康档案，打造智慧健康服务新体验。**三是能源数据为供应端管理与需求端服务赋能。** 如苏州工业园开展综合能源服务，实现水、电、气、热能源数据和遥测、遥信、遥控参数全覆盖，支撑园区用能协调、细化管理。如南方电网横向积聚能源生产、消费、市场等数据，纵向打通电源、电网、储能、用户等数据，助力新能源数字化转型。**四是智慧城市向着全域数字化方向演进。**一方面应用场景逐步开放，例如，成都搭建智慧蓉城城市级场景测试基地，开展城市场景揭榜挂帅与授权运营，探索车联网等领域多元数据融合。**另一方面数据要素持续激活。**例如，北京打造"一区三中心"数据市场体系，围绕医疗、金融、能源领域，探索多源数据"可用不可见"开发模式。

二、2024年两化融合与产业互联网领域热点分析

（一）智能工厂建设迈入新阶段，基于梯度培育的大规模普及与前沿探索成为重要方向

1. 我国智能工厂建设从试点走向规模化推广，从数量来看已跻身全球前列

国外智能工厂已逐步从试点走向成熟，未来工厂的布局力度不断加大并不断向生态集群演进。一是数字化工厂的探索起步较早，工厂概念逐渐明确。20世纪90年代，"数字化工厂"的概念被首次提出；2013年德国明确"智能工厂"是工业4.0战略的核心内容；2015年国际电工委员会（IEC）与弗劳恩霍夫协会共同提出"未来工厂"概念。二是技术不断深化，智能工厂进入融合应用、成熟推广阶段。2019年博世建成了首座传感器+5G技术智能工厂；德国的《2020高技术战略》提出了"智慧工厂+智能生产"两大主题；2021年西门子遵循"工业4.0"的设计和运营理念，建成了全球首座全集成原生数字化工厂。三是范围不断扩展，下一代智能工厂将迈入集群协同、模式落地新阶段。韩国正致力于在2025年前建立1000个5G+AI智能工厂和100个工厂产业集群；三星计划到2030年建成"无人工厂"，实现其芯片工厂完全自动化；保时捷打造"零影响工厂"，即生产不留下任何生态足迹、对环境产生最低负面影响的工厂，计划于2030年实现全价值链碳中和。

我国智能工厂建设已经从试点示范进入规模化推广的新阶段，将对未来工厂进行单点探索。"十三五"时期，我国智能制造处于理念普及、试点示范阶段，累计培育新模式企业420家，试点示范工厂305家。按照智能制造成熟度等级划分标准，数字工厂处在二级水平，2015年至今，我国数字工厂数量从百家增至上万家，达到规上企业的10%。"十四五"前期，我国智能制造发展已转向深化应用、标杆示范阶段，2021—2023年累计培育示范工厂421家，优秀场景1541个，成熟度等级达到四级水平的智能工厂数量已达到百家，未来10～15年将增长至万家。当前，我国智能制造发展步入规模推广、模式探索的新阶段，通过开展智能

工厂梯度培育等行动，打造智能制造"升级版"，系统性地大规模推广下一代智能工厂。

2. 智能工厂建设显著扩面升级，应用场景加速成熟

标杆示范工厂不断涌现。 领先企业探索、应用前沿技术、装备、软件，模式成熟后以"母工厂"为蓝本在集团内部复制推广，加快新一代信息技术与制造业融合，打造先进制造能力。联想集团以深圳市南方智能制造基地作为全球"母本工厂"，总投资超 20 亿元，依托多年来积累的丰富制造业实践经验为基础，深入融合了联想自主开发的智能化系统解决方案，已向合肥、武汉、天津，以及墨西哥、匈牙利等国家工厂复制推广智造模式；三一集团以长沙 18 号工厂为母工厂打造智能制造标准工厂，目前已向亚洲、北美、欧洲、南美的全球产业基地复制推广建设模式。

典型应用场景面向全行业加速推广。 企业在智能工厂建设中加速探索应用场景，高价值应用场景可广泛推广。2021—2024 年智能工厂典型场景占比情况如图 2-7 所示。2021—2024 年国家遴选出的 5500 余个智能制造优秀场景中，在线智能检测、智能仓储、质量追溯与分析改进、人机协同作业等一批场景已经成为行业实践探索的共识。据统计，4 年间数量排名前 10 的典型场景占所有典型场景的比重达到 50%，排名前 20 的典型场景占比高达 82%。

行业间形成各具特色的推广路径。 重点行业逐步呈现差异化的路径模式，智能工厂建设展现新趋势。**装备行业**聚焦基于数字孪生的设计与柔性制造，基于数字孪生的一体化研发能够降低验证成本，提高产品质量；基于智能制造装备与系统部署，产线可快速适应新产品型号制造需求，以及对装配工序随时进行柔性组合调整。**原材料行业**聚焦工艺优化和安能环一体化优化，通过 AI 进行生产数据的全面感知与集成分析，实现能耗管理、优化布局和全环节绿色化管控。**电子信息行业**聚焦高效生产与质量管控，面向具体需求，敏捷调整工艺规划，实现产线快速灵活构建、自主调整、协同优化和高质量管控。**消费品行业**聚焦以需求为牵引的高效敏捷制造，面向具体需求自主协调各环节，适应消费市场趋势，实现小批量快速迭代生产。

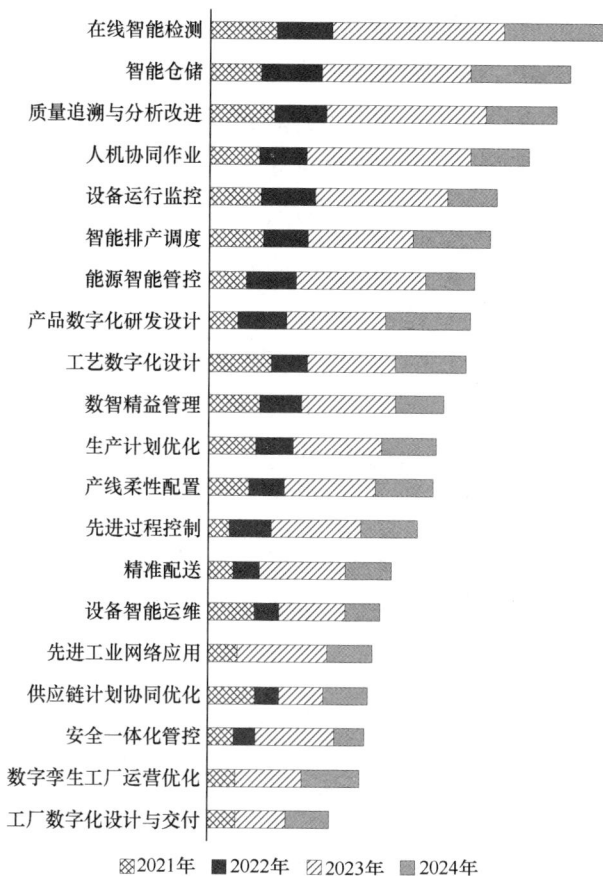

图 2-7　2021—2024 年智能工厂典型场景占比情况

（数据来源：中国信息通信研究院）

3. 新型制造模式探索不断涌现，初步展现八大未来制造模式

领先企业智能工厂正在探索新一代信息技术和先进制造技术深度融合，推动研发方式、生产方式、商业模式、产业组织等系统变革和模式创新，对未来制造系统提出协同范围更广、智能程度更深等更高要求。研发、生产、供应链、服务等环节智能化程度持续深化，研发环节深度智能应用场景占比从 2021 年 5.65%提升至 2023 年 20.92%；供应链深度智能应用场景占比提升最为显著，从 2021 年 28.24% 提升至 2023 年 47.79%；服务相关的深度智能应用场景占比从 2021 年 30.16% 提升至 2023 年 44.37%。此外，生产环节深度智能应用场景占比从 2021 年 33.96% 略降至 2023 年 31.27%。

协同范围更广、智能程度更深作为核心要求，驱动下一代智能工厂未来将主要呈现八大变革趋势。**研发环节**的主要变革趋势是走向基于数字孪生的智能研发模式，例如，劳斯莱斯基于创成式设计和 3D 打印技术，实现轻量化设计。**生产环节**有四大变革趋势，一是走向规模化高效自主制造模式，例如，宝武钢铁基于智能集中控制，实现炼、铸、轧高效协同；二是走向自适应可重构柔性制造模式，例如，小米基于即插即用、适应多工艺的机器人制造单元，实现柔性制造；三是走向净零排放可持续制造模式，例如，中铝瑞闽应用智能技术，全面优化产品碳足迹，提升绿色化水平；四是走向超常规极限制造模式，例如，特斯拉一体化压铸技术，将 70 多个零件组成后底板一次成型。**供应链**呈现为两大变革趋势，一是走向自组织、自修复供应链模式，例如，达索 3DE 搭建供应虚拟模型，加快供应链响应。二是走向分布式智能生产网络模式，例如，致景科技承接上游订单，实现统一排产、集中管控。**服务环节**呈现的主要变革趋势是走向基于成果的制造服务模式，例如，约翰迪尔农机采集速率达 2400 数据点/秒，升级客户体验。

4. 新技术、新需求推动制造系统创新变革

未来制造模式对制造体系提出数据高效流转、智能分析决策、需求敏捷响应的核心要求，驱动制造系统向扁平化演进。扁平化制造系统与技术产业图谱如图 2-8 所示。未来制造系统将主要呈现为三层扁平体系，**设备物理层**实现智能、开放、柔性，向泛在智能、协同管控、即插即用的体系演进；**操作系统层**实现模型、组件、数据的高效管理与集成，支持各类软件应用与硬件系统灵活接入，打通 IT 与 OT；**业务应用层**基于能力解耦与开放的敏捷开发，实现数据 +AI 的精准决策和业务创新。

扁平化制造系统将牵引技术产业变革，有望形成数据驱动、灵活部署、开放融合的全新体系。总体来看，智能装备、开放自动化、操作系统、智能应用实现了数据在工业现场、边缘侧、决策层和业务场景的无缝流转和动态反馈。**智能装备**主要包括机器人、智能机床等，OnRobot 协作平台实现多类型机器人应用自动化开发、部署，OKUMA 复合机床 U3000 基于 AI 诊断进给轴状态。**开放自动化领域**，施耐德电气 EAE（开放自动化平台）提升互操作性和应用可迁移性，艾默生推出无边界自动化架构，无缝打通智能现场到边缘和云端的数据传输。**操作系**

统领域，西门子 Xcelerator 集成 IoT 和软件能力，实现数据和模型融合，达索基于 3DE 平台实现需求、设计、仿真等全生命周期软件及数据模型互通。**智能应用**领域，PTC 公司面向市场需求从产品设计、仿真验证、制造到交付运营全流程推出 AI 应用，salesforce、ORACLE、SAP 等公司提供市场预测、客户洞察、流程自执行等智能应用。

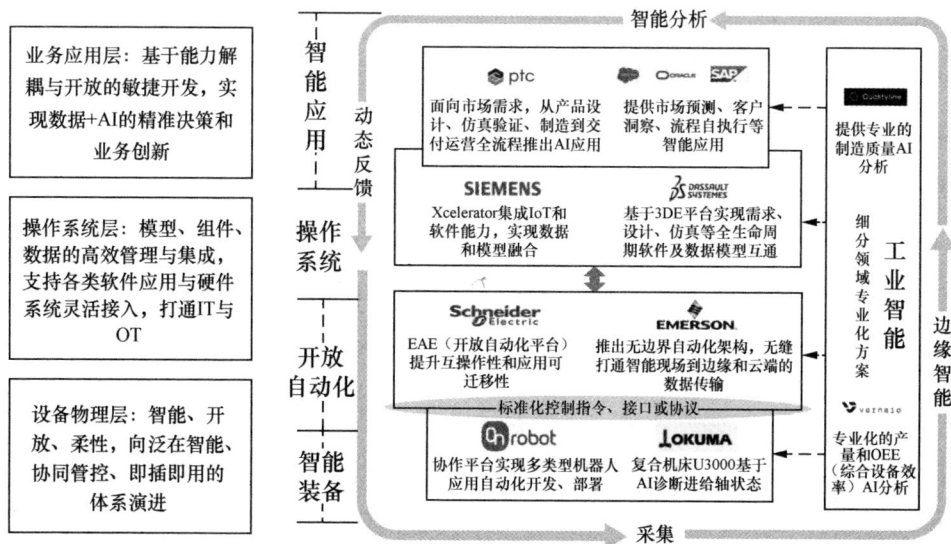

图 2-8　扁平化制造系统与技术产业图谱

（二）链式转型加速中小企业数字化赋能，有力支撑制造业数字化转型规模普及

1. 施策重心整体分为三大阶段，"链式"转型成为当前重点方向

我国中小企业数字化转型施策重心变化关系图如图 2-9 所示。中小企业数字转型政策焦点日益清晰，一方面推动转型数量和转型水平"量质齐升"，另一方面更加注重价值驱动的链式转型路径。从转型规模及改造深度的角度来看，施策重心经历了三大阶段。

第一阶段是上云用云阶段，聚焦广大中小企业普惠式转型。《国务院关于深化"互联网＋先进制造业"发展工业互联网的指导意见》，提出要推动百万企业上云。工业和信息化部印发的《推动企业上云实施指南（2018—2020 年）》，提出中小企业和创业型企业可依托公有云平台，按需租用存储、计算、网络等基础设施资源。

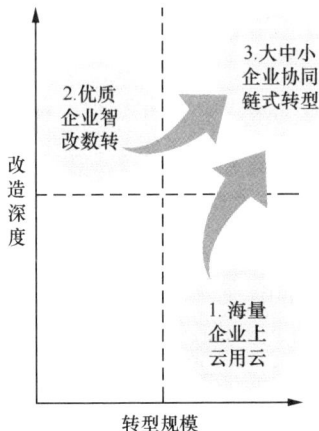

图 2-9　我国中小企业数字化转型施策重心变化关系图

第二阶段是智改数转阶段，着力优质中小企业的深层次改造。2021 年末，江苏省出台《江苏省制造业智能化改造和数字化转型三年行动计划（2022—2024 年）》，率先提出省、市、县对规上中小工业企业协同开展智能制造免费诊断服务。2022 年起，山东、安徽、福建等多地开展中小企业智改数转诊断改造工作。

第三阶段是链式转型阶段，探索跨企业规模化协同式转型。在中小企业数字化转型规模化推广建设方面，全国 66 个中小企业试点城市，大量省级试点，均将"链式"改造作为中小企业数字化转型的重点方向，并探索形成链主牵引转型、平台驱动转型和依托园区集群转型三类具体路径。

2. 链式牵引转型：以大带小激发中小企业转型动力和活力

链式牵引转型依托其持续强化的产业穿透力与生态覆盖广度，深刻重塑了传统的供给关系格局，有力推动了中小企业从传统供应链体系向大中小企业融通发展模式的转型升级。这一转变具体体现在以下三方面。

一是链式牵引转型推动供应链深度协同。链主企业加快与二三级供应商协同，链式牵引转型向供应链末梢延伸。新冠疫情后在航空制造业产能复苏背景下，空中客车正探索与德国、法国、中国、美国制造基地的二、三级中小企业供应商加强数字化协同与质量数据共享，实现复杂制造体系的高水平一体化质量管理。

二是链式牵引转型革新供应链中小企业发展模式。中小企业提前、主动参与链主企业创新研发过程，链式牵引转型由"主从"关系演变为"共生"关系。德国新能源汽车电机中小企业雷丁汽车（Roding Mobility）借助达索云化 CAD 主动参与整车客户的新车协同研发，通过数字化方式实现共同创新。

三是链式牵引转型赋予生态供给新内涵。链主企业在汇聚大量中小供应商基础上，引入金融、物流等第三方主体，驱动链式转型从供应链扩展到生态链。上汽集团携手浦发银行，依托上汽集团自建供应链平台——"安吉链"，针对采购流程中的应付账款承诺，为一级或多级供应商提供了一套全流程在线买断保理融资解决方案，实现了融资操作的全链路数字化。

3. 平台驱动转型：数据、资源赋能拓展中小企业高质量发展新空间

工业互联网平台通过整合专业图纸、高效工具等资源，并提供订单对接、融资便利等服务，驱动了产业链上中小企业数字化转型。这不仅促进了产业结构的优化，还强化了企业间的协同合作，助力企业集群拓展国际市场，同时精准定位企业在产业链中的位置，为企业的稳健发展和价值提升创造了有利条件。

数字化平台加速推动产业转移。基于平台互联互通和调度配置，弥补地域资源禀赋差异，推动中小企业向成本更低的区域集聚。国联股份发挥涂多多平台在钒钛领域的全产业链运营资源优势，组织涵盖钛矿、钛精矿、高钛渣、四氯化钛、钛白粉、海绵钛、钛材等环节的主要制造企业，在新疆克州阿图什市打造钒钛新材料零碳产业园区。

跨境平台带动中小企业参与国际竞争。通过平台打通消费端与生产端，实现海外订单与国内产能的对接适配，带动产业链上下游中小企业共同"抱团出海"。据统计，希音、捷配、拼多多 Temu 等 27 个典型平台中，有近六成承接海外订单。其中，PCB 协同制造平台捷配接入 2800 多家协同工厂，海外用户占比近 70%，

海外收入占比达到 50%。

产业链平台助力中小企业精准入链。借助平台整合各类产业资源，推动智能技术应用和绿色低碳发展水平提升，助力中小企业创新突破，实现"卡位入链"。湖北长江船舶打造绿色智能船舶供应链公共信息服务平台，通过物流贸易、科技创新、金融保障等综合性服务，针对智能绿色船舶船型杂乱、技术标准规范不一等共性问题，打造绿色智能船舶产业链，现持有绿色智能船舶订单量 48 艘，总造价 14.2 亿元，意向洽谈订单量 51 艘，价值 20 亿元。

4. 集群园区转型：构建多元化、深层次的产业协同转型提升路径

集群园区数字化转型持续呈现增长态势。集群园区数字化新建项目数量图如图 2-10 所示，根据企查查的数据，2024 年集群园区数字化新建项目数量超 3700 个，其中西部地区新建项目数量增速明显，同比增长 17.9%。此外，集群园区数字化转型目前凸显出了两大鲜明的特点。

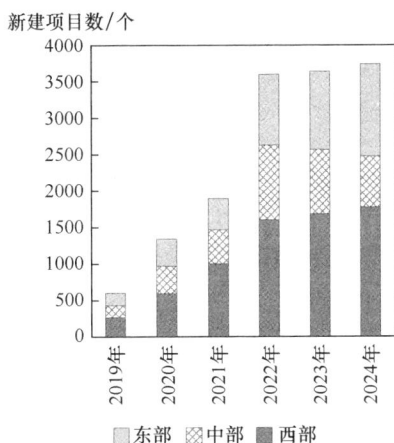

图 2-10　集群园区数字化新建项目数量图

（数据来源：企查查）

一是集群园区数字化转型形成差异化路径。科技创新类园区聚焦科学仪器、专业数据库等要素，资源可低成本共享。天津天开通过科研仪器开放共享平台，线上汇聚了 3356 台（套）可共享科研仪器设备。生产制造类园区则聚焦共享车间、能源调度、安防管控等生产能力协同。河北黄骅模具产业集群推进制造共享，打

造平台接单、按工序分解、多工厂协同的生产模式。生产性服务类园区重点聚焦资源配置优化，包括区域内物流管控、集采集销平台等。江苏泗洪经济开发区物流园建设线上平台，货主通过平台货运信息在线上调度车辆。

二是集群园区数字化转型持续向深层次演进。数字化应用按照基础信息透明共享，外围公共管理服务、核心业务智能协作的路径走深向实。2021年，浙江德清经开区平台整合工商、统计等十余类数据，展示企业个性画像。2022年，东营垦利智慧化工园区开展安全、环保、应急、物流等一体化园区管理服务智慧化场景。2024年，南京江北新区生命健康产业集群建设支持异构算力基座，助力企业智能研发。

（三）数据空间建设探索全面提速，我国呈现更为丰富的发展模式与创新潜力

1. 数据空间顶层战略发布，概念共识初步形成

2024年11月，国家数据局印发《可信数据空间发展行动计划（2024—2028年）》，提出可信数据空间概念内涵，明确可信数据空间是基于共识规则、连接多方主体，实现数据资源共享、共用的数据流通利用基础设施，是数据要素价值共创的应用生态，是支撑构建全国一体化数据市场的重要载体，具备可信管控、资源交互、价值共创三大核心能力，如图2-11所示。

可信管控能力是数据安全可信流通的前提，主要包含三方面的"可信"。一是资源接入可信，对接入主体、数据等资源进行认证，确保主体身份、数据、产品及服务等方面的安全可靠；二是使用行为可控，借助数字合约、使用控制等技术策略，实时管控数据流通使用全过程行为；三是流通结果溯源，对数据流通使用行为全过程存证，为清算审计等提供依据，保障数据流通使用结果可追溯。

资源交互能力是数据互联互通的关键，主要包含两个方面的"交互"。一是通过构建数据目录、并推动数据格式转换与语义互通，实现数据供需的高效对接以及跨主体互认；二是积极探索统一的数据标识体系和接口标准，实现跨空间的互联互通。

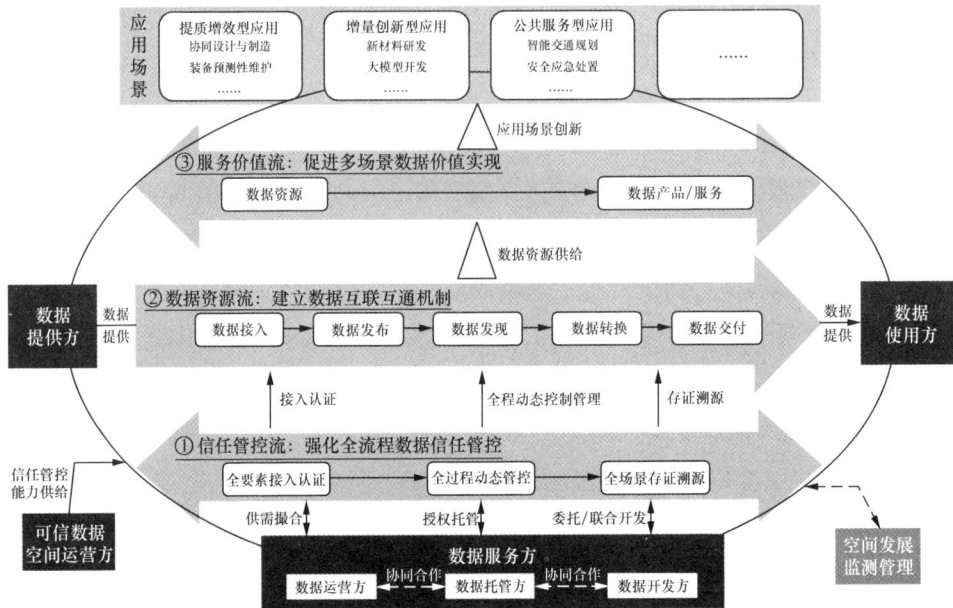

图 2-11　我国可信数据空间三大功能

价值共创能力是数据大规模流通利用的牵引力，主要包含两个方面的"共创"。 一是建立多方获益、共建共治、责权清晰的收益分配等规则机制，支持参与主体之间的价值协同和业务合作；二是搭建开放的应用开发环境，通过应用场景牵引多方主体发挥协同优势，构建多主体价值共创的数据生态，促进数据价值潜能释放。

2. 空间建设布局提速，进程由探索期步入运营期

从数量增长来看，全球数据空间规模迅速扩张。 2021—2024 年欧盟 IDSA（国际数据空间协会）数据空间数量变化情况如图 2-12 所示。近一年，欧盟 IDSA 数据空间数量从 140 个增长到 184 个，是过去两年增长数量之和。IDSA 初步形成公共数据空间、行业数据空间与个人数据空间三类，行业空间与测试床占比较大。

从行业分布来看，制造业、能源等行业探索最为广泛。 2024 年各行业全球数据空间数量占比如图 2-13 所示。在全球数据空间规模中，制造业占比 29%，数

量排名第一；能源行业占比 13%，数量排名第二。在制造业领域，日本发布乌拉诺斯生态系统，目标是推动制造业转型升级；在能源行业领域，中国南方电网建设能源数据空间，赋能中国能源行业多场景应用。

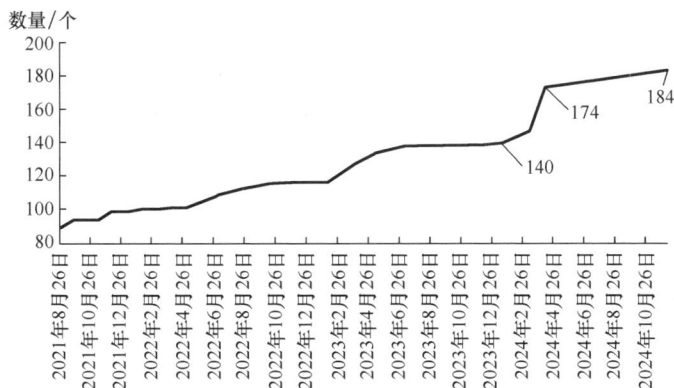

图 2-12　2021—2024 年欧盟 IDSA 数据空间数量变化情况

（数据来源：IDSA）

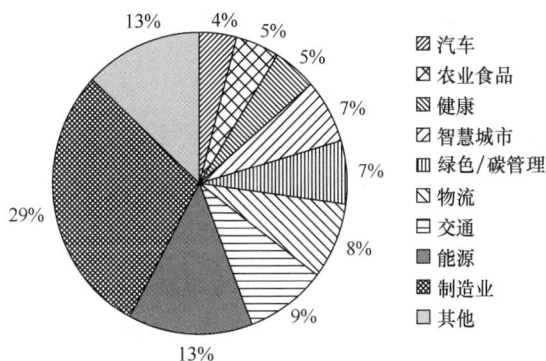

图 2-13　2024 年各行业全球数据空间数量占比

（数据来源：IDSA）

从成熟度来看，全球数据空间整体发展从探索期步入建设运营期。从 2023 年到 2024 年，处于建设和运营阶段的数据空间占比从约 49% 发展到约 56%。例如，Catena-X 汽车数据空间已经进入运营期，形成碳足迹管理、零部件追溯、循环经济等 10 余个场景；四川长虹电子信息数据空间初步进入运营期，实现产品质量追溯等场景的应用。

3. 国外三类主体差异化推进，形成三类建设模式

一是龙头企业立足自身转型升级目标，发挥其在行业内的牵引优势建设数据空间。 龙头企业作为行业引领者，能够汇聚关联企业的多方资源，联合产业链上下游协同创新，以数据驱动生产优化、产品研发等业务发展，为产业升级筑牢根基，发挥行业数据潜力。例如，奔驰、博世、大众等德国汽车龙头企业，为应对绿色发展、转型升级等行业共性需求，联合共建 Catena-X 德国汽车数据空间，实现德国整车企业与供应商之间的供应链数据无缝连接，开拓碳足迹追溯、质量管控检测、在线生产控制、制造即服务（MaaS）等应用场景，推动德国汽车行业的数字化转型升级。

二是中立机构发挥公信力优势，统筹行业主体建设创新数据空间。 中立机构从公正客观立场出发，利用信任基础组织各方企业携手，依据行业特性规划数据空间建设方案，助力全行业的数据互通共享和价值创新。如 Innovalia 协会充分发挥组织协调能力，引导大众、沃尔沃、西门子、飞利浦等企业共建 Boost4.0 工业数据空间，同时携手行业权威机构和国际标准组织规范空间运营，通过深度挖掘工业数据潜能，助力工厂从生产流程优化到产品质量升级，全方位提升欧洲工业在全球范围内的竞争力。

三是政府机构立足公共服务，发挥政策资源优势建设公共数据空间。 政府通过政策激励和社会资源支持，引导公共数据的开放和汇聚，同时完善数据空间服务能力建设，保障公共数据的隐私安全和充分利用，让公共数据空间成为推动社会创新发展的强大引擎，惠及社会各方。如欧盟委员会联合欧洲各国医疗主管部门制定合作协议，联合共建欧盟健康数据空间，通过数据空间的可信管控能力，打破欧盟各国的信任壁垒，以多源数据融合实现跨境诊疗协作，提升跨境医疗诊断的及时性与精准性，完善跨境医疗服务。

4. 我国系统推进企业、行业、城市、个人、跨境五类空间布局

当前我国系统布局企业、行业、城市、个人、跨境五类空间发展，推动构建数据要素流通国内国际双循环格局。

企业可信数据空间由龙头企业、链主企业发挥引领作用，不断带动上下游企业及物流、金融等配套服务企业开展数据协同共享，赋能实现供应链上下游资源

协同与业务优化。

行业可信数据空间由行业龙头企业、行业主管部门、行业协会等多主体联合建设，通过建立数据共享信任机制推动行业数据资源规模化共享流通与开发利用，打造行业共性价值应用，解决行业共性问题，引领行业转型升级与创新变革。

城市可信数据空间以公共数据为牵引，撬动城市内产业数据资源融合利用，构建起统一开放、可信可控的城市数据资源流通底座，赋能城市精细治理、新兴产业发展与民生服务优化。

个人可信数据空间要稳慎探索，在符合国家法律法规、充分尊重个人意愿、保护个人权益的前提下，推进个人数据资源的依法流通利用，促进个性化服务优化创新。

在畅通公共、企业、个人数据内循环流通的同时，国家还结合出海企业跨境数据流通需求，部署**跨境可信数据空间**，构建数据跨境传递监控、出境管控、存证备案等能力体系，建立高效便利安全的数据跨境流通机制，激活数据要素流通外循环。

5. 价值场景牵引是可信数据空间建设发展的根基

可信数据空间以价值应用场景为牵引，不断聚集丰富数据资源和数据使用方、需求方、服务方等多元主体，协同开展数据产品和服务创新，促进新技术、新业态与新模式不断涌现，推动数据要素价值潜能释放。价值应用主要包含三类模式：

一是单个领域内数据协同共享。通过产业链、供应链、价值链上下游数据协同共享，打造业务协同一体化场景，实现提质增效，这种模式常见于工业制造、交通运输等业务链条长、协同需求高的行业和领域。例如，交通运输领域的多式联运、客运数据协同等；医疗健康领域的电子病历互认共享、跨医疗机构基因数据共享等场景；工业制造领域的协同研发设计、装备远程运维、零部件与材料追溯、碳足迹管理等。能源领域的多能互补和调度优化、智能电网监测调控、跨地区跨企业电力调度等场景；金融领域的跨金融机构数据共享与真实性核验、金融欺诈防范等。

二是跨领域跨行业数据复用增效。气象、金融、地理等复用性强的数据在其他行业得到应用，推动数据跨行业跨领域流通应用，广泛赋能多行业发展，这种模式常见于气象、地理、金融等数据复用性强、与其他行业业务紧密相关的领域。例如，基于气象数据开展可再生能源生产预测、光伏发电站选址规划、自然灾害预警处置等应用；基于金融数据的制造业供应链金融、多行业保险产品设计等应用场景。

三是多领域多行业数据融合创新。通过多行业多领域的数据融合应用，推动不同领域的知识扩散碰撞，催生新技术、新模式、新业态，常见于新材料、大模型、医疗健康等科技创新需求较高的行业和领域。例如，在科研领域的大语言模型研发、行业大模型研发、新材料研制等场景；医疗领域的新药物研发、罕见病临床诊断决策、癌症诊断模型训练等场景。

三、2025 年两化融合与产业互联网领域发展趋势展望

（一）数字化转型市场保持增长，工业 AI、数字孪生引领产业创新

中国保持高速增长，带动全球市场规模持续扩张。全球数字化转型市场蓬勃发展，人工智能、云计算、大数据等新一代信息技术在产业融合落地进程加快。中国政府出台了一系列政策措施积极推动数字化转型，带动数字化转型市场规模持续扩大。IDC 数据显示，2024 年全球数字化转型支出预计 2.5 万亿美元，2023—2027 年 5 年复合增长率为 15.4%，如图 2-14 所示。其中，中国数字化转型支出预计 4280 亿美元，5 年复合增长率为 16.7%，高于全球增速。

数字化转型
支出规模/亿美元

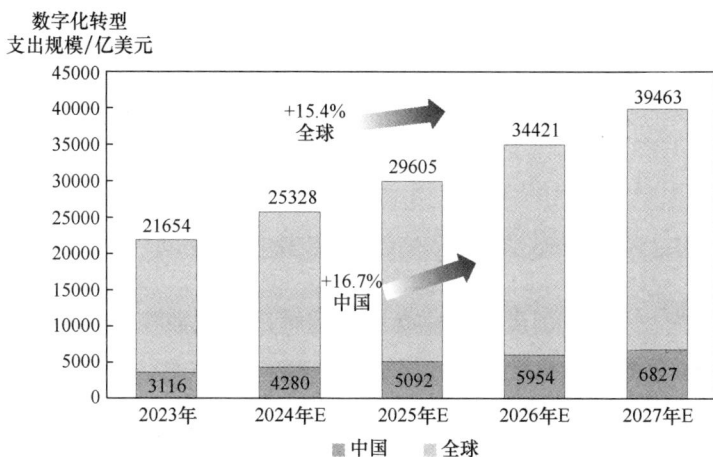

图 2-14 2023—2027 年全球及中国数字化转型支出规模

（数据来源：IDC）

上"云"用"数"已成规模，两大领域增速走高。2024 年全球市场规模及未来 5 年复合增长率，如图 2-15 所示。2024 年，云计算、工业软件、大数据在数字化转型各主要领域中市场规模保持前三位。未来 5 年内，工业人工智能、数字孪生领域市场规模仍将保持高速增长。市场研究和战略咨询公司 Emergen

Research 预测，2024 年全球工业人工智能市场规模约为 54 亿美元，年复合增长率 44.5%。市场调研机构 Precedence research 最新调查显示，2024 年全球数字孪生市场规模预计达到 198 亿美元，年复合增长率为 39%。

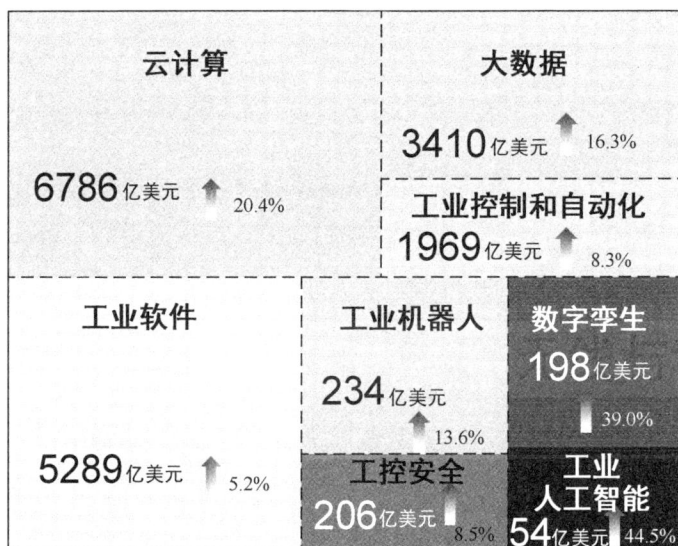

图 2-15　2024 年全球市场规模及未来 5 年复合增长率

（数据来源：中国信息通信研究院公开渠道搜集整理）

（二）智能工厂即将迎来梯度培育、深度智能新阶段

一是智能工厂将以梯度培育体系大规模推广，智能化应用持续深入。一方面，构建中国自主标准智能工厂培育体系。2024 年 10 月，工业和信息化部、国家发展改革委、财政部、国务院国资委、市场监管总局、国家数据局决定联合开展 2024 年度智能工厂梯度培育行动，构建智能工厂、解决方案、标准体系"三位一体"工作体系，打造智能制造"升级版"，分基础级、先进级、卓越级和领航级四个层级开展智能工厂梯度培育，预计 2030 年将占规上企业 10%～15%。另一方面，大型企业加速原材料行业转型，中小企业为电子信息行业升级注入新活力。大型企业建设的原材料行业智能工厂从 2021 年 138 家增至 2023 年 588 家，平均增速约为装备制造、消费品、电子信息行业的 2 倍左右。中小企业建设的电子信息行业智能工厂从 2021 年 18 家增至 2023 年 83 家，平均增速约为装备制造、

原材料、消费品行业的 2 倍左右。

二是大型企业加速全局智能化和链式协同，中小企业继续推进产线车间智能升级。大中小企业增速最快应用场景 Top 10 如图 2-16 所示，基于 2021—2023 年场景变化情况分析，**大型企业增速最快的十大场景主要聚焦于全局智能优化和产业链上下游协同**，例如，数字孪生工厂建设、数据治理与流通等全局智能化相关场景占比提升 2.39%、1.21%，供应商数字化管理、供应链计划协同优化等产业链协同相关场景占比提升 1.74%、1.07%。**中小企业增长增速最快的十大场景重点仍是提升产线级、车间级、工厂级的智能化**，例如，在线运行监测、智能仓储、能耗数据监测、精准配送等场景占比分别提升 2.52%、2.26%、1.82%、1.26%。

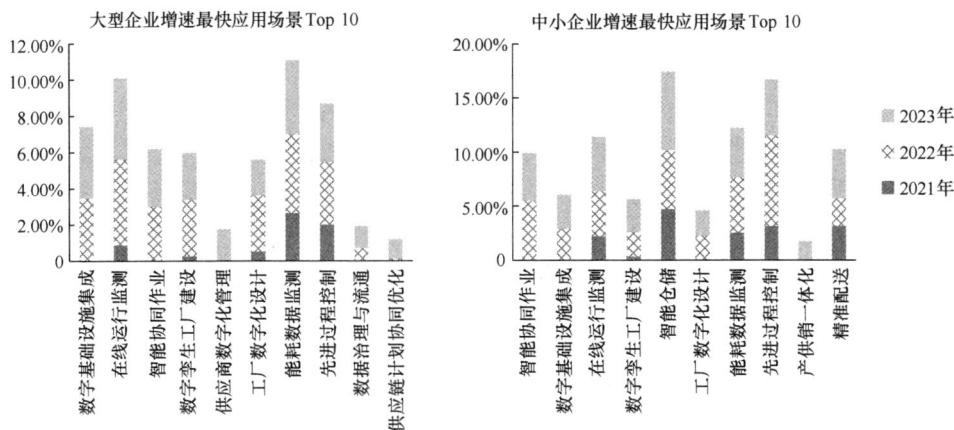

图 2-16　大中小企业增速最快应用场景 Top 10

（数据来源：中国信息通信研究院）

（三）数字化驱动数字园区管理机制、产业发展和服务模式创新

数字园区通过更广泛的要素数据化、更敏捷实时的数据采集、更规模融通的数据协同和更高效智能的数据分析，形成更体系规范的数据治理，进而支撑园区健全管理新机制、打造产业发展新体系和构建服务新模式。**在管理新机制方面**，由以数字物业管理为代表的园区运营管理向数字绿色低碳、数字产业链供应链预警、数字安全生产等国家现代治理要求转变，如连云港徐圩新区打造产业园区能

耗与碳排放监测监管平台，碳排放推演准确性提高至 80%。**在产业发展新体系方面**，由点状支持企业软硬件更新向一体化推动产业数字改造拓展，构建"企业改造＋链主带动"的体系化产业转型方式，如芜湖经济技术开发区在资金支持企业技术改造的基础上，推动以链主企业（奇瑞）带动的链式转型，强化园区产业转型动力。**在园区服务新模式方面**，由企业数字化招引向数字科创、供应链协同、数字金融延伸，构建"产业引进＋配套服务"的链条化园区服务新模式，如致景纺织智造园搭建纺织品集采集销平台，累计对接 10 万吨纤维、3 万吨针织布订单，服务织厂超 8000 家。

（四）工业智能保持快速增长，技术赋能路线逐步清晰

未来三年工业智能将首破百亿规模，超过全球 CAD 市场体量。据 Market Data Forecast 预测（见图 2-17），2024 年全球工业智能市场规模约 59.4 亿美元，约为全球 CAD 市场规模的一半，而 2027 年工业智能规模将超过全球 CAD 规模，达 167 亿美元。但工业 AI 应用覆盖度与领先国家还存在较大差距，据"2023 年美国制造业状况报告"的调研结果，85% 的美国制造企业已经采用 AI 技术。

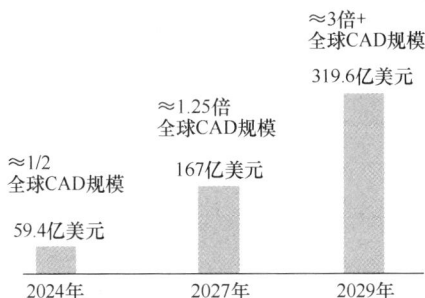

图 2-17　2024E、2027E 和 2029E 全球工业智能市场规模

（数据来源：Market Data Forecast）

　　AI 大模型与小模型"正反曲线"的技术应用。未来 3—5 年，AI 将围绕场景融合应用与技术产业创新持续深化，在多个方面展现新的趋势。**融合应用方面，AI 大模型与小模型"正反曲线"的技术应用分布逐步固化，赋能作用进一步清晰。**我们梳理了国内外 1043 个工业 AI 案例。总体看，AI 大模型的工业应用呈"微

笑曲线"分布（见图2-18），研发及管理服务侧相对集中，累计占比88%；而AI小模型应用呈"反微笑曲线"分布，即生产是主要应用环节，占比接近一半。**技术产业方面，主要集中于工业装备、工业软件与解决方案的智能化赋能与升级。**如装备环节3年内有望形成明确的车间级具身智能场景，特斯拉等领先企业已经在探索实际应用；各类工业软件企业均开展AI与软件产品融合，指数级提升执行效率；同时持续涌现出一批走向细分领域的专业化、智能化方案。

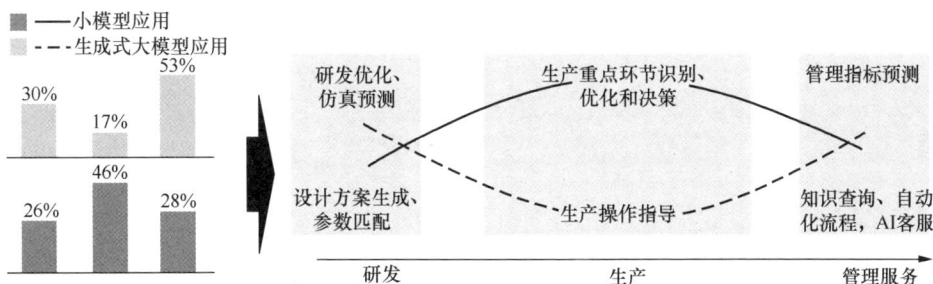

图 2-18　AI 大模型与小模型技术应用分布图

（数据来源：中国信息通信研究院）

（五）可信数据空间迎来建设运营爆发期，数据生态雏形初现

可信数据空间发展基本跨越探索初期，即将全面进入建设运营阶段。2023年到2024年，全球处于建设和运营阶段的数据空间总数从约49%上升到约56%，参考此趋势，未来2～3年我国有望迎来建设高峰期，完成建设破冰工作，形成一批可复制的数据空间运营经验。

可信数据空间通过汇聚主体、价值场景牵引，培育融合共创的数据生态。我国数据空间未来将发展为网络化交互的数据共享模式，五类可信数据空间将逐渐交织、演化，形成两种发展方式。一是随着主体种类增多、数据规模扩张、应用场景创新，某类可信数据空间逐渐向其他类型演化；二是不同种类可信数据空间也存在互通关系，即同一主体或数据资源会存在于多种可信数据空间之中。

未来可信数据空间生态主要呈现三大特征。一是主体资源海量涌入，技术服务方、数据服务方、数据提供方、数据使用方、空间运营方加入生态，带来大量数据资源，稳固生态发展根基；**二是价值场景丰富多元**，价值场景牵引多源数据融合，探索出产业链路共享、科研协作研究、公共服务建设等多领域、多行业的应用场景，激活生态潜力；**三是生态融合协同共创**，不同类型的空间在未来将实现跨域合作和融合共创，实现数据资源利用最大化，最终构建互联互通和协同一体的数据空间生态。

无线与移动篇

导　　读

　　回顾 2024 年，无线与移动领域整体继续呈现稳步增长的趋势。我国 5G 基站数量较上年末净增 76.4 万个，总数达到 414.1 万个，5G 网络覆盖范围从"县县通 5G"逐步向"村村通 5G"扩展。国内市场手机出货量增长 7.12%，移动互联网累计接入流量增长 12.3%，移动物联网终端用户增长 15.1%。

　　5G－A 方面，技术逐渐进入产业化和商用阶段，在宽带能力、垂直行业应用和融合技术创新等方面取得显著进展，各地政府积极推动应用发展。**低空经济方面**，以 5G 为基础的低空信息基础设施日益重要，其支持低空空域的高效管理，为低空经济发展提供关键保障。**人工智能方面**，生成式 AI 技术为智能终端产业注入新动能，手机正向以智能体为中心的生态系统演进，产业加速重构。

　　展望 2025 年，新应用将推动移动互联网流量持续增长，全国平均月户均流量（DOU）预计将突破 20GB，6G 国际标准将进入预研阶段。

本篇作者：

万　屹	曹　磊	朵　灏	刘　硕	刘　琪	杜加懂	韩凯峰	魏克军
马泽龙	李　凤	李侠宇	杨　艺	易建忠	王　潇	王智玮	戈志勇
周佳琳	宋爱慧	周　洁	王　琦	夏仕达	侯伟彬	景浩然	蔡雯琦
杜　滢	徐　菲	卢　丹	何异舟	于润东	郭文芳		

一、2024 年无线与移动领域发展情况综述

（一）移动通信网

1. 全球移动电话用户数达 88.6 亿，5G 移动电话用户数超 21.2 亿

截至 2024 年年底，全球移动电话用户数超过 88.6 亿，移动电话用户普及率达 108 部 / 百人；全球 4G 移动电话用户数达到 50.8 亿，渗透率达 58.3%，如图 3-1 所示。全球 5G 移动电话用户数超过 21.2 亿，渗透率接近 24%，其中北美洲、东亚地区 5G 移动电话用户数渗透率较高，如图 3-2 所示。

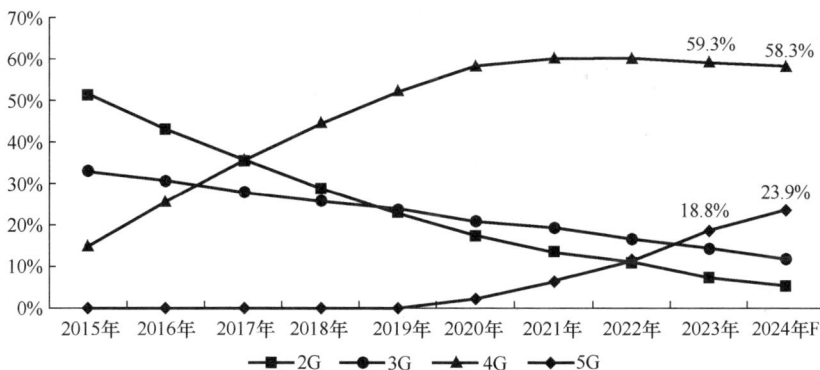

图 3-1　全球 2G/3G/4G/5G 移动电话用户数占比变化情况

（数据来源：GSMA）

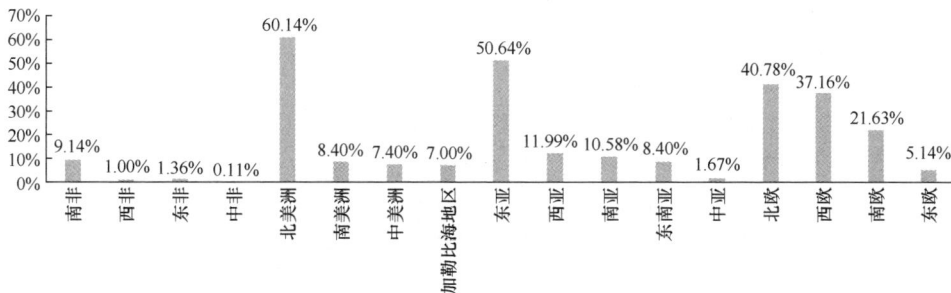

图 3-2　全球各地区 5G 移动电话用户数渗透率情况

（数据来源：中国信息通信研究院、GSMA）

2. 我国移动电话用户总数达 17.89 亿，5G 移动电话用户数达 10.14 亿

2024 年，我国移动电话用户总数达 17.9 亿，较 2023 年末净增 4601 万户；我国 5G 移动电话用户数快速增长，已达到 10.14 亿，渗透率达 56.7%，如图 3-3 所示。

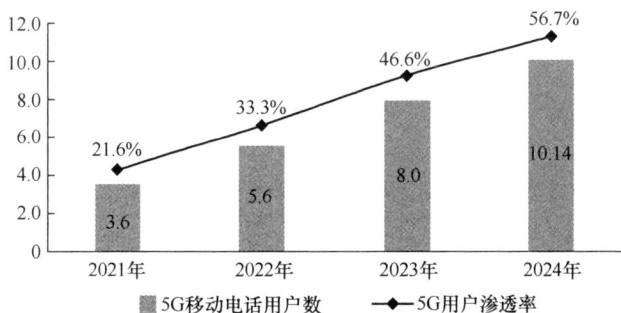

图 3-3　我国 5G 移动电话用户数发展情况

（数据来源：工业和信息化部）

3. 全球 5G 网络建设持续推进

截至 2024 年 10 月，全球已有 120 个国家 / 地区的 315 家网络运营商提供 5G 业务（含固定无线和移动服务），如图 3-4 所示。2024 年以来，全球 5G 商用国家 / 地区累计新增 14 个，其中 4 个位于非洲。如图 3-5 所示，截至 2024 年第三季度，5G 网络已覆盖全球 49.4% 的人口。

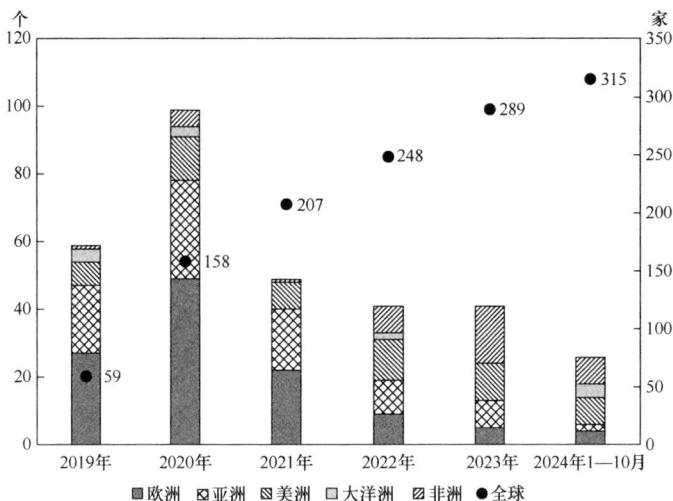

图 3-4　全球 5G 商用网络总量及各地区情况

（数据来源：中国信息通信研究院）

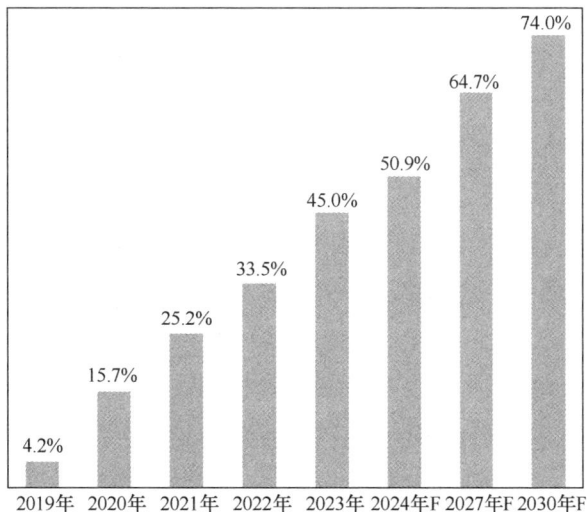

图 3-5　全球 5G 网络人口覆盖率情况

（数据来源：中国信息通信研究院）

4. 我国已累计开通 5G 基站数达 425.1 万个

截至 2024 年 10 月底，我国已累计开通 5G 基站 425.1 万个，比上年末净增 76.4 万个，如图 3-6 所示，5G 网络覆盖从"县县通 5G"向"村村通 5G"不断延伸，行政村通 5G 覆盖比例超过 80%。

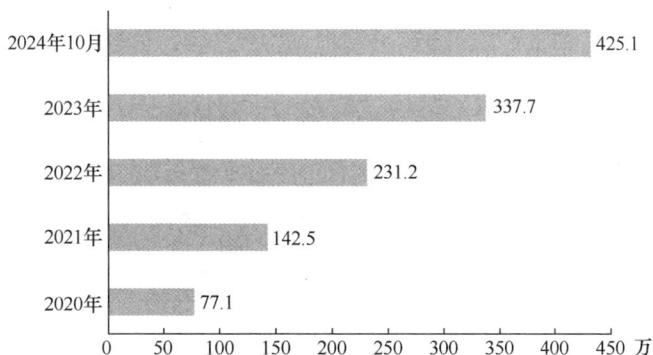

图 3-6　我国 5G 基站建设数量

（数据来源：工业和信息化部网站）

5. 我国移动互联网接入流量保持增长

截至 2024 年 10 月，我国移动互联网接入流量达 2766 亿 GB，同比增长

12.3%，年内增速基本保持稳定，预计 2024 年年底我国移动互联网累计接入流量达 3377 亿 GB，如图 3-7 所示。

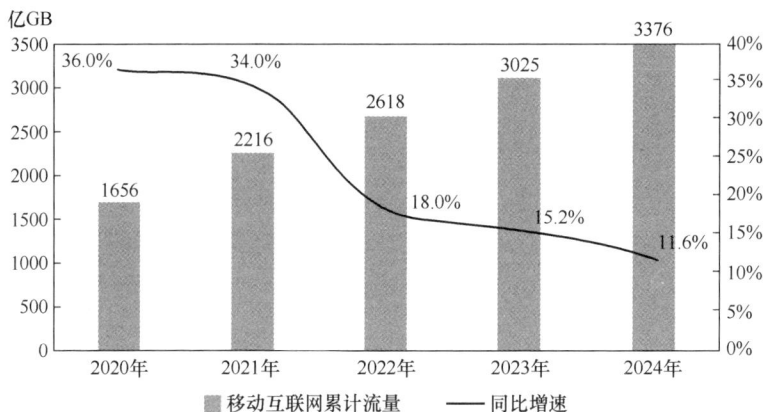

图 3-7　我国移动互联网接入流量同比增速

（数据来源：工业和信息化部网站）

6. 我国移动互联网 DOU（月户均流量）持续走高

2024 年，我国移动互联网 DOU 保持增长态势，10 月当月 DOU 达 19.2GB/（户·月），较上年同期提升 1.35GB/（户·月），2020—2024 年，我国移动互联网 DOU 增长情况如图 3-8 所示。全国共有 10 个省份的 10 月移动互联网 DOU 超过 20GB/（户·月）。

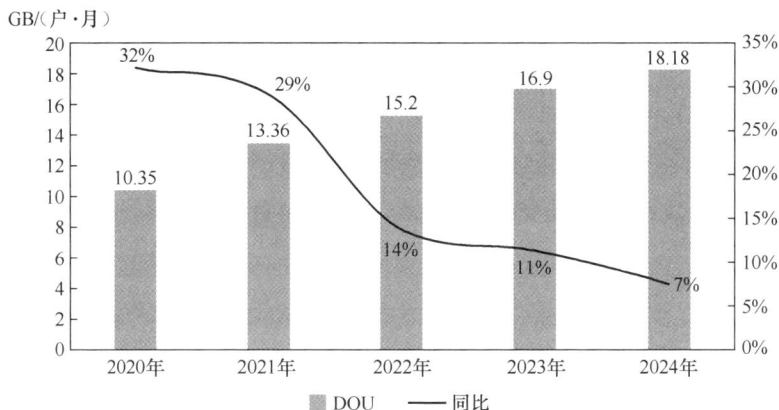

图 3-8　我国移动互联网 DOU 增长情况

（数据来源：工业和信息化部网站）

（二）移动终端

1. 全球智能手机市场逐步回暖

全球智能手机 2024 年出货量预估约 12.23 亿部，同比增长 3.71%，如图 3-9 所示，全球智能手机市场呈现出复苏态势。全球手机新兴市场需求增长、5G 手机普及率提高，以及 AI（人工智能）、折叠屏等新技术应用，都不同程度地促进了全球智能手机市场的回暖。

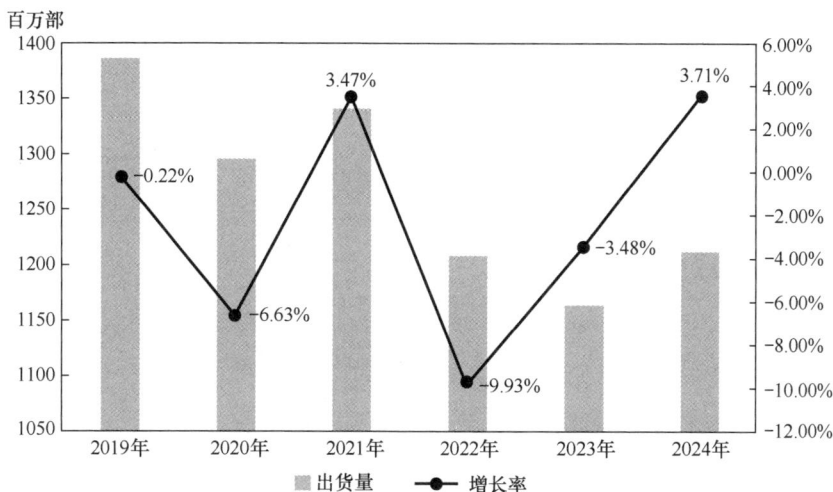

图 3-9　2024 年全球移动智能手机出货量统计

（数据来源：Omdia）

2. 我国手机市场涨势明显

2024 年中国移动智能手机出货量统计如图 3-10 所示，2024 年 1—10 月，国内市场手机出货量达到 3.14 亿部，同比增长 8.7%。其中，国产品牌手机出货量达到 2.69 亿部，同比增长 16.7%，占同期手机出货量的 85.6%。国产 AI 手机集中发布、折叠屏手机性能不断提升，以及华为 5G 手机供应链逐步稳定，都成为推动我国智能手机市场强劲增长的关键动力。

百万部

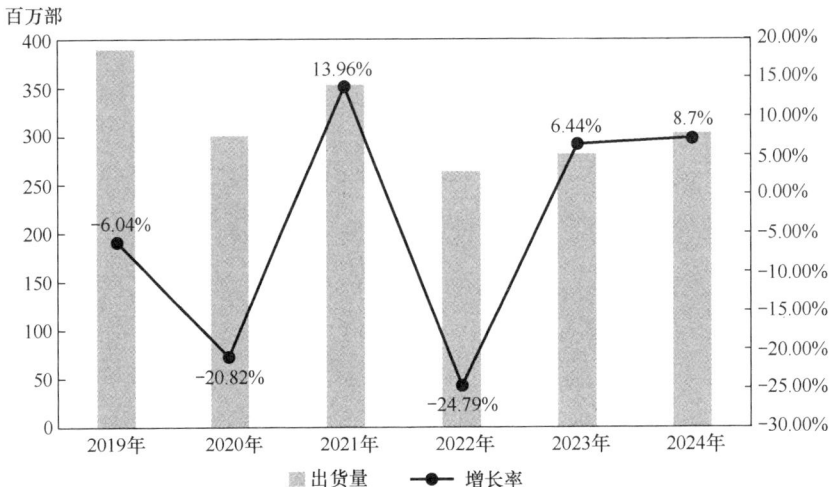

图 3-10　2024 年中国移动智能手机出货量统计

（数据来源：中国信息通信研究院）

（三）移动物联网

移动物联网持续平稳发展，终端款型和终端连接数稳步增长

从全球市场来看，全球移动供应商协会（GSA）统计，截至 2024 年 10 月，全球共发布 318 款 5G 室内外固定无线接入用户驻地设备（CPE），315 款 5G 模组、291 款 5G 工业 / 企业路由器、网关、调制解调器，260 款无人机、头戴式显示器、机器人等新型 5G 物联网终端。排名前三位的 5G 物联网终端类型分别为占比 22% 的固定无线接入 CPE、占比 22% 的模组和占比 20% 的工业 / 企业路由器、网关、调制解调器。全球 5G 物联网终端分类占比如图 3-11 所示。

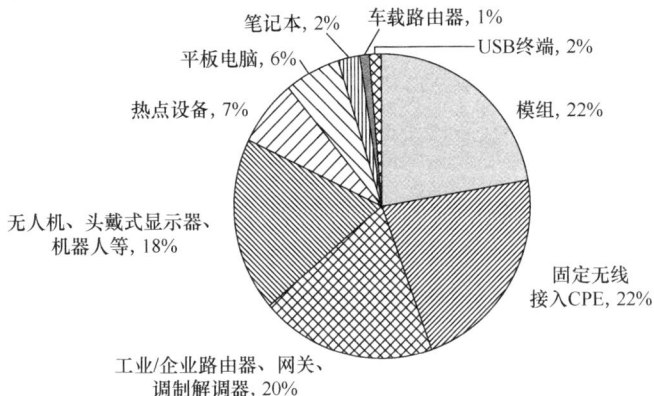

图 3-11　全球 5G 物联网终端分类占比

（数据来源：GSA）

国内市场方面，根据工业和信息化部在 2025 年 1 月发布的数据，蜂窝物联网终端用户数如图 3-12 所示。截至 2024 年年底，我国蜂窝物联网终端用户 26.56 亿户，比上年末净增 3.24 亿户，超过移动电话用户数 8.36 亿户，占移动网终端连接数（包括移动电话用户数和蜂窝物联网终端用户数）的比重达 59.7%。2023 年以来，蜂窝物联网终端用户数同比增速呈下降趋势。

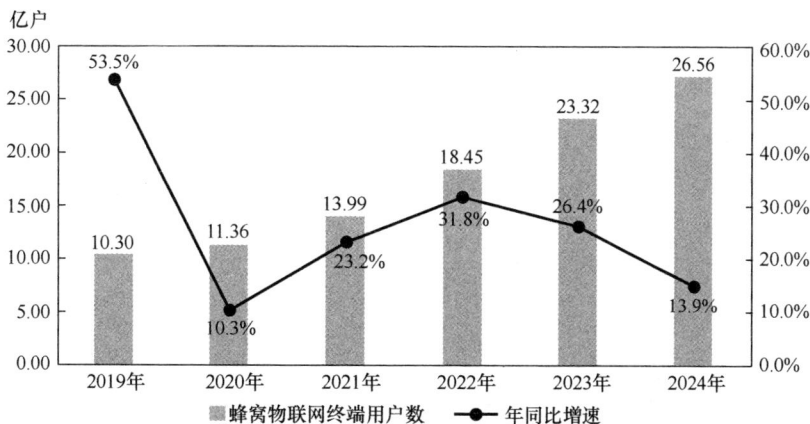

图 3-12　蜂窝物联网终端用户数
（数据来源：工业和信息化部）

（四）移动互联网

1. 我国移动互联网月活跃用户规模持续增长

截至 2024 年 6 月，我国移动互联网月活跃用户规模已达到 12.35 亿，同比增长 1.8%，如图 3-13 所示。从增长趋势上来看，随着移动互联网的普及程度不断提高，用户数量虽整体呈增长态势，但增速已明显放缓且为迂回上升形式，2024 年 5 月至 6 月用户数量基本保持在 12.35 亿没有增长，2023 年 10 月与 2023 年 9 月相比甚至有小幅下降，这也从侧面反映了我国移动互联网市场已逐渐从增量竞争转向存量竞争。

2. 人工智能生成内容（AIGC）需求爆发

用户对 AIGC 需求持续增长，AIGC 类 App（指利用人工智能技术生成内容的应用程序）整体月活跃用户规模持续增长，如图 3-14 所示，2024 年 6 月达 6170 万，同比增长 653.3%，净增长 5350 万。除 AIGC 类 App 外，各行业头部厂商开始在旗下 App 插入 AIGC 应用插件，全网头部 App 呈现 AI 化。

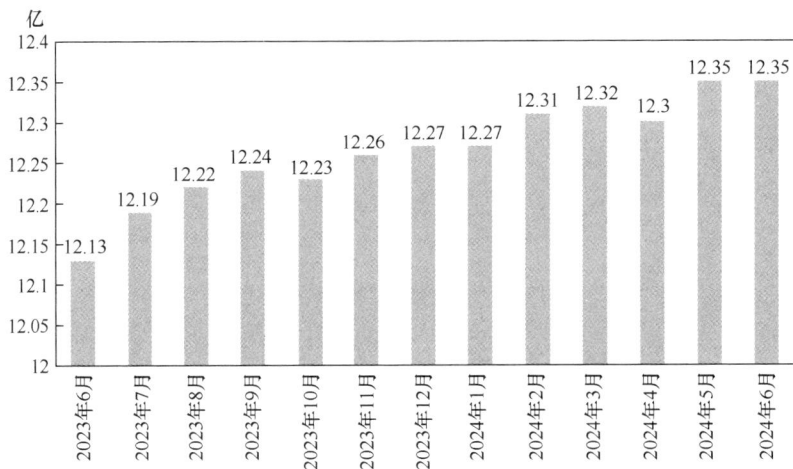

图 3-13　我国移动互联网月活跃用户规模

（数据来源：QuestMobile TRUTH 中国移动互联网数据库）

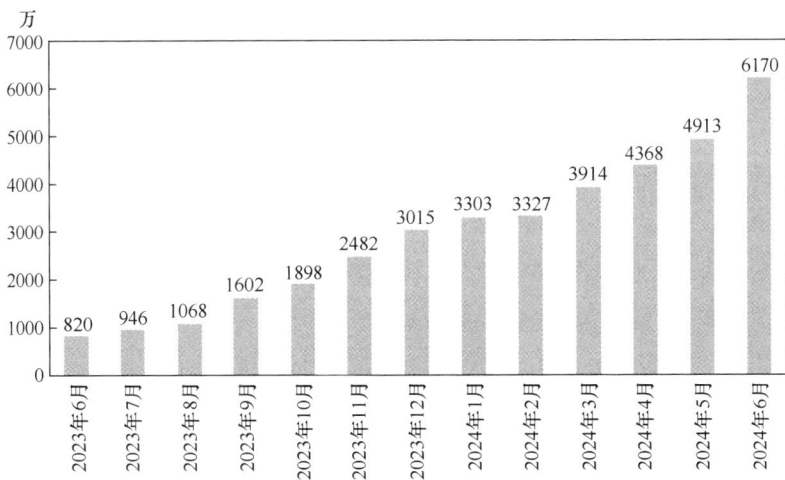

图 3-14　AIGC 类 App 整体月活跃用户规模

（数据来源：QuestMobile TRUTH 中国移动互联网数据库）

（五）卫星互联网

1. 全球卫星互联网持续发展

全球卫星互联网保持快速发展态势。截至 2024 年年底，星链累计发射超过 7000 颗卫星，已为全球 118 个国家和地区提供宽带服务，目前活跃用户达 460 万。2024 年，星舰成功完成了第六次试飞。星舰总高约 120 m，直径约 9 m，是迄今全球高度最高、推力最强的火箭之一。星舰的推进器配备了 33 台猛禽发动机，其总推力相当于 7590 吨的重量，在完全复用的情况下，可以将 150 吨的有效载荷送入近地轨道。2024 年，AST SpaceMobile 公司共发射 5 颗"蓝鸟"星座卫星，并计划为美国提供全国范围内的网络覆盖。Skylo 宣布将联合 Verizon 推动终端直连卫星的短信息商业服务，两家公司合作推出面向消费者的商业卫星服务，并通过首次卫星物联网试验推动技术创新。

2. 我国规划多个商业卫星星座

我国积极规划多个低轨卫星互联网星座。上海垣信卫星科技有限公司（以下简称上海垣信）是千帆星座的建设与商业运营公司，通过商业化、国际化模式，分阶段部署与运营全球低轨宽带卫星网络。目前上海垣信已经发射了 3 轨共计 54 颗卫星，正在积极拓展海外运营业务。北京国电高科科技有限公司（以下简称国电高科）正在建设运营中国首个低轨卫星物联网星座 —— "天启星座"，该星座由 38 颗低轨卫星组成。目前天启星座在轨卫星 33 颗，已经完成一期的发射部署并提供数据服务，广泛应用于海洋、交通、农业、林业、电力、石油等领域，并在应急救援、环境监测等领域为用户提供服务。浙江时空道宇科技有限公司（以下简称时空道宇）是吉利控股集团旗下的科技创新企业，致力于打造全球首个服务于未来出行生态的低轨卫星星座 ——"吉利未来出行星座"。截至 2024 年 9 月，该星座已完成 3 个轨道面共计 30 颗卫星的发射。

（六）无线局域网

短距离无线通信技术快速演进，应用场景不断拓展

短距离无线通信技术加速迭代，性能不断提升。Wi-Fi 7 是 5G 的有益补充，

芯片头部企业均已发布 Wi-Fi 7 芯片，终端旗舰产品开始支持 Wi-Fi 7，Wi-Fi 7 出货量从 2025 年开始明显增长。蓝牙占领物联网低功耗应用市场，占据了可穿戴等低功耗短距离无线通信技术的绝对优势地位。为适配物联网应用，蓝牙 6.0 在蓝牙信道探测、低功耗传输等方面进一步进行快速更新和技术迭代。近场通信（NFC）聚焦安全金融支付，基于 ISO 等国际标准并增加了 NFC V 和与无线充电相关的一些功能和标准。超宽带（UWB）聚焦安全精细测距，煤矿领域和畜牧领域是 UWB 下游的两个刚需领域。Zigbee 自组网能力强，自恢复能力强，对井下定位、停车场车位定位、室外温湿度采集、污染采集等应用具有非常强的吸引力。

短距离无线通信技术应用场景丰富，满足各种通信需求。 短距离高速通信技术，能够在高度密集复杂环境下，满足对数据吞吐量要求较高的应用场景需求。短距离中低速通信技术，主要用于音视频传输、控制指令交互、定位服务、通知推送等方面，正朝着低功耗音频领域拓展，同时在定位功能方面持续创新。近场通信技术，能够在 10 cm 范围内，实现设备间的双向交互通信，满足移动支付、车联网数字车钥匙等应用需求。高精度定位技术，能够填补厘米级定位应用的市场空白，用于矿井隧道异常行为监控、工厂智能巡检、医院生命体征监测等领域。

二、2024 年无线与移动领域热点分析

（一）5G-A 创新发展，新质生产力加速形成

1. 5G-A 进入产业化和商用阶段，为 6G 创新奠定基础

5G 商用 5 年来，我国实现了技术、产业、商用的引领，5G 对国民经济和社会生活的促进作用不断显现。5G 应用场景持续深化，对网络能力提出了更高要求，5G 技术、标准、产业等开始向下一阶段演进。

5G－A 作为 5G 国际标准的新阶段，代表着 5G 网络能力升级和服务维度拓展的发展方向。2024 年 6 月，5G-A 第一版本国际标准（3GPP R18）正式冻结，标志着 5G-A 商用版图正式展开。目前，全球多个地区的主要运营商纷纷发布 5G-A 技术试验和网络部署规划，系统设备商也积极投入 5G-A 产品研发，推动 5G-A 技术在低空等领域的创新应用，5G-A 已逐步进入商用阶段。

2. 5G-A 关键技术：六大应用场景和三类技术演进方向

5G－A 将持续提升 5G 三大场景的网络性能，并重点突破通信与感知、AI、卫星等融合场景，拓展新业态新空间，为 6G 创新奠定技术基础。一方面，5G-A 通过软件升级、硬件增强等方式提升现有 5G 网络能力，实现速率、时延、连接、能效等性能的提升。基础电信企业基于业务需求和产业基础，有序推进 5G 基站向具备 5G-A 能力的方向升级演进，重点推进上下行超宽带、混合现实、网络节能、无源物联等功能部署。另一方面，5G-A 将新增感知、智能等能力维度，通信网络发展向通信与感知融合演进，外挂式智能向内生智能演进，拓展低空经济、智能体服务等新业态，与卫星融合实现全球无缝覆盖，培育终端直连卫星新形态，同时为 5G-A 向 6G 演进升级奠定技术和产业基础，如图 3-15 所示。

图 3-15　5G-A 承前启后分为六大场景

3. 顶层设计持续强化，5G-A 商用部署加快落实

顶层政策持续推动 5G-A 产业化发展。 工业和信息化部等 12 部门发布《5G 规模化应用"扬帆"行动升级方案》，围绕产业、标准和网络布局 5G-A 相关工作，持续推进 5G-A 关键技术研发试验，加快推进 5G-A 重点设备研发及产业化，加快 5G-A 国际标准研制，有序推进 5G 网络向 5G-A 升级演进。此外，工业和信息化部印发关于开展 2024 年度 5G 轻量化（RedCap）贯通行动的通知，加速 5G RedCap 商用进程，5G RedCap 增强了 5G 物联能力，补齐了 5G 在中高速率业务覆盖的短板，形成能够满足低、中、高不同速率要求、实现 4G/5G 协同工作的移动物联网技术体系。

地方政府积极推进 5G-A 发展和应用创新。 北京、山东等地出台 5G-A 专项政策，如北京发布的《北京市推进 5G-A 技术演进及应用创新行动计划（2024—2026 年）》从网络能力提升、终端产业链融通发展、行业赋能深化、安全保障升级 4 个方面着手，推动北京市 5G-A 发展；山东发布的《山东省推动 5G 演进（5G-A）创新发展行动计划（2024—2027 年）》明确了 5G 网络能力提档升级、应用推广成效明显、应用生态加速繁荣 3 方面的工作目标。

4. 催生新应用新业务，赋能新型信息消费

5G-A 推动现有业务体验进一步升级。 一方面，传统视频业务需求持续攀升，在 5G-A 时代，视频业务在画面流畅度、分辨率、清晰度、图像质量等关键指标

上不断精进。另一方面，视频技术正从 2D 向 3D 加速迈进，裸眼 3D 作为实现视觉沉浸式互动体验的创新技术，将传统的 2D 视听体验全面升级至 3D 沉浸式时代。同时，AI 和云技术的融合，极大地丰富了 3D 视频的内容源。

5G－A 赋能新型交互式应用持续创新发展。在扩展现实（5G-A XR）视频点播方面，2024 年 10 月，中国联通、华为进行首次针对 5G-A XR 应用三载波聚合技术验证，测试结果表明，5G-A 网络能够提供 XR 8K 视频点播需要的 400Mbit/s 下行网络速率。在 5G-A XR 游戏方面，2024 年 2 月，中兴通讯、当红齐天集团等联合完成基于 5G-A 的多并发大空间 XR 竞技游戏业务测试，测试结果表明，5G-A 能够满足 12 路 XR 业务同时接入时的平均空口时延低于 10ms 的要求。在 5G-A XR 文旅方面，2024 年 9 月，中兴通讯、中国电子云等企业联合发布基于 5G-A VR 大空间沉浸剧场解决方案的幾米绘本元宇宙戏剧，在使用轻量化装备的同时，为游客提供高沉浸式的服务体验。

5. 赋能新型工业化，加快产业转型升级

5G－A 面向新型工业化提供多方面能力。在新型工控领域，5G-A 凭借高可靠性、超低时延等特性持续向工业生产的核心控制环节拓展；在数据物联方面，eRedCap、无源物联等技术不断推动物联成本的降低与网络能力的提升；在高精定位领域，低功耗、高精度定位技术持续发展，以满足多个工业场景的需求。

5G－A 面向新兴行业领域不断拓展。在低空经济领域，5G-A 凭借自身超大带宽、超高速率、超低时延等特性，为低空经济应用提供强大底座能力；在智慧城市领域，5G-A 通感一体、无源物联、eRedCap 等技术对城市的运行提供实时感知、反馈及控制能力，为智慧城市发展带来机遇；在 AI 领域，5G-A 网络与 AI 双向赋能的态势明显，AI 技术助力 5G-A 在物理层、网络层、业务层实现性能优化，同时 5G-A 网络为 AI 应用提供边缘算力支持和数据供给服务。

6. 5G-A 安全防护体系加速构建，保障 5G-A 规模部署与推广应用

5G－A 面临多方面安全挑战与需求。伴随着 5G-A 网络的演进，5G-A 安全机制也需要持续演进，以适配网络智能化、非地面网络接入、公专网等新型网络架

构，充分满足用户隐私保护、认证效率及数据保护要求提升等新安全能力要求，还需要为通信感知、无源物联、实时通信提供差异化安全服务，具体如图 3-16 所示。

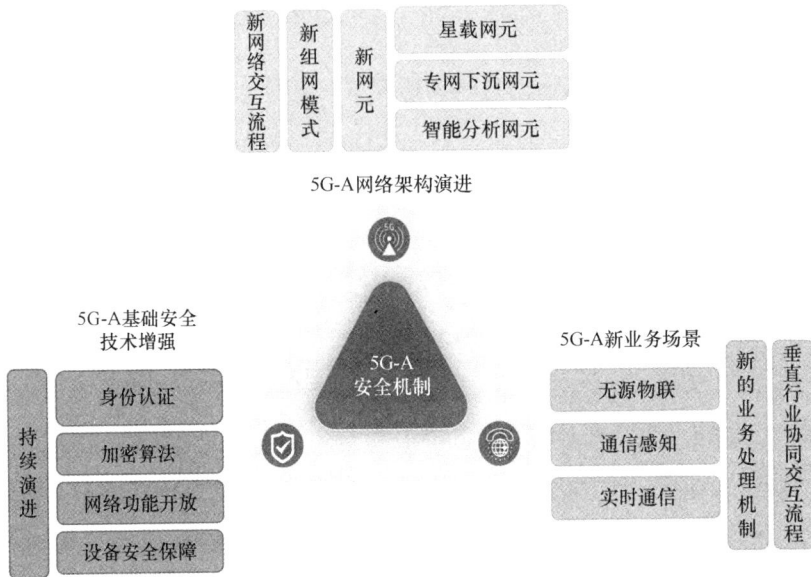

图 3-16　5G-A 安全挑战

在网络架构演进安全方面，5G-A 面向新业务、新场景需求，引入了新网元、新组网模式，这些网元有的（如星载网元）是资源受限的，有的（如专网下沉网元）部署在行业客户侧，有的（如智能分析网元）具有新的处理机制，此外，还引入了新网络交互（如联邦学习交互）流程，因此上述网元和流程需要设计相应的安全机制来确保身份可信、传输链路安全和数据使用安全等，防范新架构引入新的风险暴露面，保障 5G-A 网络的安全可靠运行。

在基础安全技术增强方面，5G-A 需要与时俱进，针对现有的证书管理、身份认证、密码算法、网络能力开放、设备安全保障等机制方面进行持续演进，以抵御动态变化的攻击。尤其是随着网络与数据安全监管要求的不断明晰，5G-A 网络更需要进一步提升数据调取使用的合规性，保护用户个人隐私。

在新业务场景安全方面，5G-A 引入了通信感知、实时通信、无源物联等新业务场景，这些新业务场景需要在演进的网络架构中增加新的业务处理机制与垂直行业协同交互流程，为用户提供在不同业务场景下更为丰富的服务体验，进一步助力 5G 网络深入赋能工业、电力、交通等领域，这均需要研究新的安全保障措施来保护上述新机制、新流程。

5G-A 安全技术向内生化和智能化演进。为应对日益复杂的网络安全挑战，5G-A 安全技术成为研究重点，并正朝着 4 个关键方向加速演进，即内生化、纵深化、智能化和弹性化。

（1）内生化

为了实现网络安全从内部筑牢防线而非过度依赖外部防护手段，5G-A 正在大力推进内生安全措施的强化工作。例如，在服务化架构（SBA）中增强证书管理技术，实现对 5G-A 网络功能（基于 SBA 架构设计、按功能划分的模块化组件）间证书的自动化管理，从而保证初始信任得以建立，并实现整个证书生命周期的安全管理。这有助于预防未授权访问并防范潜在的安全威胁，同时简化运维流程。

（2）纵深化

在纵深防御策略上，5G-A 致力于通过公网和专网融合技术来强化网络安全防护层级。将具备安全功能的代理实体部署于公网与专网之间，这可以提供双向认证、传输层保护、细粒度访问控制及拓扑结构隐藏等多项安全机制。这种多层防御体系能够有效抵御来自网络不同层面的攻击行为，保护敏感信息和资源免受外部侵害。

（3）智能化

随着人工智能和机器学习的发展，5G-A 引入了网络数据分析功能网元（NWDAF），以扩展智能安全能力。通过这些新技术，网络不仅能实时感知环境变化，还能预测潜在风险并作出相应决策。此外，支持模型训练的数据收集处理功能也得到了增强，使系统可以不断优化其行为模式，提高响应效率和准确性。

（4）弹性化

为了构建更加灵活且具有自我恢复能力的网络，5G-A 积极探索分布式信任技术，如去中心化的身份验证体系。这种方式不仅降低了单点故障的风险，还提高了系统的整体稳定性和可靠性。即使网络在部分受损或遭受攻击时，也能迅速调整和恢复正常运作，确保服务的连续性。

综上所述，随着 5G-A 安全技术在这 4 个方向上的深入发展，它将为未来的移动通信网络提供更为可靠和智能的安全保障。

5G-A 安全国际标准加速推进。第三代合作伙伴计划（3GPP）是全球移动通信标准制定组织，其制定的移动通信标准是全球电信运营商、设备厂商和终端企业遵循的技术规范。3GPP 将 5G-A 划分为 3 个版本，即 R18、R19 和 R20。3GPP SA3（安全与隐私组）已经在开展 5G-A 安全相关标准化工作，包括研究项目和标准项目。

3GPP SA3 已完成 R18 阶段的安全标准研究和制定工作，共计 59 个项目，主要包括网络智能化安全、应用认证和密钥管理增强、虚拟化网元安全保障、无人机安全、邻近通信安全等，并重点针对 3GPP TS 33.501《5G 系统安全架构和流程》标准进行了修订。目前正在开展 R19 阶段的安全标准研究和制定工作，现有项目31 个，重点涉及密码算法增强、卫星通信安全、网络节能安全、网络智能化安全等方面。

5G 应用安全能力逐步成熟，为 5G-A 奠定基础。通过区域标杆锻造工作，我国在汽车制造业、仪器仪表制造业、通信和其他电子设备制造业、高储能和关键电子材料制造业、化学纤维制造业、食品制造业 6 个行业领域，实践探索了一系列有效的 5G 安全措施。这些 5G 安全措施，从应用场景看，覆盖了远程设备操控、设备协同作业、机器视觉质检等"5G+ 工业互联网"的全部应用场景。从安全能力看，覆盖了 5G 与垂直行业融合应用的终端接入、组网架构、边缘计算、数据保护及运维管理等全部安全能力。树立区域标杆典范，可充分发挥引领示范、辐射带动作用，加速引领汽车制造业等重点行业 5G 安全能力的迭代升级。

同时，为满足未来 5G 应用业务场景的多样性及安全能力有效性的需求，我国基于应用场景总结提炼形成了 33 项原子化安全能力，细化明确了各业务应用场景应配备的安全能力和具体实现方式，为基础电信企业安全产品研发及能力建设部署提供了指导，加速安全服务能力从碎片化向标准化转化；为垂直行业在开展 5G 项目建设时，按需编排原子化安全能力提供了参考，助力其灵活构建个性化安全解决方案。

（二）低空开启产业新赛道，5G 构建智联新设施

1. 低空经济逐步成为国家战略性新兴产业

低空经济作为战略性新兴产业，具有科技含量高、带动作用强、成长空间大等特点，是国家创新驱动发展战略的重要组成，也是大力推进新型工业化、培育发展新质生产力的典型代表，未来有望打造万亿级市场空间。**首先，低空经济加速培育新质生产力。**低空经济拓展数据和土地两大生产要素应用边界，为交通出行、农业生产等经济活动，开辟经济发展新空间、新模式、新业态。低空经济构建新旧动能转换的新引擎，为低空航空装备制造业、新型基础设施及低空应用服务等新兴产业的培育与壮大提供强大动力。**其次，低空经济助力实现交通梦。**低空经济有效填补了高空与地面交通之间的空白地带，构成了"地面 - 低空 - 高空"的三维立体综合出行体系，该体系支撑交通强国建设新支柱。低空旅游、空中娱乐等一系列新兴娱乐业态，为民众提供新奇休闲体验；低空应急救援、低空医疗救助等新型公共服务加速发展，社会应急响应能力显著增强，医疗救助效率明显提升，低空经济成为开辟增进民生福祉的新路径。**最后，低空经济支撑建设创新型国家。**低空经济有力巩固了我国在无人机领域的创新发展优势，推动自主创新走深向实。低空经济作为纽带，深度促进航空技术与信息通信、新能源、材料科学等前沿技术的有机融合，加速推动通信感知、算网融合、自动驾驶、群组协同等信息通信技术的创新迭代与升级，使我国科技创新与产业创新深度融合、协同发展的新格局得以形成。

2. 国内低空经济聚焦低空"经济资源"的转化

我国将低空经济视为战略性新兴产业，低空"空域资源"向"经济资源"转变成为主旋律，积极探索低空物流、低空客运和低空城市公共服务等重点应用，

新型基础设施与应用成为各地低空经济的牵引力和重头戏。**在构建低空管控新模式方面**，我国于 2018 年批准开展低空空域协同管理改革试点，由军民航分块管理转变为"军地民"三方协同管理；2023 年发布的《国家空域基础分类方法》进一步细化了空域的分类和应用；2024 年 1 月 1 日起施行的《无人驾驶航空器飞行管理暂行条例》划分了管制空域和适飞空域，指出 120 m 以下的空域为微型、轻型、小型无人驾驶航空器的适飞空域。微型、轻型无人驾驶航空器在适飞空域内飞行无须经空中交通管理机构批准。**在航空器产业布局与突破方面**，2024 年发布的《通用航空装备创新应用实施方案（2024—2030 年）》，旨在促进低空装备制造创新发展；地方政府积极抢抓无人机、电动垂直起降飞行器（eVTOL）等产业发展机遇，发布一系列招商引资扶持政策。**在打造低空新型基础设施方面**，《上海市信息通信业加快建设低空智联网 助力我市低空经济发展的指导意见》指出，要打造一张低空飞行航线全域连续覆盖、服务于低空经济发展的通信与感知融合一体的低空智联网络；广东、浙江、江苏、山东、四川等地将通信网络、感知网络等支撑低空经济发展的网络基础设施作为重点推进任务。**在探索低空经济特色应用场景方面**，深圳市聚焦物流、载人、城管场景，积极打造特色低空应用试点示范区域；海南结合本地特色，布局低空旅游等应用场景落地；苏州围绕众多的工业园区，打造低空园区物流特色应用场景。

3. 低空经济产业初步形成"四域"架构体系

当前，低空经济已广泛囊括民用航空、装备制造、信息通信及各垂直行业等产业主体，从建设主体、管理主体、运营主体等多元视角划分，初步构建起包含"四域"的低空产业体系架构，如图 3-17 所示。具体看，**"四域"分为航空装备域、新型基础设施域、空域管理域和应用域**，它们共同构筑起低空产业的坚实基础。**航空装备域**主要聚焦于"一机"，涵盖无人机、eVTOL、直升机及配套元器件等，此领域汇聚了大量低空航空装备制造企业。**新型基础设施域**由"一网"和"一场"共同构成，"一网"即低空智联网，包括低空通信、感知、导航、算力等信息通信设施；"一场"指的是低空物理起降场，涵盖通用机场、起降平台等。**空域管理域**以"四平台"为核心架构，"四平台"即共性能力平台、空域管理平台、低空安全平台和应用赋能平台，此领域涉及低空空域管理、飞行服务、安全保障等规划、监管和服务产业主体。**应用域**聚焦于"多应用"的广泛拓展，覆盖了低空农林植保、行业巡检、物流运输、城市智慧治理、载人飞行等多个领域的应用系统。

图 3-17　低空产业"四域"体系架构

4. 数字化、精细化、实时化空域管理成为低空经济发展的前提

空域数字化管理以空域建模为基础，以空域平台为载体，围绕空域的动态使用需求实现对空域资源的高效管理，并建立一套体系性的计算模型方法，实现对低空交通的动态规划与智能管理。**一是构建低空空域管理改革试点区**，2014 年长春、广州、海口成为低空空域管理改革第一批试点区，2015 年试点区进一步扩展至沈阳、济南、杭州等地，解除部分航空器在某些低空空域活动的限制等。**二是建设民用无人驾驶航空试验基地**，2020 年中国民航局公布首批民用无人驾驶航空试验基地名单，试验基地主要承担开展无人机系统安全性、可靠性及验证符合性研究、统筹协调低空空域资源、提高低空空域资源使用效率等任务；2022 年公布第二批名单，涵盖深圳、石家庄等地区。三是打造国家低空经济产业综合示范区，民航局与地方政府共同推动建设若干低空经济发展示范区，上海市率先启动低空协同管理示范区建设工作。

5. 低空智联网构建低空发展的数字化底座

低空智联网以 5G/5G－A＋算网＋北斗构建数字化底座。其中，通信网主要依托 5G/5G-A 构建基础通信链路，感知网以 5G-A＋雷达＋视频等形成融合感知系统，导航网以高精度北斗导航系统为基础。当前，信息通信产业界在低空智联网方面积极开展试验探索。中国移动在全国 22 省 55 市布局建设了 228 套 5G-A 通感基站，用于推进低空通感技术验证工作；中国联通在广东、河南、江苏等 9 省部署了 200 余个 5G/5G-A 低空试验基站，对低空网络覆盖、低空组网、通感监测等技术开展验证；中国电信在江苏、广东、浙江、安徽、江西、北京、上海等省市分别建设约 500 个 5G/5G-A 低空通信基站和约 300 个 5G/5G-A 低空通感一体基站。

6. 低空应用呈现梯次发展格局，物流运输、载人空中交通等第三产业领域的低空应用成为重点

低空应用的发展受到"政策－供应－需求"3 个维度因素的影响，应用成熟度呈现梯次提升态势。低空场景梯队图如图 3-18 所示。**农林植保和行业巡检应用是第一梯队**，应用水平较为成熟，处于从单机向网联规模化发展的阶段；**城市管理、物流运输、观光旅游等应用是第二梯队**，已涌现部分成功应用案例，但尚处于探索期，具有较强的发展基础和较大的发展潜力，是低空应用下一阶段的发展方向；**载人空中交通应用是第三梯队**，该类场景目前产业与政策仍在规划和起步阶段，装备还处于研发期，安全等问题尚未解决，但未来具有较大发展潜力，且会颠覆现有交通模式，成为低空未来布局发展的重点。当前产业界积极开展低空应用探索，山东青岛在崂山区部署了 44 套无人机自动机场，开展应急保障、城市巡检等应用探索，目前这些无人机自动机场已为发展和改革委员会、公安局、城市管理局等部门提供了上百次飞行服务；广东深圳打造了南山沙河低空经济试验基地，开展城市治理、应急通信等领域的应用场景示范工作；江苏南京海事局发布了基于 5G 低空智联网打造的新型海事智慧立体巡航体系，该体系代替执法人员进行定时定点的巡查，提高了海事部门发现与处置事件的能力。

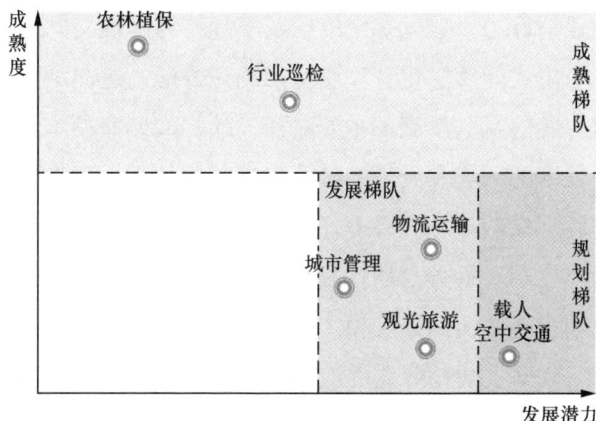

图 3-18　低空场景梯队图

（三）生成式 AI 等技术为智能终端产业注入新动能

1. 与终端融合成为大模型部署的新锚点

人工智能大模型的快速发展给智能终端产业注入了新的活力，大模型也呈现出由云端向终端迁移的发展趋势，在技术、行业、需求的三重驱动下，以 AI 手机、人工智能计算机（AI PC）、人形机器人为代表的终端创新不断涌现，终端搭载大模型成为产品的"显性卖点"，智能终端进入全新增长阶段。

以智能手机为例，如图 3-19 所示，IDC 预测，新一代 AI 手机在中国手机市场的所占份额在 2024 年后将迅速攀升，2027 年将达到 1.5 亿台，市场份额超过 50%。

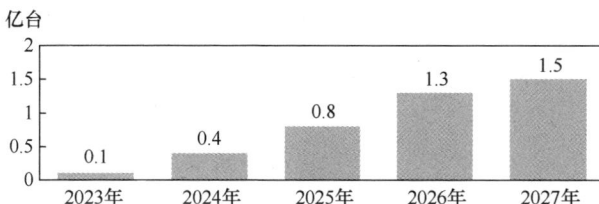

图 3-19　中国 AI 手机市场预测

（数据来源：IDC）

2. 端云协同部署降低简单场景下终端对网络依赖

历经 PC 互联网时代、移动互联网时代，通信互联从万物互联时逐步走向万

81

物智联，构建涵盖了算力、数据等维度以及实现跨品牌设备间互联互通的坚实底座。端云协同部署模式能够实现计算资源的动态分配，进而增强系统灵活性与可扩展性，因此成为通信互联发展的主要路径。端侧模型兼顾本地化运行的算力限制，承担着实时数据的采集和处理、敏感数据本地处理、理解用户意图、提供个性化智能服务、调度端侧计算资源等任务，实现本地化的快速响应；云侧大模型负责深度理解用户意图、拆分与执行复杂指令、跨设备协同、管理远程设备等任务。未来端云协同仍是主流的部署模式，并将不断优化云侧、端侧资源调度和使用策略，在能力、效率、功耗等关键性能指标之间寻求最佳平衡。

3. 模型轻量化，成为端侧智能高效运行的核心驱动力

模型轻量化作为一项关键技术，通过对模型结构进行优化、对数据大小实施压缩及提高计算效率等一系列手段，能够显著降低模型的复杂度，有效减少资源的不必要消耗，切实降低模型部署成本。经过轻量化处理，模型能够在有限的算力和存储空间内实现高效推理。各大科技公司纷纷加大在端侧模型层面的投入和研发力度。2024 年，微软、谷歌、Meta 等在端侧模型领域取得了显著进展，微软发布 Phi-3 Mini，其可测量参数为 38 亿，其性能与 GPT-3.5 不相上下。国内科技公司陆续发布轻量化模型，如智谱发布了 GLM-4-9B 模型，阿里云发布了 Qwen2 0.5B、1.5B、7B 模型，面壁智能发布了 MiniCPM-2B 模型。同时，国内终端厂商 vivo、荣耀、OPPO、小米持续发布自研端侧模型。

4. 手机 /PC 向以智能体为中心的生态演进，加速重构

"以应用软件为中心"的应用生态逐步过渡到"以智能体为中心"的应用生态。传统应用生态采用"硬件 + 操作系统 +App"的方式，提供基于功能层面的 AI 体验。当前应用生态正朝着"硬件 + 基于智能体的 OS（操作系统）+ 原生化服务组件 + 智能体"方向发展。

5. 流量入口生态进一步演进，商业模式也随之发生变化

随着 ChatGPT 的发布，以大模型为代表的 AI 技术推动行业一跃进入新的时代，逐渐形成以接口收费为主的云端商业模式。现阶段，智能终端通过整合内容

和联动资源应用，打破数据、软件、硬件之间存在的壁垒，产生了新的交互入口，推动流量入口生态进一步演进，商业模式也随之发生变化。对终端设备厂商而言，一方面可凭借神经网络处理器（NPU）性能提升等因素对产品进行提价；另一方面可能会向用户收取大模型及相关应用的服务费。成本主要涵盖硬件采购成本及向大模型提供商支付的费用两大部分。综合来看，终端设备厂商在产业链中主要扮演中间人的角色，凭借其在组装、设计、优化及服务等方面的能力，将整个产业链条串联起来，并借此赚取"差价"利润。

三、2025 年无线与移动领域发展趋势展望

（一）全球移动电话用户数平稳增长，2025 年我国 5G 移动电话用户数超 10 亿

预计全球移动电话用户数在 2025 年将超过 90 亿，全球 4G 移动电话用户数将在 2025 年首次出现下滑，预计 2025 年全球 5G 移动电话用户数将突破 25 亿，在全球移动电话用户数占比接近 30%，如图 3-20 所示。预计 2025 年我国 5G 移动电话用户数将超过 10 亿，渗透率接近 60%，如图 3-21 所示。

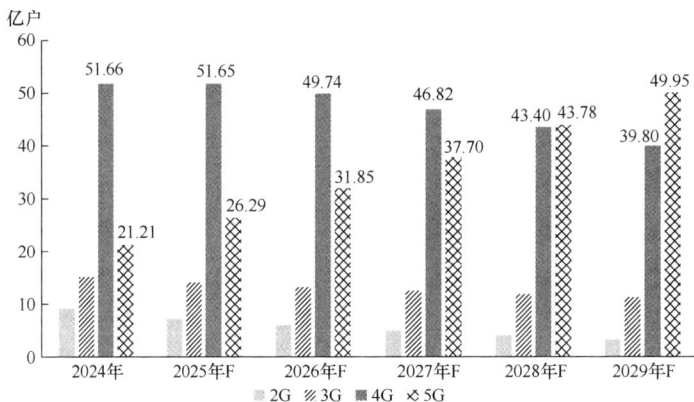

图 3-20　2024—2029 年全球移动电话用户数预测

（数据来源：GSMA）

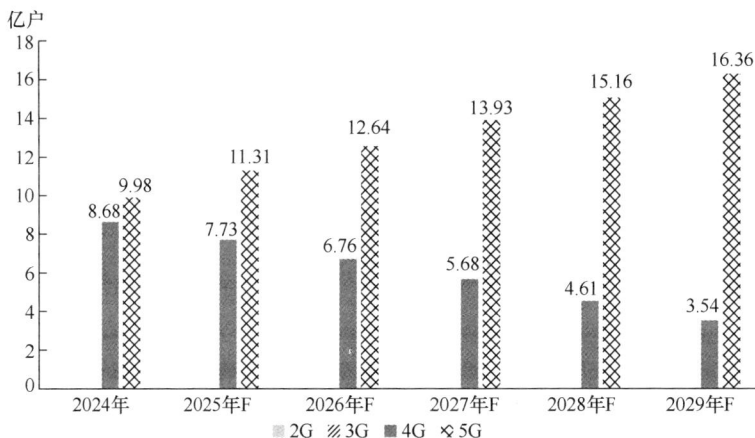

图 3-21　2024—2029 年我国移动电话用户数预测

（二）新应用推动流量增长，2025 年全国平均 DOU 将突破 20GB/（户·月）

随着 5G 个人应用的不断探索及新型终端、内容等相关产业的发展，新场景新应用的涌现将推动流量保持稳定增长态势。裸眼 3D、XR 实时沉浸等应用借助 5G、5G-A 网络的卓越性能，不断提升用户体验，为流量的增长开辟全新领域。

同时，随着运营商逐步降低 5G 套餐资费，优化网络质量，现有存量应用的使用量将增加，进而带动移动数据流量增速缓步回升。预计 DOU 将继续保持增长，2025 年我国平均 DOU 有望突破 20GB/（户·月），如图 3-22 所示。

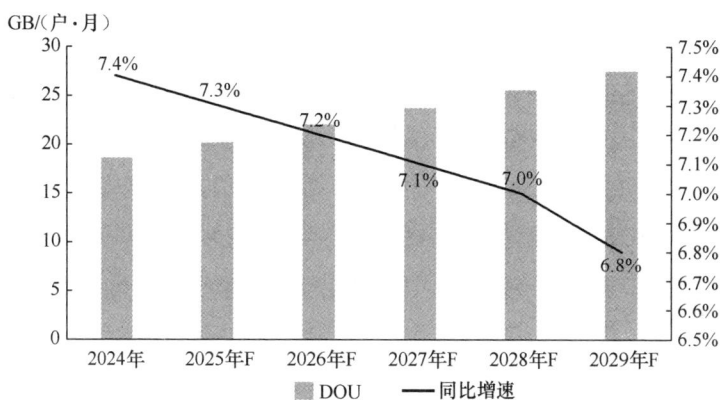

图 3-22　2025—2029 年国内 DOU 及增速预测

（三）2025 年 6G 将进入国际标准预研阶段

2024 年 3 月，3GPP 正式确定了 6G 国际标准化时间表，标志着 6G 将进入技术标准研制阶段。本次 3GPP 明确的 6G 标准化重要时间节点主要包括：**一是启动 6G 业务需求研究。**2024 年 9 月，启动 6G 业务需求研究，明确 6G 业务场景和典型用例，指导后续标准制定工作。**二是启动 6G 标准化工作。**2025 年 6 月，启动 6G 技术预研，对 6G 潜在关键技术进行评估和筛选，研究形成 6G 系统总体架构。2027 年上半年，启动 6G 标准制定，确定核心网、接入网、空中接口等 6G 核心技术标准，指导 6G 商用设备开发。**三是完成 6G 基础版本标准及商用。**2029 年，完成 6G 基础版本标准（即 R21 版本标准），2030 年前后启动首批 6G 商用系统部署。

总体看，6G 标准时间表基本符合国际电信联盟（ITU）此前对 6G 发展节奏的预期，也符合我国产业预期和发展利益。该时间表既为 5G 持续发展预留了空间，也为后续 6G 技术研究和标准化工作安排了充足时间，确保 6G 基础版本标准的成熟度。

（四）智能网联融合发展的共识助力培育新动能、催生新业态、拓展新服务

车联网加速推动以智能网联汽车为载体的多领域融通发展。随着 ITU 发布首个车联网领域的独立决议以及新成立自动驾驶通信技术专家组，ITU 与世界车辆法规协调论坛的协同日益加强，全球车辆网联通信标准法规协同程度日益加深，不断推动汽车智能化与网联化的快速融合发展。智能网联汽车"智能座舱"功能将带来 XR、VR 等数字生态新增量，"自动驾驶"功能将催生无人出租、无人巴士等出行服务新业态，智能网联汽车与智慧城市协同将拓展道路故障维保实时警告、智能交通信控优化等智慧城市新服务，智能网联汽车的发展将持续推动数字生态、出行生态、智慧城市融通发展。

（五）星闪技术标准日趋成熟，短距离无线通信产业迎来新机遇

星闪联盟于 2020 年 9 月由行业机构、高校和科研院所、芯片、整车和零部件、手机和终端、家电、通信、仪器仪表和 IT 等领域的 80 家单位共同发起成立。2023 年 5 月，国际星闪无线短距通信联盟获得中国人民共和国民政部颁发的社会团体法人登记证书，正式成为国际性产业与标准组织。

星闪技术在面向行业和面向消费者领域中，存在超万亿级的市场潜力。星闪技术作为新一代短距离无线通信技术，在"人 - 车 - 家 - 园"场景中具有广阔的应用场景。星闪 1.0 标准确定了基础架构，2.0 标准实现了通信、定位、感知与网络的一体化融合，3.0 标准实现全场景互联，步步深入，进而构建代际式的优势。

随着数字世界的不断发展，信息在人、物、环境之间的循环流转让连接变

得无可或缺，智能汽车、智能终端、智能家居和智能制造等领域的新兴应用场景不断涌现，相应的业务需求对传统短距离无线通信技术在传输速率、可靠性、时延、连接数、安全、复合功能和行业适配等方面提出了更高的要求，产业亟需能够满足新业务需求和发展趋势的短距离无线通信技术，星闪技术作为自主创新的新一代短距离无线通信技术，将重点推动国内短距离通信技术的创新和产业生态发展，承载智能汽车、智能家居、智能终端和智能制造等场景应用并满足新兴场景的性能需求。

信息网络篇

导　读

2024 年，我国新型信息基础设施能力稳步提升，为经济社会高质量发展提供坚实网络支撑，千兆光网覆盖规模持续扩大；算力基础设施量质齐升，布局不断优化；400G 干线传输开启规模部署，进入商用元年；我国 IPv6 互联网活跃用户数首次突破 8 亿，IPv6 规模部署和流量提升专项行动稳步推进。2024 年，我国信息网络架构布局持续优化，算力承载能力不断增强；网间互通能力逐步提升，新型互联网交换中心试点稳步推进；我国持续推进国际通信能力建设，国际海缆网络更加丰富，多条新海缆投入使用。

2024 年，我国信息网络蓬勃发展，各类创新技术和应用不断涌现，呈现出三大发展热点。**一是 AI 加速赋能网络，网络智能化取得实效。**AI 深度融入网络的规划、建设、维护、优化、运营等各个环节，发挥着不可或缺的作用。同时，大模型等技术推动信息通信网络向更高等级的智能化发展。**二是智算驱动广域互联，企业积极布局算力协同。**智算中心走向大规模集群化，智算中心之间可协同训练，海量数据传送业务的增长促使网络流量模型发生了深刻变化，广域高吞吐量互联技术创新加速推进，企业纷纷开展技术试验。**三是工业控制网络持续演进，确定性网络成为关键支撑。**工业控制领域的新需求与信息网络的新技术如同双轮，共同驱动工业控制网络体系不断向前发展。确定性网络与异构融合组网、5G 等，引发了工业控制领域的深刻变革。

展望未来，AI 和信息网络将加速融合、双向赋能，网络智能化程度不断加深，内生智能将作为核心特征，引领未来网络发展方向。智算需求驱动网络架构向更加灵活高效的方向发展，网络将持续朝着架构扁平化、链路全光直连方向演进，网络资源调度更加灵活敏捷，不断满足差异化智算业务需求。融合承载将成为新趋势，算网融合将不断深化，最终走向算网一体，实现计算与网络资源的深度融合与高效协同。

本篇作者：

党梅梅　苏　嘉　程　强　高　巍　刘姿杉　徐云斌　王　哲　赵俊峰
朱鹏飞　汤　瑞　高　静　王一雯　李向群　李　曼

一、2024 年信息网络领域发展情况综述

2024 年，我国新型信息基础设施能力稳步提升，为经济社会高质量发展提供坚实网络支撑。千兆光网覆盖规模持续扩大，全国已累计建成 207 个"千兆城市"；算力基础设施量质齐升，布局不断优化；400G 干线传输开启规模部署，进入商用元年；我国 IPv6 互联网活跃用户数首次突破 8 亿，IPv6 规模部署和流量提升专项行动稳步推进。

2024 年，我国信息网络架构布局持续优化，三大基础运营商加快建设算力网络，算力承载能力不断增强。网间互通能力逐步提升，互联生态持续拓展，新型互联网交换中心试点稳步推进。我国持续推进国际通信能力建设，首次在北京、上海、广州之外增设可开通互联网业务的国际通信业务出入口局，国际海缆网络更加丰富，多条新海缆投入使用。

（一）千兆光网快速普及，宽带网络能力全球领先

2024 年，我国宽带网络基础设施发展和应用水平持续提升，千兆光网快速普及，用户规模持续扩大，网络能力处于全球领先水平。

网络能力方面，千兆光网规模和覆盖水平全球第一。截至 2024 年年底，具备千兆网络服务能力的 10G 无源光网络（PON）端口数达到 2820 万个，比上半年末净增 518.3 万个。

宽带用户普及方面，千兆用户数持续增长。截至 2024 年年底，三家基础电信企业的固定互联网宽带接入用户总数达 6.7 亿户，全年净增 3352 万户。其中，100Mbit/s 及以上接入速率的固定互联网宽带接入用户为 6.36 亿户，占总用户数的 94.9%；1000Mbit/s 及以上接入速率的固定互联网宽带接入用户为 2.07 亿户，比全年净增 4355 万户，占总用户数的 30.9%，占比较上年末提高 5.2 个百分点[2]。

---

2 数据来自《2024 年通信行业统计公报》。

全球发展态势方面，从更具备带宽升级潜力的光纤宽带接入用户发展情况看，如图4-1所示，2023年12月，经济合作与发展组织（OECD）成员光纤宽带接入用户占比平均为42.4%。其中，日本、韩国发展水平处于前列，分别为79.1%与89.5%。同期，我国光纤宽带接入用户占比为95.3%，处于领先水平。

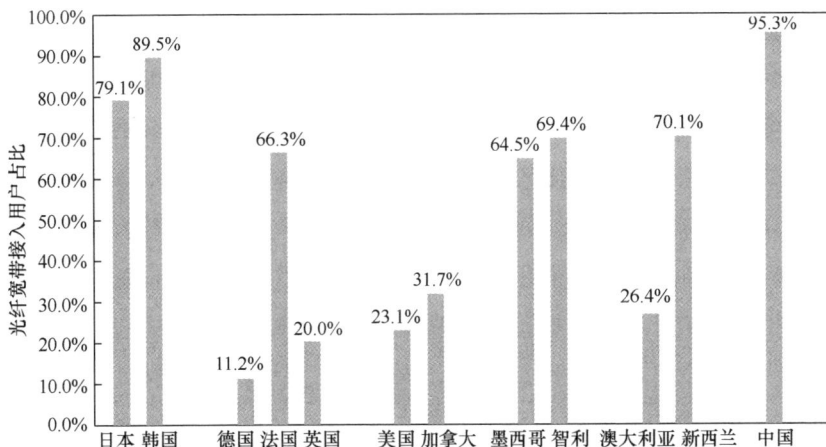

图4-1　OECD主要国家与我国光纤宽带接入用户占比情况

（二）400GE干线传输规模部署，全光互联加速应用

400G干线传输规模部署。 2024年3月，中国移动宣布其自主研发的全球首个400G全光省际骨干网正式商用，年中将实现"东数西算"八大枢纽间的高速互联。同时，中国电信、中国联通也在积极开展400G骨干网建设。400G高速传输系统采用C+L波段，传输距离可大于1500km，单纤传输容量达到32Tbit/s，不断逼近香农极限。面对未来更高带宽传输需求，国内积极展开800Gbit/s及更高速率的技术研究及产品研发，结合多波段扩展、均衡算法、新型光电器件、新型光纤等多种技术实现高性能传输，目前国内外主流设备商可提供800Gbit/s～1.2Tbit/s的数字信号处理（DSP）芯片或设备样品。

多厂商发布用于数据中心网络（DCN）的全光互联产品。 2024年，多家厂商发布了用于DCN的全光互联产品，以满足日益增长的AI算力需求和数据中心网络的高效互联要求。英伟达在2024年展示了下一代GPU架构，开展了320×320 OCS（光路交换）连接数据中心叶交换机和脊交换机的实验，该架构以全光互联技术和 3D 封装为核心，通过硅光互联技术，提升数据中心内部的连接效率和带宽密度。华为在 2024 年的全联接大会上发布了数据中心全光交换机，该交换机采用全光交叉技术，支持 256×256 无阻塞全光交换，旨在构建光电混合智算 DCN，具有高集成度、低功耗、高可靠性等特性。

数据中心需求拉动 800G 光模块研发。 随着 AI 大模型及相关应用的发展，对高速光模块芯片的需求由智算中心主导，其迭代周期大幅缩短。以前，数据中心直调直检光模块速率大概 3～4 年更新一代，但在引入 AI 后，其迭代周期显著缩短。当前光模块速率处于 800Gbit/s 阶段，预计未来 1～2 年光模块速率将达到 1.6Tbit/s。基于单通道 100Gbit/s 的 800Gbit/s 直调直检光模块发展基本成熟。目前，800Gbit/s 光模块采用 4 通道或 8 通道设计，均已量产，其传输距离涵盖 50m、500m、2km、10km 等多种规格。根据行业机构 Lightcounting 发布的数据，在 AI、云计算等应用需求的驱动下，800G 以太网光模块销量超过 400G，已逐步成为市场主流。基于单通道 200Gbit/s 的 800Gbit/s、1.6Tbit/s 直调直检光模块目前处于积极探索阶段。当前，100m 及以内短距离场景技术方案尚未确定，若单波 200Gbit/s 垂直腔表面发射激光器传输距离、可靠性等关键问题能够被攻克，则有潜力成为主流方案；500m、2km 规格的光模块即将成熟，预计 2025 年初步商用；1.6Tbit/s FR8/LR8 方案仍在技术论证中。我国在光模块领域的整体研制能力处于国际第一梯队，目前在单通道 200Gbit/s 技术方面已进入国际先进赛道，华工正源、新易盛等企业已可提供单通道 200Gbit/s 相关样品。

（三）IPv6 部署稳步推进，政策导向不断向深向实

我国 IPv6 互联网活跃用户数首次突破 8 亿。 2024 年 9 月，我国 IPv6 互联网活跃用户数首次突破 8 亿大关，截至 2025 年 2 月，我国 IPv6 互联网活跃用户数达 8.32 亿，占我国全部网民数的 75.11%。近年来，我国 IPv6 互联网活跃用户数快速增长，在网民中的占比从 2019 年 12 月的 34.11% 提升到 75.11%，反映了国内 IPv6 接入环境和应用环境有了较大的改善。

IPv6 流量占比稳步增长。 我国网络 IPv6 流量占比如图 4-2 所示，截至 2025

年 2 月，我国城域网 IPv6 流量占比达到 24.6%，同比增长 26.2%；移动网 IPv6 流量占比达到 64.64%，同比增长 2.2%。移动网 IPv6 流量占比已经达到较高水平，在 2023 年年底突破 60%，城域网流量在政策和网络、应用升级改造的驱动之下仍保持较高的增长水平。

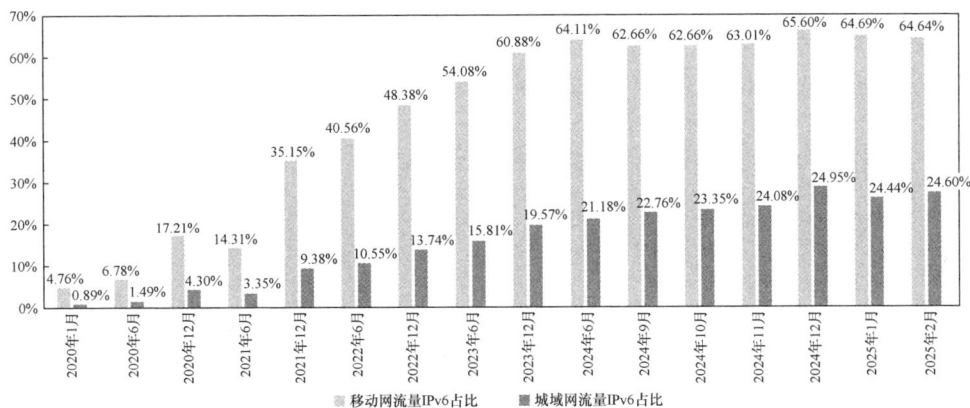

图 4-2　我国网络 IPv6 流量占比
（数据来源：国家 IPv6 发展监测平台）

IPv6 创新应用成果广泛落地。 2024 年 7 月，我国"IPv6 技术创新和融合应用试点"优秀成果发布，包括雄安新区、上海市、南京市、无锡市、金华市、滁州市、武汉市、长沙市、深圳市 9 个试点城市和 40 个试点项目。中国信息通信研究院、中国互联网络信息中心、中国通信标准化协会联合主办的"第二届 IPv6 技术应用创新大赛"，共征集案例超过 1100 个，其中来自电力、教育、油气、政务、金融等重要行业应用部门的案例占比超过 60%，IPv6 和 IPv6+ 新技术在提高网络运行效率、提升网络绿色低碳水平、保障业务安全运行、促进行业数智升级等方面发挥了切实的作用。

政策重点推进突破城域网 IPv6 流量提升难点。 为有效提升固定网络 IPv6 流量占比，调动地方、行业开展 IPv6 升级改造的积极性，2024 年，中央网络安全和信息化委员会办公室、工业和信息化部等出台了一系列政策措施。2024 年 7 月，工业和信息化部办公厅、中央网络安全和信息化委员会办公室秘书局联合印发《关于开展"网络去 NAT"专项工作　进一步深化 IPv6 部署应用的通知》，推动基础电信企业逐步减少 NAT44 设备的使用规模。2024 年 8 月,中央网络安全和信息化委员会办公室、工业和信息化部组织开展"全国重点城市 IPv6 流量提升专项行动",重点城市包括北京、天津、上海、深圳、杭州、合肥、无锡、烟台。通过一系列举措,切实提升 IPv6 流量,并扩大 IPv6 应用规模,重点改善城域网中的 IPv6 流量占比。

(四)网络架构布局持续优化,网间互通能力不断提升

网络架构布局持续优化,算力承载能力不断增强。一是网络布局持续优化。面向算力数据高效承载需求,三家基础电信运营商加快建设算力网络,推动枢纽节点间全网状互联,部署超高速传输通道,打造 1ms-5ms-20ms 三级时延圈。其中,中国电信构建大带宽、低时延、高可靠、智能化的数据中心互联(DCI)网络,接入 200 余个数据中心;中国移动实现算力枢纽节点间全网状互联,云专网总带宽超 50Tbit/s;中国联通加快"新八纵八横"国家骨干网建设,云联网已接入超过 400 个云池及 200 余个数据中心。**二是边缘算力底座不断夯实。**中国电信、中国联通加速推进新型 / 智能城域网扁平化组网,实现数据本地化高效疏导,促进边缘算力服务能力充分释放。目前,中国电信新型城域网已实现规模部署,覆盖 22 省 94 地市,实现 5000 多万宽带用户和近亿移动用户融合承载。中国联通智能城域网已在全国 330 个本地网建设落地,累计满足 40 多万 5G 基站和 1.6 亿 5G 用户的承载需求。**三是网络弹性承载能力增强。**三家基础电信运营商通过引入 SRv6、AI、流量识别、拥塞控制等技术,推出数据快递、数据高铁服务,实现网络资源弹性按需供给。

网间互通能力稳步提升,互联生态持续拓展。骨干直联点方面,2024 年,我国互联网骨干直联点总数已达到 29 个,全网互联带宽接近 65Tbit/s,2019—2024 年复合增长率达 36%。中国广电互联网骨干网(CBNET)在北京、上海、广州的网络接入点(NAP)和直联点实现与其他三家基础电信运营商的互联互通。新型互联网交换中心方面,杭州、深圳、中卫、上海 4 地试点稳步推进,接入企业数量不断增加,接入带宽持续提升,"东西向"流量汇聚能力显著增强。截至 2024

年年底，已有超过 600 家头部互联网企业、互联网数据中心（IDC）企业、制造业企业等接入交换中心，接入总带宽超过 60Tbit/s，峰值交换流量超过 12Tbit/s，这有效提升了企业通信效率、促进了区域数字经济发展。2024 年 7 月，在系统总结前期试点经验的基础上，行业主管部门印发有关文件，进一步优化了新型交换中心的发展思路。

（五）算力基础设施建设稳步推进，形成梯次布局格局

我国算力基础设施规模持续扩大，智算加速发展。算力中心规模稳步扩大，全国机架规模如图 4-3 所示，截至 2024 年 6 月，全国在用算力中心标准机架总规模超过 830 万，算力总规模达到 246EFLOPS。智算已成为算力增长最主要驱动力，截至 2024 年 6 月，中国已建和正在建设的智算中心超 250 个，智能算力规模超过 76EFLOPS，同比增速超过 65%。云计算加速算力整合和应用赋能。作为算力服务的主要方式，云计算快速发展，预计 2024 年市场规模达 8378 亿元，同比增长 40%，并推动算力应用加速向政务、金融、制造、交通、能源等领域渗透。

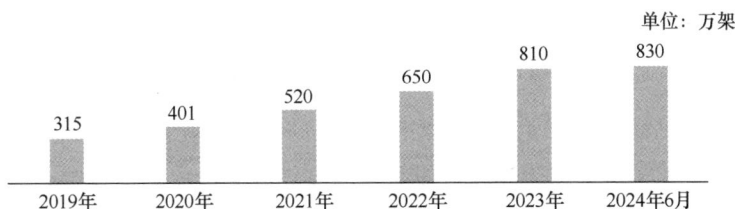

图 4-3　2019—2024 年全国机架规模

围绕国家枢纽节点，全国通用算力梯次布局。如图 4-4 ～图 4-6 所示，中国电信、中国移动、中国联通三家基础电信企业积极开展云边端全国一体化算力布局，中国电信基本形成"2+4+31+X+O"数据中心一体化布局体系，八大枢纽节点承载量占比超过 80%。中国移动"4+N+31+X"数据中心覆盖全部算力枢纽，在用机架超 120 万架，算力规模超 11EFLOPS。中国联通基本形成覆盖全国"5+4+31+X"的云网边一体化多层级算力布局。

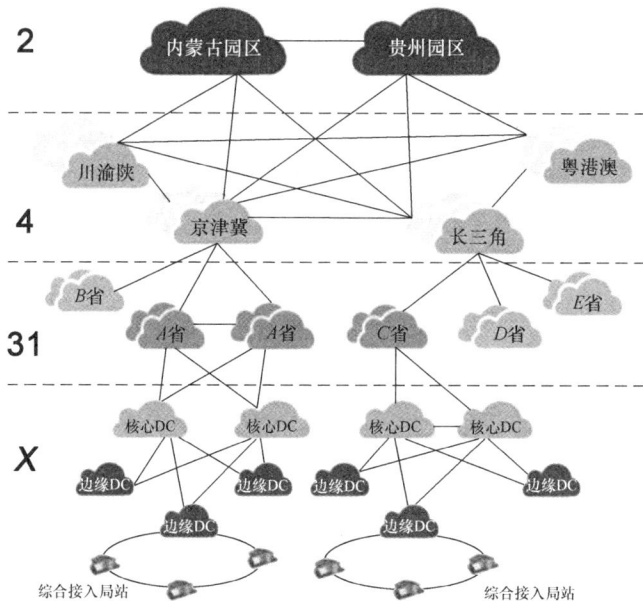

图 4-4　中国电信算力布局 [3]

（数据来源：中国电信）

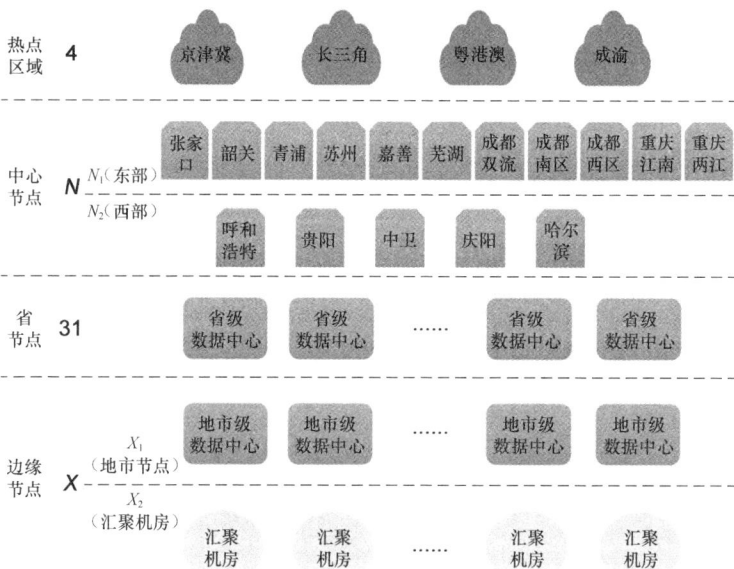

图 4-5　中国移动算力布局

（数据来源：中国移动）

3　"O"在图中未标出，"O"指海外节点。

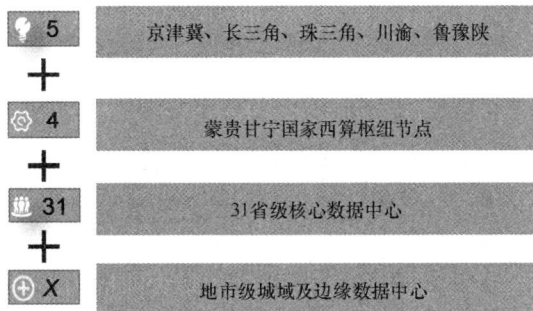

图 4-6　中国联通算力布局

（数据来源：中国联通）

（六）我国持续推进国际通信能力建设

国际通信出入口局迎来重大调整。2024 年 7 月，工业和信息化部同意中国电信、中国移动、中国联通在广西南宁、山东青岛、云南昆明、海南海口设立国际通信业务出入口局。此次新设通信业务出入口局是我国全功能接入国际互联网 30 多年来，首次在北京、上海、广州之外增设可开通互联网业务的国际通信业务出入口局，建成后将显著提升国际网络通信能力，更好推动基础设施互联互通、数据跨境流动和国际数字贸易发展，促进更高水平开放，为构建新发展格局塑造新动能新优势。海南陵水国际海缆登陆站启动建设，我国国际海缆入境点进一步丰富。

国际海缆网络更加丰富。2024 年 7 月，PEACE 海缆三期（新加坡—巴基斯坦）建成，该海缆贯通亚欧非大陆，增强了我国与"一带一路"共建国家连通能力。2024 年 8 月，SEA-H2X（东南亚—海南—香港）海缆顺利登陆海南，12 月，亚洲直达海缆（ADC）投产，我国和东盟地区海缆连接更加紧密。多条新海缆的建成使用，进一步优化了我国全球海缆布局，丰富了国际路由，增强了网络弹性与健壮性。

我国参与多项国际海缆标准制定并取得积极进展。我国企业牵头 / 参与完成了多项通信海缆相关标准制定 / 修订工作，贡献了中国智慧。例如，中国电信、中国移动、中国联通、华海通信、中天科技、中国信科等多家企业牵头 / 参与了 ITU 的 10 余项通信海缆标准制定 / 修订工作，为制定国际通信海缆标准作出贡献。2024 年 7 月，在 ITU-T SG15 2022—2024 研究期第四次全会上，中国联通完成"专用科学观测海缆系统" G.9730.1、G.959.1 等 5 个标准的结项。

二、2024 年信息网络领域热点分析

2024 年，AI 发展势头强劲，成为推动技术创新与网络变革的核心驱动力。AI 加速赋能网络，提升了通信企业运营效率，网络智能化取得实效。智算的发展给网络带来新的挑战，驱动了广域互联技术创新，促使运营商纷纷布局算力协同以应对挑战。随着确定性网络、5G、AI 等技术的不断涌现，工业控制网络持续演进，新型工业控制网络成为当前的发展热点。

（一）AI 加速赋能网络，网络智能化取得实效

2024 年，在大模型等浪潮的驱动下，AI 技术再次成为信息通信网络产业各方关注的焦点。一方面，基于信息通信业在 AI 方面的投入和积累，AI 在网络运维、服务等方面取得了丰硕的成果；另一方面，大模型等技术的飞速发展也为信息通信网络迈向更高等级的智能化带来了新的机遇。

1. 国内外信息通信业加大 AI 投入，拓展新业务

AI 在网络设备管理、网络运行和网络服务等多方面展现出巨大的应用潜力，国内外信息通信业加大对 AI 的投入，纷纷建立各类网络 AI 生态组织。

信息通信业与 AI 相关的国际组织陆续成立。2024 年 2 月，在世界移动通信大会上，英伟达、爱立信、诺基亚、微软、ARM、软银、三星电子、T-Mobile 等行业领先的电信设备商、芯片商和运营商宣布成立 AI-RAN 联盟，旨在通过 AI 推动无线接入网（RAN）性能和能力的增强，优化 RAN 资产利用率，并通过将 AI 与 RAN 进行深度融合来提升基础设施使用效率，研究在网络边缘部署 AI 服务的相关策略和方法。2024 年 2 月，SK 电讯、德国电信、新加坡电信等 5 家运营商宣布计划成立一家专注于打造特定于电信行业的大语言模型的合资企业，成立该合资企业的目标包括开发针对韩语、英语、德语、阿拉伯语和日语等语言进行优化的电信行业多语种大语言模型，意在增强大模型对电信领域知识的理解，通过数字助手和聊天机器人提升客户的交互体验，帮助多国运营商的电信业务和

服务加速向 AI 转型。2024 年 7 月，ITU-T SG13 成立 AI 原生网络焦点组，重点研究未来网络架构中的 AI 集成，探索由 AI 原生网络支持的新业务和应用，确定向 AI 原生网络演进的标准化目标。

AI 为信息通信业业务拓展提供新空间。国内外运营商积极利用 AI 技术拓展信息通信服务边界。目前，AI 已开始应用在多种电信基础服务和增值业务中，包括语音助手、即时翻译、智能反诈、速记摘要、智能字幕、数字人渲染、安全守护、智能标注等，这些新的服务和应用在创新电信业务、提升用户体验、创造市场机遇等方面发挥了重要作用。我国电信运营商在 AI 能力与网络融合提供新的网络应用方面积极实践，已在现网开通多项业务，包括针对暑期青少年溺水等安全事件高发的情况，通过视频监控的 AI 实时识别提供未成年人成长守护，即时发出危险预警；通过 5G 新通话功能实现基于 AI 的视频通话，可在视频通话的同时生成实时字幕、对通话人的形象进行渲染修饰操作等。国外运营商也在 AI 方面积极探索，推出边缘 AI 平台，该平台利用 AI 和边缘技术，加速 IT 与 OT 的融合进程，进而推动机器视觉等先进技术在工业领域的应用。

2. AI 应用取得实效，全方位提升网络运营运维效率

目前，AI 技术被广泛应用于为客户提供网络运行维护服务，国内外各大主流运营商利用 AI 技术开发了各类智能运维平台或服务系统，大大提升了网络运营运维效率。

中国电信实现了基于网络大模型的 AI 能力产品化。中国电信建设部署了十二大 AI 助手和家宽装维智能体，覆盖网络运营全业务领域，贯穿规划、建设、维护、优化、运营等全流程，实现了基于网络大模型的 AI 能力产品化，并提供标准化、规范化的 MaaS 服务。目前，智能装维助手已面向 31 省（自治区、直辖市）近 15 万一线运维人员开放使用，为运维专家和终端用户提供自服务能力，有效提升装维排障效率和用户体验。

中国移动基于九天 AI 平台推出了一系列网络域特色 AI 应用。中国移动聚焦网络运维领域，支撑全专业运维智能体的创建和协同，并在河南、山东、江苏、福建、陕西等多省份实现 AI 应用的落地。例如，河南移动推出"豫鉴·爱家"家客专业装维智能助理，该助理具备即时解答装维人员专业问题、优化安装迁移流

程、快速诊断故障并推荐解决方案以及支持装维人员实时查看工作绩效等功能。自上线以来，家宽装维支撑时长较此前降低 68%，日均处理工单量提升 41%。

中国联通建设基于 AI 的无线网络测试优化系统。中国联通通过"大数据 +AI"深度赋能，实现 4G/5G 网络测试的"感知 - 认知 - 决策 - 执行 - 评估"全流程自动化，并基于高精度道路网格问题定位能力，结合 AI 实现关键指标拟合、5G 精准定位及用户识别，自动识别问题路段，为网络优化人员提供精准的服务质量优化方案，显著提升网络优化效率。中国联通已在全国 31 省（自治区、直辖市）部署该系统，用于网络测试和优化，测试成本显著降低。

国外运营商也积极开展基于 AI 的网络运维实践。英国 Vodafone 推出内置 AI 的客服聊天机器人 TOBi，用于回答用户关于故障报告、订单跟踪和使用咨询等方面的问题。美国 AT&T 公司使用 AI 技术预测网络流量，助力网络的智能化规划和设计；并开发 AI 工具 Ask AT&T，应用于代码编写、网络优化、语言翻译等多个领域。美国 Verizon 公司利用生成式 AI 完成代码迁移、改善网络性能、跟踪数据趋势并优化客户体验。

3. 大模型助力网络迈向高阶自智

运营商、设备 / 软件商纷纷布局网络大模型，利用其强大的理解和生成能力提升网络自智能力，加速向 L4 高阶自智迈进。

大模型提供了自智网络 L4 所需的新能力。自智网络 L4 要求网络具备意图理解能力，并能在感知、分析、决策和执行等环节实现系统自动化闭环，这对系统的智能能力提出了更高要求。在分析和感知方面，大模型基于海量数据，显著提升了网络问题分析的覆盖范围和事件感知的准确度；在决策方面，依托具有强大生成能力的大模型可自动生成安全可靠的问题解决方案；在意图理解方面，大模型提供精准的意图理解和转译能力，优化人机 / 机机交互体验。面向自智网络 L4 的新需求，大模型赋能更多复杂网络场景，支持智能能力快速泛化与持续演进，实现"感知 - 分析 - 决策 - 执行"的闭环流程，协同网络各环节的自智能力。

电信运营商、设备商陆续发布网络大模型。我国电信企业在大模型研发应用方面处于世界前列，主要运营商积极研发大模型，全面赋能对内运营和对外服务，软硬件供应商则专注于研发辅助网络管理运维的大模型。目前，我国电信运营商、设备商已经公开发布的大模型包括中国移动"九天"大模型、中国电信"启明"网络大模型、中国联通元景大模型、华为云盘古大模型、中兴通讯星云大模型、亚信科技渊思·行业大模型等，行业已形成全方位的大模型产品布局。

网络大模型应用从助手模式走向智能体模式。依托大模型强大的语言理解和信息搜索能力，目前已广泛应用于智能助手领域，为一线运维人员提供数据查询分析、专业知识问答和流程协助等服务。随着高阶自智网络的发展，实现分析到决策到执行全流程闭环的需求日益凸显，大模型将逐步向基于场景的智能体模式演进，通过自主问题发现、任务规划、方案生成等能力，结合小模型调用和操作接口协同，推动网络向高阶自智迈进。

（二）智算驱动广域互联，企业布局算力协同

近年来，人工智能已成为国内外最受关注的技术领域和产业热点。随着模型参数规模的不断扩大和训练样本数据的快速增长，广域网在流量模型、业务形态和技术要求等方面面临新的挑战。网络需要构建全新的"算力连接"能力，实现计算资源的高效协同，推动企业数据与算力的统筹布局。

1. 智算业务对网络性能提出新要求

智算业务的网络互联场景如图 4-7 所示，智算业务对网络的要求主要体现在算内的算卡连接、算间的数据中心互联、企业数据接入智算中心所需的海量数据传输 3 个方面。

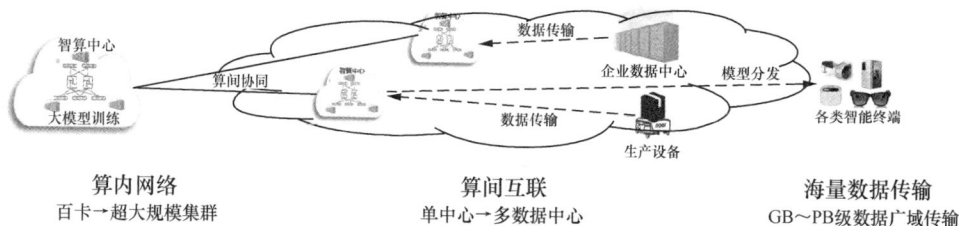

图 4-7　智算业务的网络互联场景

算内网络规模快速扩大。 随着模型参数规模从千亿级扩展到万亿级，模型的能力泛化程度显著提升，对底层算力的需求也进一步升级，推动算力中心向万卡规模发展。随着 AI 模型训练所需的 GPU 卡数量的增加，其网络拓扑愈加复杂。在英伟达最新 GB200 计算节点上，每台服务器的以太网接口带宽已达到 200 ～ 800Gbit/s，这对网络提出了超大规模组网、大带宽、超低时延、高可用性等要求。

算间互联需求成为现实。 大模型参数规模在快速扩大，已突破万亿量级，GPT-4 的参数规模达到 1.8 万亿，预计后续版本的参数规模将突破 10 万亿。相应地，训练所需的 AI 加速卡数量也大幅增加，通过 GPT-4 训练使用了 2.5 万张 NVIDIA A100 GPU，而利用 GPT-5 训练预计需要的加速卡数量超过 10 万张，这种规模已超出单个智算中心的承载能力，需要实现多个智算中心之间的高速、无损互联。以谷歌 Gemini 1.0 Ultra 大模型为例，其在美国艾奥瓦州和俄亥俄州部署了超过 10 万张加速卡的数据中心集群，采用多数据中心互联架构。微软在 GPT-6 训练中已开始采用跨 Region 的数据中心协同训练方案。

数据接入智算中心规模不断扩大，对网络传输效率提出更高要求。 各行业在进行模型训练时，需要将大量样本数据从企业侧传送到智算中心。例如，车企在进行智能驾驶训练时的路测数据量每日可达 60TB，年数据量达到几十 PB 量级。这些数据在传输到智算中心的过程中，不仅需要较大的带宽，还会产生大量的"大象流"，这些"大象流"会对现有网络的负载均衡策略造成影响，导致链路的流量严重不均衡，从而减少网络的整体吞吐量，这就需要网络针对"大象流"实现有效的识别和精准的流量调度。

2. 智算驱动广域互联，智算中心协同训练积极推进

智算中心互联需求提升。 随着 AI 模型参数规模从亿级扩展到万亿级别，算力需求呈现"爆发式"增长，训练超大规模 AI 模型需要由数千 / 万张 GPU 加速卡组成的高性能计算集群，这已超出单个智算中心在机房规模和电力能耗等方面的承载能力，需要多个智算中心实现互联。连接多个智算中心，一是可以构建大规模智算集群，为训练更大规模的 AI 模型提供算力资源，二是可以形

成统一资源池，解决算力碎片化问题，提升资源利用率。分布式智算中心互联如图 4-8 所示，分布式智算中心互联需要满足超大带宽传输需求，以提高传输效率，避免网络拥塞，同时还需要具备高可靠网络传输和抗丢包的能力，实现稳定的网络时延控制。

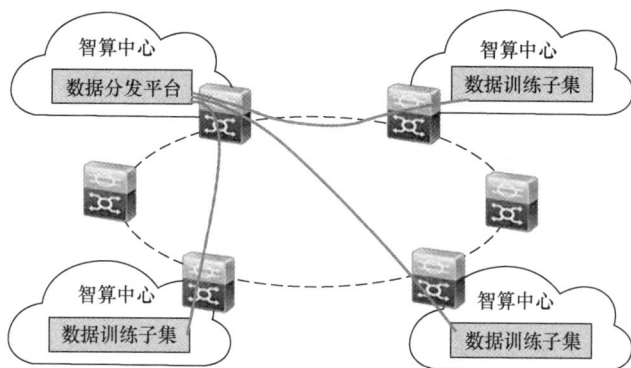

图 4-8 分布式智算中心互联

广域远程直接存储器访问（RDMA）成为业界探索方向。 AI 训练采用的 RDMA 协议对网络丢包非常敏感，即便是微小的丢包率也会导致性能急剧下降。在长距离传输场景下，当网络出现拥塞时，若没有在往返路程时间（RTT）内及时缓解拥塞，就会发生丢包，这对网络的拥塞控制和流量管理提出了更高要求。广域 RDMA 协议需要考虑在传输层构建选择性重传机制，减少传输数据量，同时通过智能无损算法，基于流量预测、现网流量门限调整、无损队列缓存精确管控、主动拥塞控制等技术，解决广域环境下的网络拥塞控制问题。当前广域高吞吐量互联技术创新加速，技术标准化正在逐步推进。

分布式智算训练试验积极推进。 2024 年，北京电信在现网完成城域三节点无损智算网络部署，如图 4-9 所示，并进行了几类百亿参数大模型的分布式训练试验，不同模型跨机房训练性能可达到集中式单智算中心训练性能的 90% 以上，证实了分布式无损智算网络技术方向的可行性。中国移动面向智算分布式协同场景，完成了 2 ~ 100km 不同距离多场景下 400G 光传送网（OTN）承载分布式智算技术试验，研究了距离、带宽、光纤闪断、误码等因素对计算效率的影响，在 100km 的距离中实现了训练效率仅劣化 3.75% 的高效协同训练。

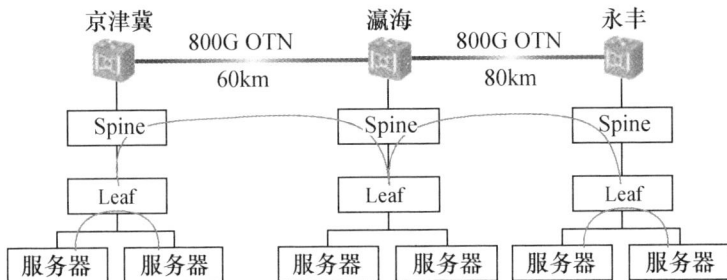

图 4-9　北京电信分布式智算训练试验

3. 运营商积极开展海量数据传送业务研究与验证

对有模型训练需求的企业来说，完成海量数据向智算中心的传送是非常重要的场景。大模型数据集通常拥有数 10GB 到 PB 级的数据量，交通行业和医疗行业普遍存在 PB 级数据上传需求；科研机构数据上传周期不定，每次传送数据量为 10TB 到上百 TB；车企的智能驾驶训练每天上传一次数据，每次传送数据量为 100 ～ 160TB。对于政务、医疗、金融等行业，其数据还涉及公民隐私、企业秘密信息，一方面需要保障网络数据传输过程的安全，另一方面在训练的过程中不希望第三方的智算中心对数据进行持久化保存，也就是在计算过程中"不落盘"，随传随算，因此还存在长距离高可靠传输、数据高安全等需求。

目前海量数据传输普遍采用离线物理传输和运营商专线传输两种方式。离线物理传输存在运输和数据存取时间长、无法保障数据隐私安全等问题。运营商专线传输在面对海量数据时，使用百兆专线传输耗时太长，而万兆专线传输成本太高；而且大数据传输到智算中心的流量多为大带宽的"大象流"，现有网络均衡策略主要以五元组来区分流量，无法识别流量规模，大量的"大象流"会造成网络负载不均，导致网络利用率大幅下降、算网资源严重浪费。

为满足上述需求，国内基础电信企业在 2024 年积极开展海量数据传送业务的探索，具体如下。

① 中国电信提出智联万企、一线入多算，打造 400GE IP 弹性无损智算广域网，为企业提供海量样本高效入算、存算分离拉远、数据快递弹性 IP 等多种算网一体化服务能力。基于 IP 业务网的"超算快线"实现在 40min 内跨 2000 km

把 1.6TB 数据从北京高能物理研究所传输到成都超算中心。

② 中国移动推出"1+2+3"数据快递解决方案，即基于"1 套技术方案、2 类业务模式、3 种差异化服务"为用户提供高效、安全、经济的数据传输服务。基于中国移动哈尔滨和贵阳两大云数据中心及云专网，在哈尔滨和贵阳间完成 5000km 超长距离、70Gbit/s 高吞吐量数据快递技术验证。通过新型广域拥塞控制算法、多流并发传输机制等技术创新，验证了超远距离和超高吞吐量数据快递技术的可行性。

③ 中国联通面向超智算业务发展，提升网络的承载性能，增强管控层调度能力，优化端侧传输层软件平台，全面提升算力数据的输送能力，完成面向智算的 3000km 高通量无损传输现网验证，基于 OTN 无损流控和端网协同拥塞控制等技术，端口带宽利用率从 20% 提升到 90% 以上。OTN 流控功能开启后，拥塞场景下无丢包，实现了基于 OTN 的长距无损传输，可以为海量数据迁移提供波长级超大带宽、高稳定低时延、高可靠高安全的数据传输能力。

（三）工业控制网络持续演进，确定性网络成为关键支撑

当前，工业控制网络面向复杂个性化的应用需求，连接种类多样的终端和异构网络等工业现场情况，从传统的分层网络构建逐渐向扁平化、泛在连接的网络架构演进，按需自适应以满足工业互联网全场景应用网络需求。随着确定性网络、5G、算网融合等技术的出现，新型工业控制网络以"智"促"简"，形成算网一体化的高确定性通信互联基础设施，为工业控制系统提供广泛互联与实时数据交换能力，高确定性通信互联基础设施成为开放协同与互联互通特性的保障。

1. 工业控制领域的新需求与信息网络的新技术如同双轮，共同驱动工业控制网络体系不断向前发展

工业控制网络架构演进如图 4-10 所示。工业控制网络创新由供给驱动改为应用拉动，定制化生产、协同制造及现场集约组网等新需求对工业控制网络在灵活组网、确定性保障、可靠性、无线化等方面提出更高要求，不断驱动工业控制网络的升级和革新。工业控制网络技术作为实现工业控制设备间高效、稳定通信

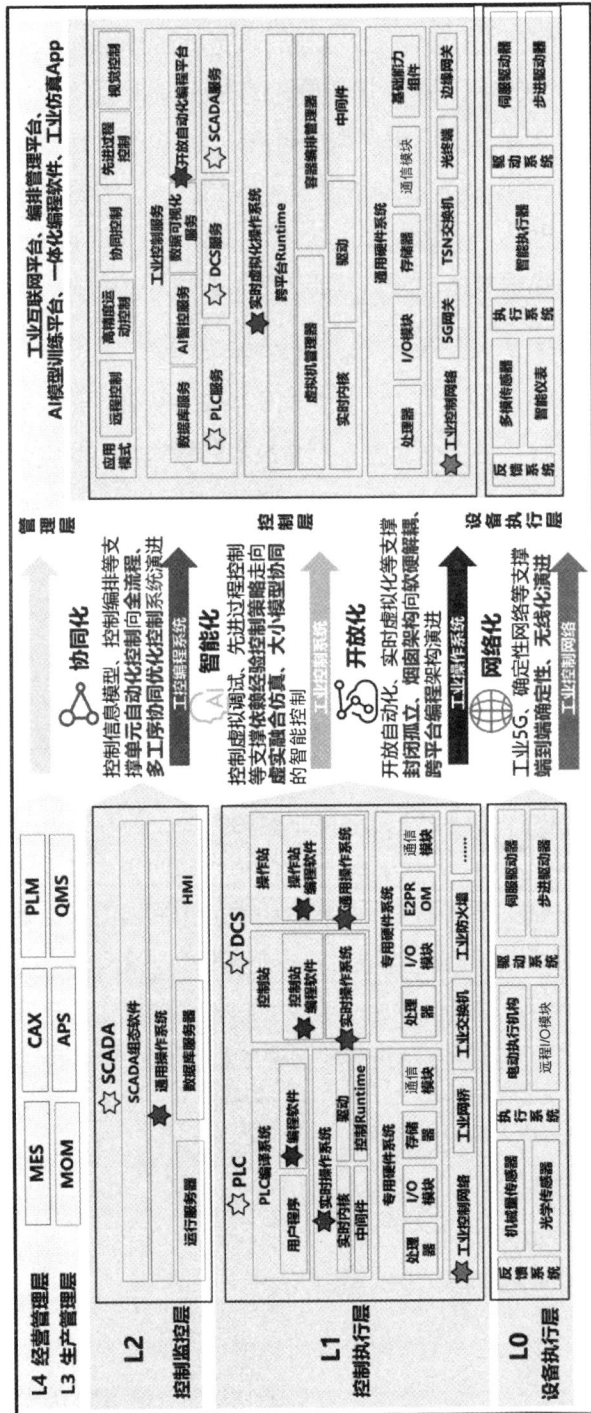

图 4-10　工业控制网络架构演进

的基石，经历了"以模拟信号通信为主的自动控制网络""以数据通信为主的工业总线和工业以太网"时代，正向"以确定性网络、工业 5G/5G-A 等为代表的新一代工业网络"演进。目前，新型工业控制网络技术以 5G、时间敏感网络（TSN）、算力网络等推动算网控一体，主要呈现以下特点和发展趋势。

泛在互联。全连接，从生产现场到云端，通过工业互联网技术实现人、机、料、法、环、测全面连接。无线化，以 5G 为代表的新型无线技术占比提升，应用范围越来越广，并从生产外围向生产核心延展。互操作，通过标准化的信息模型实现跨设备、跨系统、跨厂商的数据连接和集成。

确定性保障。场景确定性，如车间级网络时延达到亚毫秒级，园区级网络时延达到毫秒级，城域级网络时延达到 10 毫秒级。技术确定性，通过 TSN、DetNet、5G 确定性网络（5G DN）等不同类型网络技术协同融合，实现端到端确定性保障。应用确定性，面向应用需求，通过网、算、控的确定性能力协作，实现确定性的应用服务。

控网算集成。通过计算资源网络化的协同调度，构建面向工业管理和控制的算网底座。工业控制设备向通用化演进，算控资源一体化部署、动态分配。工控、计算、网络连接能力进一步集成，提供开放化、协同化、智能化的一体化服务。

开放智能。产业开放，网络各层协议解耦合，控制系统、应用系统将不再与具体网络技术强绑定，打破少数巨头对产业链的控制，推动产业创新开放。本体智能，通过集成人工智能和机器学习等技术，使自身变得智能，实现设备预测性维护、故障自愈性修复、资源智能化管理及模型自主训练等。支撑智能，基于新型工业网络体系，全面支撑元宇宙、人工智能、工业大模型、数字孪生等创新智能化技术在工业场景中的应用。

安全可控。内生安全，通过增强主动防御、智能感知、协同处理等能力，实现网络设施和数据的稳定可靠、安全可信。数据可控，通过构建数据流转可控、数据使用可控、安全风险可控的网络体系，满足企业对自身数据高安全性的要求。

2. 确定性网络与异构融合组网保障工业控制网络业务的可靠性

确定性网络通过采用有界时延、有界抖动、高精度时间同步等数据传输服务，保证通信服务质量指标的确定性（如超低的时延上界、抖动上界、丢包率上界、上下界可控的带宽及超高的带宽下界），满足工业控制系统对通信网络的高可靠性要求，确保控制指令精确下达和执行，实现生产过程的精准控制，并通过设备级、系统级、业务级可靠保障机制，如设备冗余设计、系统容灾和数据冗余传输等，保证控制指令数据在满足安全和保密需求条件下的可靠收发。目前支撑现场工业控制的确定性网络技术主要包括 TSN、确定性 IP（D-IP）网络等。TSN 技术基于标准以太网架构演进而来，具有精准的时钟同步、确定性流量调度特性及智能开放的运维管理架构，这使 TSN 能确保多种业务流量在同一网络中实现高质量传输，既保证了性能，又具备成本优势。基于确定性网络的工业控制生态不断丰富，南京奕泰微发布支持 IEEE 802.1AS、IEEE 802.1Qbv 等多种 TSN 协议的工业以太网 TSN 交换芯片，该芯片能够满足高确定性、高实时性的工业控制业务要求；武汉迈威推出工业以太网 TSN 交换机，该交换机单跳时延小于 10μs，抖动小于 2μs，支持多级时钟同步；盛博科技推出 SIG-0101 网关，该网关采用实时 Linux 操作系统，能够满足构建基于 TSN 的异构网络的需求；智芯公司发布具备时间同步、流量调度、帧抢占、流量策略和过滤、帧冗余等特性的 TSN 交换机。

与此同时，工业现场中，蜂窝网络、短距无线网络、现场有线网络等多种异构网络接入方式共存的现象日益显著，异构网络通过融合发挥不同网络的优势，形成统一的、无缝衔接的网络体系，带动信息网络技术深入更严苛的工业控制核心环节。异构融合组网技术支持网络统一纳管、北向接口数据合理分流及终端间协同，面向现场作业提供网络实时和运动控制同步的服务能力，实现各网络间动态服务能力的补充与扩展，有效提升了工业控制网络的高可靠、精同步、多并发、抗突发干扰等能力，为工业控制系统构建了一个更加稳定、高效、智能的通信环境。此外，工业网络能力差异化演进，工业网络切片能够提供良好的跨域隔离性承载和不同业务间的差异化服务质量保证，通过切片支撑现场不同控制业务，如运动控制、逻辑控制、视觉控制等，各业务实现互不干扰。

3. 5G 等技术为工业控制领域的变革带来机遇

工业无线技术是面向设备间短程、低速率信息交互的无线通信技术，适用于工业现场环境，并具有抗干扰能力强、能耗低、通信实时性强等技术特征。工业无线技术包含工业 5G、工业 Wi-Fi 等，根据通信距离、功耗、传输速率等特性，正在逐步应用于工业各个领域和各个场景。

5G 通信的高速率、低时延和海量连接三大特性与工业互联网无线网络需求相契合，尤其可以承载实时控制业务。作为工业互联网的关键使能技术，工业 5G 是指 5G 通信技术在工业环境中的应用，它利用 5G 网络的特点来提升制造业的自动化、智能化水平。工业 5G 不是传统的 5G 移动通信网络，而是结合了特定的行业需求和应用场景，以满足工厂自动化、物流、远程操作、机器间通信等领域的严苛要求。工业 5G 起到创新聚合的引领作用，为工业控制领域带来的变革体现在以下 3 个方面。一是去掉有线束缚，解决不便于有线连接的移动类场景中的问题，减少移动造成的通信物理故障，在产线频繁调整的场景下，可大幅缩减工期和简化流程，降低网络部署成本。二是智能融合组网，工业 5G 提供 IT 非实时与 OT 实时多业务共用一张网的能力，一网适合作为多业务融合的基础。同时，5G 在工业现场的部署以两层架构为主，是主从式或边 - 端架构，与工业架构的融合演进方向相匹配。此外，5G 等无线通信协议与工业控制协议双向适配集成，形成工业有线 & 工业无线长期共存演进趋势。三是为工业控制网络提供 5G 工业模组 / 网关、5G 工业基站、5G 工业用户面功能（UPF）、5G 一体化设备等算网融合的底座，促进云化可编程序逻辑控制器（PLC）、云化机器人等新型工业控制应用落地。5G 工业模组 / 网关是现场设备接入 5G 通信的中介装置，同时具备工业协议转换（Profinet、Modbus、EtherNet/IP 等协议转换为上位机和云端应用的 OPCUA、MQTT 等协议）的能力，可灵活适配设备改造与利旧、新建以及设备内置的部署场景。工业 5G 网络侧设备，视不同的部署场景需求，可以在基站和核心网网元分别实施两路的本地分流，灵活满足车间数据 / 工厂数据各自的安全需求；也可以全部下沉到车间，一体化满足现场需求。同时依托 5G 网 + 端的网元，灵活提供不同层级的工业边缘算力，让现场解决方案更加紧凑，综合成本更低。目前，工业 5G 已经在逻辑控制、远程控制、数据采集等场景中可以替代传统有线通信，以应对移动性高、生产环境恶劣部署难等挑战。

美、日等发达国家的工业自动化巨头在工业控制方面的新布局方向，与国内外 ICT 的路径选择趋同，工业控制网络成为 OT 与 ICT 创新路径交汇点。国外自动化企业在智能控制、软硬件解耦开放、工业网络无线化等方面积极布局，推动新型工业控制网络不断演进。美国罗克韦尔公司将 5G+ 确定性网络用于伺服运动控制，时延达到 10ms 以内。我国信息通信企业以 5G、实时虚拟化为切入点，探索网络化、智能化、开放化新型工控路径。中国联通、中国信息通信研究院与施耐德电气发布全球首本《5G+PLC 深度融合解决方案白皮书》。

三、2025年信息网络领域发展趋势展望

随着AI的加速渗透，全域内生智能将成为网络的核心特征之一。智能计算的需求推动网络架构向更加灵活、高效的形态转变，促进网络架构持续向扁平化和全光直连方向演进，以满足日益复杂的计算任务对高效数据传输的需求。同时，融合承载将成为新趋势，算网融合不断深化，最终实现算网一体，推动计算与网络资源的深度融合与高效协同，为数字经济的发展提供强大的支撑。

（一）AI加速渗透网络全域，内生智能成为未来方向

网络智能化应用不断向深向广发展，赋能效应日益凸显。 通过引入AI技术，网络运维、运行对千行百业的赋能效应日益凸显（见图4-11）。在网络运维智能化方面，我国三大运营商已实现网络规划、建设、维护、优化及运营全流程的智能化。在网络运行智能化方面，AI能力正成为网络底层架构的一部分，网络在接入、传输、承载等领域的能力与核心侧的自感知、自优化与自控制等能力也在不断提升。在行业应用方面，基础电信企业将AI与通信业务融合，打造智能通信业务新形态，如AI与网络的融合在制造业领域催生了远程质量检测、多机协同作业、智能视觉安防等新型应用。

网络与AI将实现泛在融合，形成内生智能。 当前"外挂式"和"碎片化"的网络智能化解决方案已经无法满足未来网络智能化发展及垂直行业的需求。网络与AI将实现深度泛在融合，网络在网络运营运维管理平台、网络管控系统与网元等多层面将AI能力作为自己的核心属性，实现AI能力在无线、传输、承载、核心等领域的按需编排，使网络具备更强的自主学习、自我优化和自我修复能力。网络将通过集中管控与分布式协作形成分层智能，实现跨域、跨网络的智能协同，满足不同智能业务的差异化需求。

大小模型协同成为网络智能化发展热点。 网络全方位的智能化需要大模型与小模型的协同实现。大模型凭借强大的通用性和泛化能力，可实现网络的全局态势分析和智能决策，为网络智能化提供全局知识库和优化策略；而小模型则专注

于特定场景和专业领域，能够深入挖掘和利用场景特有的数据和知识，为网络智能化应用提供精准的解决方案和优化建议。这种协同模式充分发挥了大小模型各自的优势，实现了网络智能化深度和广度的有机统一，为网络的未来发展开辟了广阔的空间。

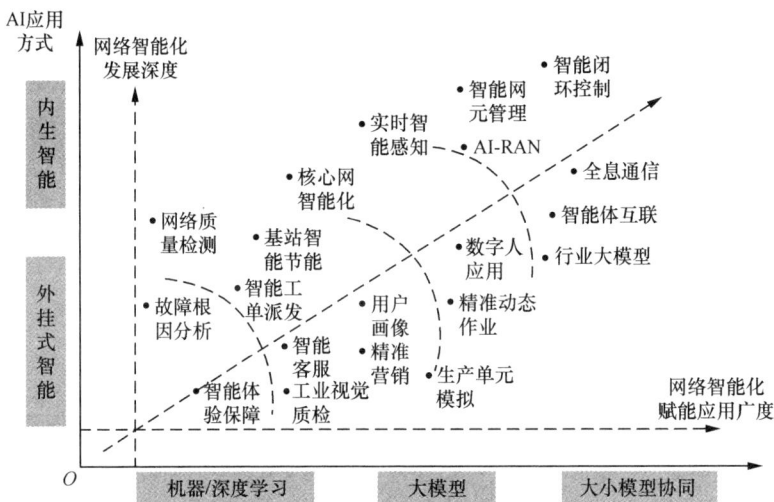

图 4-11 网络智能化发展趋势
（数据来源：中国信息通信研究院）

（二）智算需求推动网络架构持续向扁平化、全光直连演进

靠近用户的入算锚点加快部署，实现算力资源的快速接入。为满足用户泛在接入、安全可靠及灵活敏捷的入算需求，网络正持续向超大带宽、超低时延、安全可靠、智能管控等方向发展。通过 PON+OTN 提供低时延、高可靠的算力接入，将感知、存储与智能能力下沉到网络边缘侧，实现中小企业和家庭用户的"一跳入算"。在接入侧，通过 10G PON、FTTR，打造千兆级至万兆级超宽带接入管道，为用户提供近似本地的智算体验。通过对流量智能识别，将实时业务调度至硬切片管道，保证端到端智算业务的确定性体验。

网络架构持续向扁平化演进，算间直联互通能力不断提升。随着大模型等AI 技术的快速发展，智算需求日益增长，推动网络架构与传输能力不断提升，以满足低时延确定性、超高带宽与超大容量传输需求。通过减少网络层级，网络架构能够显著减少数据传输跳数，从而降低时延并提升传输效率。枢纽间智算互联通过骨干网立体化架构，构建超高速、大容量、全光直联通路，从而持续提升跨层级智算节点互联能力，实现算力网络容量的大幅提升，优化流量疏导路径与效率，跨区域带宽容量提升到 Tbit/s 级以上。

（三）为满足 B5G（后 5G）/6G、云网 / 算网、工业互联网等业务的差异化承载需求，融合承载成为新趋势

数字经济与实体经济深度融合加速了我国产业数字化转型进程，融合化发展和数智化转型正成为新的发展范式。图 4-12 给出了融合承载技术演进发展示意。与此同时，云网 / 算网融合、5G+ 垂直行业融合等正在推进。业务网融合趋势为承载网演进带来新挑战，需满足不同业务的差异化承载需求，融合化发展已成为承载网演进的重要方向。

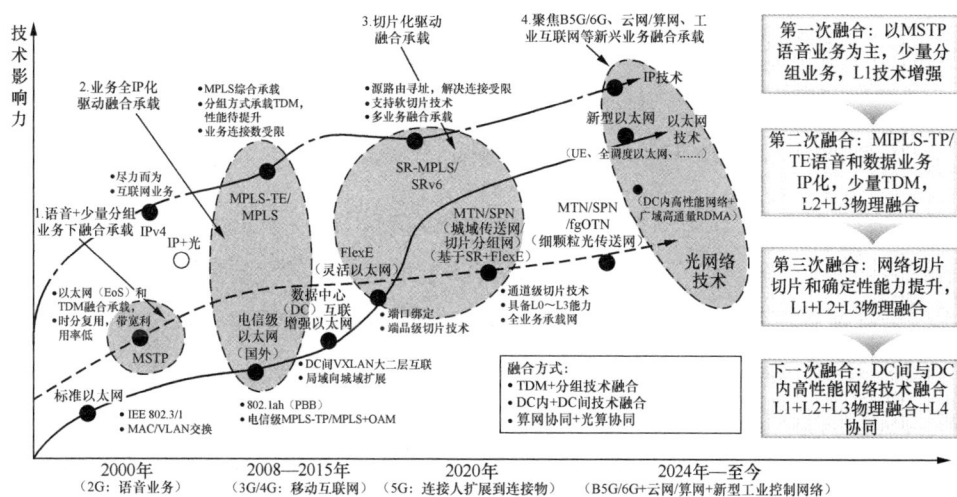

图 4-12　融合承载技术演进发展示意
（数据来源：中国信息通信研究院）

随着网络技术和新兴业务的发展，IP、以太网和光网络技术将不断融合演进，融合化成为承载网发展的主旋律。在此过程中，承载网经历了三次技术融合。

第一次融合以多业务传送平台（MSTP）技术为代表。在 2G 时代，通信业务以固定电话和 2G 移动通信语音业务为主，通信网络仅提供少量的窄带数据通信服务。MSTP 设备实现了 EoS（指利用 SDH 网络承载以太网业务的技术方案）和时分多路复用（TDM）业务的统一承载，在保障 TDM 语音业务质量的同时，增强了网络统计复用能力，提升了网络带宽利用率。

第二次融合以多协议标签交换（MPLS）技术为代表。随着 3G、4G 时代移动互联网业务的快速发展，语音和数据业务逐步向 IP 化演进，TDM 业务持续萎缩。通过 MPLS 流量工程 /MPLS 传送特性（MPLS-TE/MPLS-TP）等技术实现了多业务的综合承载，并发展出了基于分组方式承载 TDM 业务的新型封装技术。

第三次融合以网络切片技术为代表。采用不同层级的软硬切片技术，提升业务隔离性和确定性保障能力。随着 5G 网络规模部署，电信业务从连接人扩展到连接物，5G+ 垂直行业应用快速涌现。灵活以太网（FlexE）、SR-MPLS /SRv6（基于 MPLS 转发机制的段路由 / 基于 IPv6 的段路由）等软硬切片技术的应用，实现了消费者业务和垂直行业业务的安全隔离和差异化承载。

下一次融合将以 DC 间与 DC 内高性能网络技术融合为代表。现阶段，运营商承载网络具有"重资产"特性，导致投资回报率偏低。传统的多网并存的建设模式存在资源利用率低下、网络协同复杂度高、运营管理难度大等问题，难以满足运营商数字化转型、集约化发展、高效运维的需求。此外，为满足 B5G/6G、云网 / 算网和工业互联网等新兴业务的差异化承载需求，实现综合承载的关键技术和应用方案面临诸多挑战。单一的光网络或分组技术均无法满足多样化业务的低成本精准承载需求，融合承载技术发展面临挑战。面向 DC 间与 DC 内高性能承载场景，IP、以太网、光网络技术的智能化融合成为主要演进方向。

展望未来，网络技术演进、新兴业务需求和企业运营模式的转变正在驱动承载网架构和技术创新，承载网融合化发展已成共识，全调度以太网（GSE）和超级以太网（UE）等新型以太网技术将不断创新发展。

（四）算网融合持续演进，未来将实现算网一体

随着算力与网络技术融合持续深入、算网应用向千行百业持续拓展，算网的融合发展成为大势所趋。为满足基础网络、智算业务和产业数字化服务等方面的新需求，我国基础电信企业通过建设算力网络，推动算网融合发展，赋能经济社会数字化转型。算力网络整体按照算网协同、算网融合、算网一体3个阶段发展。

阶段一：算网协同（2021—2023年）：全国智算中心与边缘智算节点布局不断完善，业界对算力统一标识、算力路由算法等展开研究，为算力资源的整合奠定基础。随着超算、智算等异构算力资源的不断并网，算力网络实现了云边协同的跨层调度与统一编排。通过服务入口的统一协同，完成了网络、算力及数据等资源的智能分配，满足用户对多元化资源的需求。

阶段二：算网融合（2024—2026年）：算力与网络将实现统一管理与运营，同时在资源感知、编排调度、运营服务等环节实现智能化，算网运维管理的智能化水平将显著提高，具有故障智能分析、网络异常检测、网络数字孪生等功能。算网的编排调度效率不断提升，实现算力实时感知与资源动态调度，满足用户业务灵活开通与差异化承载需求。

阶段三：算网一体（2027—2030年）：我国将初步实现算网一体目标，形成新型一体化信息基础设施。通过一体化编排管理，进行网络整合和全国算力的调度，实现算力的灵活连接与节点之间的无损传输，提供用户与算力间弹性链接服务，实现随时随地算力可达，从而极大地推动各行业的智能化发展，满足社会对算力日益增长的需求。

先进计算篇

导　　读

先进计算领域是当前科技创新浪潮的重点，2024 年总体仍然保持稳步向上的良好态势，涌现出了一批创新性的成果，持续发挥着对经济社会高质量发展的重要支撑和推动作用。

产业方面，智能计算成为核心驱动力。AI 服务器依然保持高增速，AI 手机、AI PC 增势迅猛，带动 GPU 与存储等上游环节开启新一轮增长，成为扭转半导体市场下降趋势的关键动力。全球数字化转型与智能应用的需求释放也带动软件市场规模稳定持续增长。

算力方面，智能算力成为绝对主导。2018 年至 2024 年，全球算力中，智能算力的占比由 7% 增长至 73%，且随着人工智能应用落地加快，智能算力逐渐向推理侧倾斜，算力结构的演进和转变仍在持续。

技术方面，以智能计算为中心的体系化变革进一步深化。通用计算与智能计算架构深度融合，异构算力性能加速突破，集群规模步入万卡级时代，多数据中心分布式训练进入探索阶段。量子计算、类脑神经模拟等前沿计算技术也围绕 AI 不断探索落地应用。

生态方面，产业竞合态势持续演变。龙头企业通过加速自研芯片进程，支持开源项目加快软件栈生态的完善，组建开放联盟推动打造互联新体系等方式，意图降低对英伟达智算体系的依赖。通用计算领域竞争也趋于白热化，x86 阵营加速技术和产品迭代，意图抵挡 ARM 架构对服务器和 PC 市场的进一步侵蚀。

2024 年，先进计算领域变革与突破不断，有三方面热点值得关注。

一是智能计算各环节加速突破，正式开启了万卡集群时代。通用芯片与专用芯片快速升级的同时不断深化融合创新，高速互联性能及规模大幅提升，面向跨平台部署的软件生态构建进程显著提速。伴随技术边界拓展，产业博弈加剧，市场竞争日益激烈。

二是 AI 终端元年已至，以手机、PC 为代表的消费电子产品率先响应，多款产品面世，AI 终端已成为当下智能终端技术革新、产业升级的重点演进方向。但受限于终端算力及功耗瓶颈，AI 终端仍需持续强化"软、硬、算、端、云"一体化整合进阶，并强化全链路安全保障，确保数据全流程安全管理。

三是前沿计算积极拥抱智能化浪潮，存算一体、量子计算、光计算等前沿计算重点领域都在积极探索与人工智能的融合，其中存算一体已在大模型训练推理领域初步展现应用潜力，量子计算和光计算等前景虽然广阔，短期内落地仍有诸多挑战。

展望未来，先进计算领域相关产业在"十四五"期间将持续保持增长态势。大模型的快速演化在持续推动算力规模增长的同时，算力结构性调整也在继续；推理算力占比将持续提升，直接带动相关技术的创新变革。以超大规模计算集群为主体的系统级技术将成为创新重点，存算一体、量子计算、光计算等，沿现有路线不断提升完善技术能力的同时，探索落地应用的力度也将不断加大，进一步推动业务模式与应用革新。

本篇作者：

黄 伟　周 兰　邱绍岩　王 扬　王 玮　丛瑛瑛　黄 璜　赖俊森
王 敬　吕佳欣　张 乾　崔忠杰　聂 一　何秀菊

一、2024 年先进计算领域发展情况综述

（一）市场结构性调·整，智能计算成为核心驱动力

整体来看，受人工智能快速扩张的影响，全球先进计算领域相关市场进入结构性调整关键期，智能计算成为驱动产业规模增长的重要引擎。 具体表现为以下五方面。

一是智能计算基础设施建设投入持续加大，AI 服务器加速部署。 2024 年，全球人工智能创新态势高涨，大模型数量激增，参数规模迈入万亿级，并加快向多领域渗透，成为数智化转型的关键因素，带动智能计算算力需求高速增长。以智算中心为主的算力基础设施建设不断深化，全球服务器市场规模达到 2442 亿美元，同比增长 73.4%。其中，AI 服务器市场规模为 1350 亿美元，增速达到 154.7%。

二是 AI 终端引领终端市场增长，新型终端市场稳步提升。 传统终端方面，下降态势减弱。2024 年，全球 PC 和平板电脑市场规模为 2192 亿美元，跌幅收窄为 0.6%；智能手机市场规模为 4676 亿美元，下滑 2.4%。从终端类型来看，AI 终端成为各厂商发力重点，出货量大幅提升，成为消费主力。其中，AI PC 出货量为 0.79 亿台，同比增长 71.7%，占 PC 总出货量的 30%；AI 手机出货量为 2.3 亿台，大幅增长 363.4%，占手机市场总规模的 19%。新型终端方面，2024 年，全球 AR/VR 设备市场规模达到 178 亿美元，同比增长 47.1%。可穿戴设备市场表现平稳，增长 4.2%，达到 672 亿美元。2024 年，折叠屏手机逐渐打开市场，带动柔性显示面板市场增长 21.0，达到 459 亿美元。

三是在智能计算等下游需求高速增长的推动下，全球半导体市场扭转 2023 年下降态势，止跌回升。 2024 年，全球 AI 芯片需求长期居高不下，供不应求，价格也随之提高，成为推动半导体器件市场恢复增长的关键。全球半导体器件市场规模达到 6298 亿美元，同比增长 18.8%。其中，IC 器件市场规模增长 22.3%，达到 5467 亿美元。GPU 与存储器件作为 AI 算力的关键部件，表现亮眼。2024 年，全球 GPU 市场规模为 678 亿美元，同比增长 76.0%；存储器件市场规

模为 1629 亿美元，增幅为 77.3%，HBM（高带宽存储）器件市场规模达到 115 亿美元，增长 306.3%。传感器作为自动化、智能化的重要边缘端硬件，2024 年市场规模增长 4.6%，达到 320 亿美元，其中 CMOS 传感器市场规模为 198 亿美元，同比增长 7.8%。器件市场的回升进一步带动了半导体设备与材料市场的同步增长，2024 年增幅分别为 2.5% 和 1.0%。

四是在数智化转型背景下，软件市场平稳增长。2024 年，企业软件与应用开发软件表现突出，增幅均超过 8%，市场规模分别为 2943 亿美元和 1820 亿美元。2024 年，基础软件市场规模为 1468 亿美元，同比增长 1.9%；生产力软件市场规模为 788 亿美元，同比增长 3.6%。

五是通信设备市场进入平稳发展期，部分领域出现下滑。受往年设备库存量影响，通信设备市场在 2024 年总体表现疲软。移动通信设备方面，市场规模为 381 亿美元，同比下滑 10.7%，其中 5G 通信设备市场保持小幅增长，增幅为 5.1%，达到 277 亿美元。光通信设备与数据通信设备市场规模出现小幅下降，2024 年全球市场规模分别为 151 亿美元和 165 亿美元，同比下降 2.6% 和 6.2%。

六是显示面板市场规模保持平稳增长。2024 年，显示面板整体市场规模为 1565 亿美元，增幅为 6.0%。其中，柔性显示面板表现突出，增幅达到 21.0%，市场规模为 459 亿美元。2024 年全球计算相关产业市场规模情况如图 5-1 所示。

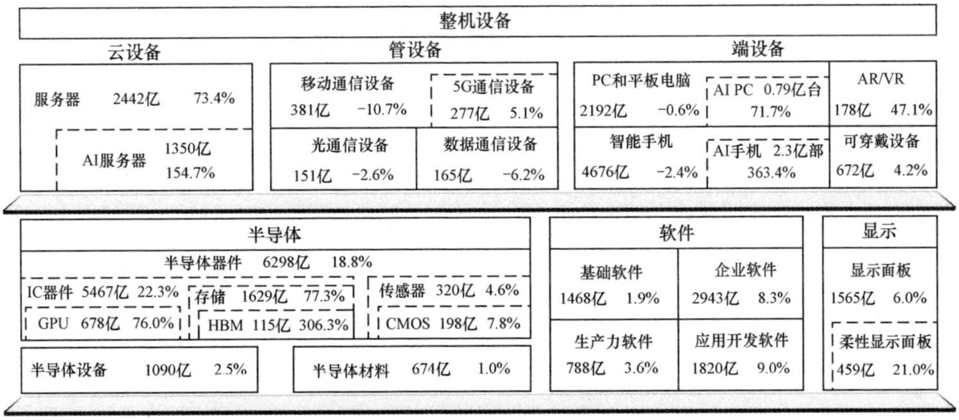

图 5-1　2024 年全球计算相关产业规模（单位：美元）

（数据来源：Gartner、IDC、SEMI、Omdia、Statista、Dell'Oro、

Fortune Business Insights、中国信息通信研究院）

（二）算力总量快速增长，智能算力占比超七成

全球算力总量快速增长。 伴随着生成式 AI 大模型、垂直行业模型和端侧大模型的应用和推广，推动算力尤其是智能算力的供给水平快速提升，全球算力规模保持高速增长态势。经中国信息通信研究院测算，按计算设备出货量口径统计，如图 5-2 所示，2024 年全球计算设备算力规模为 2207EFLOPS，同比增长58%。我国算力规模达 617EFLOPS，同比增长 42%，位列全球第二，在全球算力规模占比达到 28%。

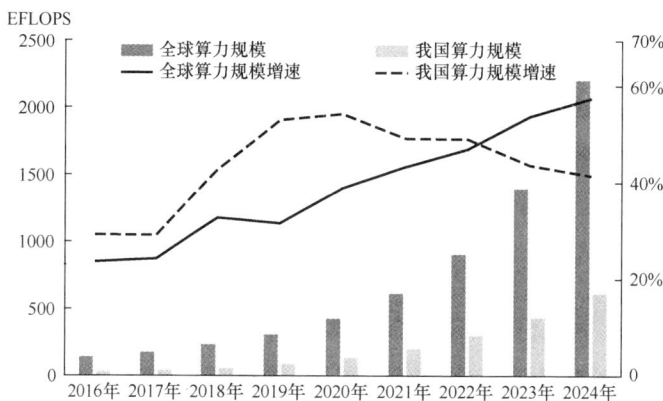

图 5-2　2016—2024 年全球及我国计算设备算力规模情况
（数据来源：中国信息通信研究院）

中国和美国成为全球算力增长的主要贡献国家。 2024 年，中国和美国一共贡献了全球 75% 的算力增量，如图 5-3 所示。其中，美国贡献 52%，中国贡献 23%，日本、德国、英国、法国、韩国等国家合计贡献全球算力增量的近 20%。美国以高投入推进算力规模快速增长。政府层面，2024 年，包括美国国防部、能源部、国土安全部等多个机构累计向 AI 领域投入超过 2500 亿美元，以推动 AI 研究和软硬件服务。企业层面，微软、Meta、Alphabet（谷歌母公司）和亚马逊等企业在人工智能相关支出超过 25 万亿美元。中国政府高度重视算力发展，国家发展改革委等部门联合印发的《关于深入实施"东数西算"工程 加快构建全国一体化算力网的实施意见》等文件，为算力基础设施的发展提供了明确的政策支持和方向指引。国内产业各界围绕计算硬件持续加大投入，2024 上半年中国 AI 服务器市场规模达到 50亿美元，同比增长 63%。预计到 2028 年，中国 AI 服务器市场规模将达到 253 亿美元。

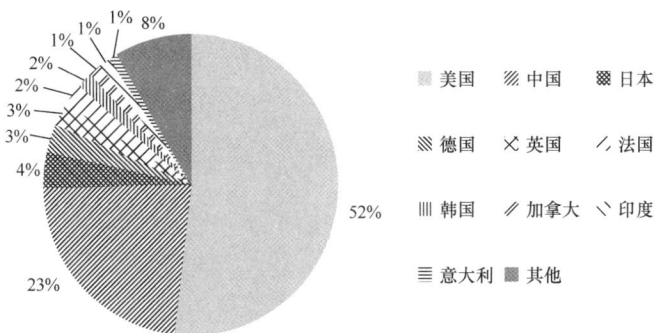

图 5-3　2024 年全球算力增量贡献比例

（数据来源：中国信息通信研究院）

近六年全球及我国的算力结构发生革命性变化，智能算力占比已超 70%，年均增速超 100%。继 GPT 等大语言模型横空出世后，Sora、Gemini 等文生视频大模型、多模态大模型，所使用的数据量和参数规模进一步增加，线上运行所需算力规模更为庞大。训练端，按每分钟上传 500 小时视频，视频都为每秒 60 帧测算，采用英伟达 A100 显卡且芯片利用率为 80%，仅仅在一个月内训练完当月新增视频就需要 231 块 A100 显卡；推理端，假设 8 亿日活平均每人每天使用时长为 2 小时，则对应需求为 1846 万块 A100 显卡。大模型的快速演进进一步推动智能算力的快速增长。如图 5-4 所示，2024 年全球通用算力、智能算力、超算算力占比分别为 25%、73% 和 2%，其中智能算力占比由 2018 年的占比 7% 增长至73%，过去 6 年平均增速 117%，智能算力成为算力增长的主要驱动力。2024 年我国通用算力、智能算力、超算算力占比分别为 26%、73% 和 1%，智能算力占比由 2018 年的 11% 增长至 73%，过去 6 年平均增速 104%。

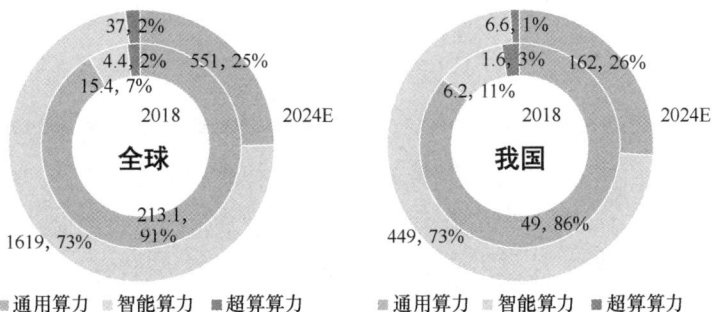

图 5-4　2018 年、2024 年全球及我国算力结构变化情况（单位：EFLOPS）

（数据来源：中国信息通信研究院）

全球算力应用结构发生转变，推理算力占比逐年提升。推理算力的提升标志着 AI 技术的广泛应用。随着深度学习等技术的不断发展，AI 模型在推理阶段的需求日益增加，推动了推理算力的快速增长，2024 年全球推理算力在智能算力的占比已突破 60%。推理算力占比的提升也促进了 AI 技术的创新。在自然语言处理、自动驾驶、医学影像分析等领域，推理算力的增强使得 AI 模型能够更准确地识别和分析数据，从而提高了相关应用的智能化水平。产业层面，推理算力占比的提升驱动市场竞争格局重构，拥有强大推理算力的企业在市场竞争中的优势将日益凸显。

我国算力利用率有待提高。我国目前部分算力中心已达到较高利用率，如西安昇腾智能科技有限公司的人工智算中心算力使用率高达 98.5%，国家超级计算深圳中心和国家超级计算济南中心的资源利用率也较高。但因我国近两年算力基础设施建设较快，尚未完全得到消化，导致仍有一部分小型或企业级的算力中心利用率相对较低。据 IDC 数据，我国以企业为主要用户的通用算力中心利用率目前仅为 10% ～ 15%。此外，相关数据显示，我国智算中心 GPU 利用率平均低于 30%。整体而言，高利用率算力中心在我国算力中心中只占少数，需要采取一系列措施优化资源配置、加强技术创新、推动资源共享和交易，以及拓展应用场景和市场需求，从而提高算力利用率。

（三）以智能计算为中心的技术体系化变革进一步深化

大模型时代，提升计算效率成为计算体系结构变革的核心目标。其中，通用计算强化存储、互联等协同能力的突破，智能计算从单一数据中心向多数据中心分布式训练探索，非经典计算深化 AI 算法应用落地可能。重点体现在以下三方面。

一是通用计算强化提升 CPU 内存、互联等关键性能，实现与智算系统协同发展。CPU 方面，芯片单元与 I/O 芯片单元解耦的分离式模块化设计，实现核心数量的扩展及内存和 I/O 的同步强化。2024 年 6 月，英特尔发布至强 6900P 系列处理器，核数从上一代的 64 翻倍至 128，采用 DDR5 MRDIMM（多路复用内存）内存多路复用技术，将两个 DDR5 DIMM 内存条合而为一，提供双倍的数据传输率，从 4800MT/s（百万次传输每秒）提升到 8800MT/s，通过更大、更宽的内存支持各种数据和计算密集型应用任务。**互联方面**，2024 年，支持 CXL2.0 技术的 CPU、存储、交换机产品正式上市，支持跨主机分配设备内存。英特尔至强 6 处理器提供 CXL 内存分层支持，可实现容量和带宽扩展，支持以受控热插拔的方式添加移除设备。超聚变等服务器企业推出 CXL2.0 内存池解决方案，每机提供 8TB 内存容量扩展和 384GB/s 的内存带宽，实现低于 300ns 的访问时延。

二是智能计算集群规模步入万卡时代，探索多数据中心分布式训练。集群方面，2024 年 AI 集群开始步入万卡时代。Meta 与英伟达联合公布使用 2.5 万块 H100 GPU 集群用于 Llama 3 模型的训练，使用 10 万块 H100 GPU 训练 Llama 4 模型。**分布式训练方面**，混合专家模型（MoE）大模型凭借稀疏特性，显著减少激活参数量，结合高效通信优化技术，为多数据中心分布式训练提供潜在可能。2024 年年初，谷歌发布的 Gemini 1 Ultra 模型率先实现多数据中心训练。当前，OpenAI 和微软已开始探索异地数据中心大规模分布式训练解决方案，计划将各个超大型园区互联，进行美国范围内的大规模分布式训练。

三是非经典计算面向 AI 应用场景，加速探索新技术应用落地。量子计算方面，2024 年 9 月，微软和量子计算公司（Quantinuum）完成 12 个纠缠逻辑量子比特，实现端到端量子 +AI+ 云化学分子模拟，成功预测了一个化学催化剂的基态能量。光计算方面，2024 年 8 月，清华大学发布光训练芯片"太极 -II"，在物理系统上直接进行光学神经网络训练，可应用于大规模学习、复杂场景智能成像、拓扑光子学等领域。类脑计算方面，2024 年 7 月，清华大学推出类脑神经计算模型 Dendristor，模拟了树突状结构及其固有的时空处理特性，实现了树突分支间和神经元间的特定塑性，提高了稀疏神经网络中的学习效率，为未来人工智能的发展提供了高能效的视觉感知能力。

（四）孕育多元竞合新生态，产业格局调整进入关键阶段

2024 年，人工智能向各领域加速渗透，带动先进计算领域加快技术革新与产业扩张，全球科技巨头纷纷加大布局力度，挑战传统龙头企业的垄断地位，意图改变市场格局。在这一背景下，全球先进计算领域的多元竞合态势逐渐形成，产业格局调整进入关键阶段。

在智算领域，多方正合力打造新体系，意图削弱英伟达的垄断地位。**硬件方面，芯片自研正成为各方新选择。**以 OpenAI、微软、Meta 等为代表的 AI 芯片应用企业，为减少对英伟达的依赖，持续深化 AI 芯片研发与升级，并加快多元化供应链探索。其中，OpenAI 宣布开发首款 AI 推理芯片，计划由博通负责芯片设计，台积电进行制造，预计于 2026 年投产。微软推出自研 AI 芯片 Maia 100，专为部署在 Azure 云平台中的大规模 AI 负载设计，并正在对 OpenAI 的大模型展开测试。Meta 在 2023 年发布首款自研 AI 推理芯片 MTIA v1 后，于 2024 年发布 MTIA v2，后者在多个关键模型上的性能比 MTIA v1 提高了 3 倍，目前已部署在 Meta 数据中心，提供推理服务。**软件方面，开源项目吸引多方联合参与。**英伟达的闭源 CUDA 生态已经成为全球 AI 开发者们的主要技术平台，通过深度绑定其 GPU 系列芯片，建立起全方位的技术壁垒，成为英伟达实现全球垄断的关键因素。相比而言，开源项目 Triton 不仅提供了更高的抽象层，在可用性和易用性方面比 CUDA 更具优势，而且支持大模型跨硬件平台运行，逐渐成为各大头部企业的新选择，广泛吸引了包括 Meta、OpenAI、微软、谷歌、AMD 等企业参与社区生态建设，影响力日益增强。与此同时，由 ARM、富士通、谷歌云、Imagination Technologies、英特尔、高通、三星等企业发起成立的 UXL 基金会拟提供一个开源标准的加速器编程模型，并启动 AI 编程模型的规范制定工作，以简化高性能、跨平台计算应用程序的开发，打破英伟达的主导地位。**互联方面，开放联盟正积极构建数据中心互联新技术。**2024 年，AMD、亚马逊、Astera Labs、思科、谷歌、HPE、英特尔、Meta 和微软 9 家企业发起成立 UALink 联盟，目标是为计算集群中加速器与交换机间的通信定义一种高速互联规范，以挑战英伟达自有的 NVLink 互联技术的领导地位。首版规范预计将在 2025 年发布。

在通算领域，三大指令集竞争趋于白热化，产业格局持续演化。**一是 x86 加速技术迭代，捍卫传统优势地位。**面对当前人工智能技术的高速发展和新需求，英特尔与 AMD 于 2024 年 10 月宣布联合成立 x86 生态系统顾问小组，汇聚了博通、戴尔、谷歌、HPE、惠普、联想、Meta、微软、甲骨文和红帽十家全球计算领域头部企业，致力于进一步扩展 x86 生态，提升定制化能力、兼容性和可扩展性，横跨数据中心、边缘端和嵌入式设备、终端设备等领域，以继续保持 x86 在 AI 时代的领先地位。与此同时，英特尔发布用于 AI PC 的新系列芯片 Lunar

Lake，综合算力达到 120 TOPS，以应对高通发布的 ARM 架构 Oryon CPU 的挑战。**二是 ARM 表现亮眼，机遇与挑战并存。**机遇方面，高通成为微软 Copilot+ PC 芯片供应方，联想、戴尔、惠普、华硕等主流 PC 厂商陆续推出相关产品。随着苹果、高通先后进行 ARM 架构 PC CPU 芯片产品研发布局，ARM 架构目前已占据全球 PC 市场超 10% 的市场份额。英伟达或将于 2025 年推出 PC 端 ARM 架构 CPU 芯片，以进一步扩展自身在 AI 领域的产品布局。据 TechInsights 预测，2029 年，搭载 ARM 架构 CPU 的笔记本电脑市场份额可能达到 40% 以上。挑战方面，ARM 生态专利纠纷不断。2024 年，高通与 ARM 公司专利争端引发业界关注，高通面临失去 ARM 架构授权许可的风险。**三是 RISC-V 架构吸引多方关注，相关产品量产步幅加快。**RISC-V 国际基金会已吸引了包括英特尔、谷歌、Meta、高通、英伟达、三星、IBM 等国际巨头在内的超过 4000 家成员加入。RISC-V 架构产品在物联网、汽车、工业等领域的应用不断拓展。2024 年，采用 RISC-V 架构的产品在物联网领域的市场占比接近 70%，在工业、汽车领域的占比均超过 10%，总体市场规模接近 10 亿美元，产品出货量突破百亿颗。与 x86 和 ARM 架构相比，RISC-V 属于开源指令集，所有开放标准不受企业私有许可的影响，这一优势成为加速各大厂商布局 RISC-V 架构芯片的重要因素。

二、2024 年先进计算领域热点分析

（一）智能计算各环节加速突破，产业竞争日趋激烈

1. 集群：万亿参数开启万卡时代

智能计算向上承载人工智能应用创新，向下带动集成电路和软件等基础技术的进步，已经成为驱动科技创新和产业革命的核心力量。

近 5 年，大模型数量与参数量快速增加，算力需求急剧攀升。2018 年，谷歌依托 Transformer 架构推出了参数规模达亿级的 BERT 大模型。同年，OpenAI 亦推出了参数量为 1.17 亿的 GPT-1 大模型，至 2021 年，GPT-3 的参数规模已飙升至 1750 亿，随后的 GPT-4 及 GPT-4o 相继问世，更是将模型参数规模推向了万亿规模，未来 2 至 3 年，模型参数预计将向十万亿规模进军。与此同时，全球大模型的数量亦呈现出快速增长的趋势，近五年增长了近百倍。截至 2024 年，全球大模型的数量已超 400 个。大模型数量的激增与参数规模的扩大共同推动了计算需求的急剧攀升。以 GPT-4 为例，其算力需求已达到 2.15×10^{10} PFLOPS，单次训练需在 2.5 万块 A100 GPU 上耗时 90 至 100 天，凸显了当前大模型训练对计算资源的巨大需求。

万卡集群成为大模型竞争的关键支撑。当前，模型参数规模呈现指数级增长态势，大模型对算力的需求增速远超单颗 AI 芯片性能的提升速度，智能算力供需矛盾凸显。为有效缓解 AI 算力短缺问题，利用集群互联技术弥补单卡性能局限已成为当前阶段的重要策略。在全球科技竞争日益激烈的背景下，各大科技巨头正积极部署千卡乃至万卡规模的计算集群。如谷歌、Meta、微软等国际领先企业，正依托超万卡集群，加速其在基座大模型构建、智能算法研发及生态服务创新等方面的技术突破。在国内，通信运营商、头部互联网企业、大型 AI 研发机构及 AI 初创公司等，亦在超万卡集群的建设与应用中不断探索技术革新。

万亿参数规模的大模型促使智能计算系统关键技术革命性提升。网络通信

方面，当前模型规模已扩张到万亿量级，在处理时需要对模型进行切分，采取模型并行或数据并行策略。在此过程中，各模块间的网络通信效率成为制约性能的关键因素。尤其当节点间互联规模攀升至万卡级别后，超万卡集群对参数面网络的要求愈发严苛，具体体现在大规模部署、零丢包率、高吞吐量以及高可靠性这四个核心维度。为满足以上要求，当前的网络互联技术已从节点内部卡间互联进化至超节点间的高效网络架构互联，构建起大规模集群网络，进而实现了更为复杂多变的网络拓扑结构，以灵活适应多样化的应用场景与负载需求。**内存需求方面**，以 GPT-4 为例，其 1.75 万亿的庞大参数量已占用高达 700GB 的内存空间。而在模型训练阶段，内存开销进一步增加 7 至 8 倍，逼近 5600GB 的内存需求大关。这一趋势迫使存储技术从传统的 TB 级存取服务器硬盘向 PB 级存取、高并发多级存储技术迈进，技术的演进实现了存储介质、存储架构以及智能化管理技术的全方位革新与升级。

2. 芯片：通用专用能力进一步融合

GPGPU 和 DSA 两种发展路线并存，二者在设计目的、硬件结构、编程模型等方面存在根本差别。图 5-5 所示，从设计目的看，GPGPU（如 NVIDIA 和 AMD 产品）主要服务于较为通用的智能计算任务，通过大量相同的并行计算核心和灵活的编程模型（如 CUDA 和 OpenCL），能够高效处理多样化任务；而 DSA（如寒武纪和谷歌 TPU）则专注于特定领域的计算任务，通过高度定制化的硬件核心和固定功能单元（如矩阵运算加速器），极大提升计算效率。从硬件结构看，GPGPU 依赖大规模的 SIMD/SIMT 结构，通用性强但功耗较高；而 DSA 则通过剔除冗余模块，优化数据流路径，以更低的功耗完成特定任务。从编程模型方面看，GPGPU 的灵活性依赖于成熟的工具链，而 DSA 不支持传统通用编程框架，需要为特定场景开发专用的驱动和接口，这固然限制了灵活性，但也使其在性能上获得大幅度提升。这种设计理念的根本差异决定了 GPGPU 更适合动态多变的计算场景，而 DSA 则在任务固定、需求明确的场景中具有优势，二者的并存体现了计算产业在通用性与能效比之间的差异需求。

GPGPU 持续加强专用能力，更加契合 AI 计算需求；DSA 进一步提升通用能力，适用范围进一步扩大。GPGPU 的代表企业包括 NVIDIA、AMD 等海外企业以及摩尔线程、天数智芯、壁仞科技等国内企业，在技术路线上均持续围绕新算法需求加强布局。NVIDIA 于 2024 年 3 月正式发布的 Blackwell 架构 B200 GPU 在通用模块上增加至 160 组 CUDA 核心 /SM 提升并行计算能力，并且在此基础上加强 Tensor Core 专用计算能力，其第五代 Tensor Core 增添 FP6、FP4 等量化格式和精度，能够通过动态范围管理和先进的微缩放格式优化模型的性能，使用 TensorRT-LLM 和 NeMo 框架创新相结合，加速大语言模型和专家混合模型的推理和训练。AMD 同样注重加强 AI 加速单元的计算能力，2024 年 10 月正式发布的 Instinct™ MI325X 采用 AMD CDNA 3 GPU 架构，其中，Matrix Core 技术专用于矩阵运算，具有增强的计算吞吐量和改进的指令级并行能力，支持各种精度（INT8、FP8、BF16、FP16、TF32、FP32 和 FP64）以及稀疏矩阵数据。DSA 的代表企业包括谷歌、特斯拉等海外企业以及昆仑芯、燧原科技、寒武纪等国内企业，在技术路线上随代际更迭陆续加入通用模块，进一步扩大使用范围。谷歌 TPU 逐步在张量计算核心等专用模块的基础上增加通用计算单元，TPUv4 引入 Sparse core 专门对稀疏运算进行优化，并且支持部分通用任务的优化处理。特斯拉于 2024 年 5 月推出的第二代 Dojo 芯片不仅具有类似 GPU 张量核心的矩阵乘法运算单元，为了强化传统计算与并行处理能力，还增加了 64 位 RISC-V 核心，同时集成 SIMD 向量单元实现标量和矢量运算的双重支持。

AI 芯片通用专用能力进一步融合。近年来，GPGPU 在传统流式处理单元的基础上，逐步融入面向特定任务的加速模块（如 NVIDIA 的 Tensor Core 和 AMD 的 AI 加速单元），显著提高了在深度学习等特定场景的处理效率；而 DSA 也在不断增强其编程模型的灵活性和硬件扩展能力，如谷歌 TPU 已开始支持部分通用任务的优化处理。硬件层面，GPGPU 的设计正从纯通用结构向"通用 + 定制化核心"方向演进，而 DSA 则通过模块化设计增加适应性，从原本的固定功能单元向可配置计算逻辑发展。在编程模型上，GPGPU 支持的 CUDA 和 OpenCL 框架正在逐步提供针对专用场景的优化库，而 DSA 通过定制化编译器和中间层接口，降低了开发难度。从实际应用看，GPGPU 和 DSA 的融合趋势也愈发明显。天数智芯等企业正在推出兼具高性能通用计算与领域专用加速能力的混合架构芯片，如图 5-5 所示。这种边界的模糊化反映了计算需求的多样化趋势，以及对高效能计算的迫切需求，未来二者或将在互补中进一步融合，推动智能计算迈向新的高度。

	GPGPU ——————→ 融合趋势 ←—————— DSA		
典型品牌	NVIDIA、AMD、摩尔线程、天数智芯、壁仞科技		昆仑芯、隧原科技、寒武纪、特斯拉、谷歌
设计目的	用于通用计算任务	用于通用计算任务，重点领域提升处理效率	专用于某一特定领域的计算任务
硬件结构	大量相同的并行计算核心	大量并行核心+定制化核心	高度定制化硬件核心和固定功能单元
编程模型	支持CUDA/OpenCL SIMD/SIMT	SIMD/SIMT	不兼容 CUDA/OpenCL 数据流架构
数据处理架构	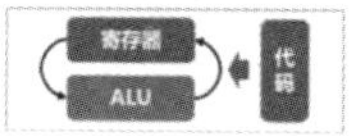	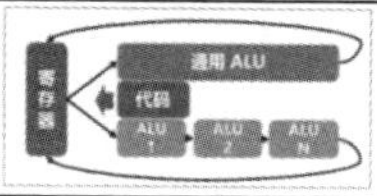	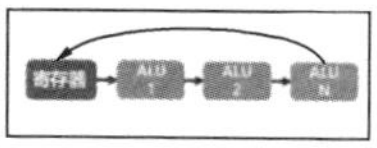

图 5-5　GPGPU 与 DSA 融合趋势

3. 互联：高速互联性能及规模大幅提升

万亿量级的大模型训练对多机多卡互联和并行训练策略提出更高要求。在大模型训练过程中，每轮迭代计算都涉及前反向传播算法的计算和通信，这对集群的 Scale Out 和 Scale Up 网络提出极大挑战。Scale Up 方式是基于单个节点内部多芯片间的高速互联网络来构建高算力的节点；Scale Out 方式则是通过 RoCEv2/InfiniBand 无限宽带互联网络将多个节点扩展至千个甚至万个节点的规模。在 Scale Out 互联层面，网络承载数据并行（DP）和流水线并行（PP）流量，参数面网络带宽需达到 200Gbit/s 至 400Gbit/s，数据面网络需要配备 100Gbit/s 带宽，以保证数据读取不成为训练瓶颈。在 Scale Up 互联层面，由于张量并行（TP）的通信无法被计算掩盖，不仅要求卡间互联带宽达到几百甚至上千 GB 的量级，而且应突破当前单机 8 卡的限制。此外，Scale Up 互联还需要保持高频度、低时延、无阻塞的通信模式。

卡间互联规模和带宽进一步提升。NVIDIA 凭借私有的 NVLink+NVSwitch 高速互联技术，在卡间互联保持领先态势，目前已发展至第五代，由 2020 年第三代 NVLink 互联速率为 600GB/s 发展至 1800GB/s，互联规模由 8 卡互联发展至 576 卡互联，4 年间卡间互联速率提升了 3 倍，规模提升了 72 倍。国内外多家

AI 芯片代表企业也致力于打造包括 GPU-GPU 直连的高性能互联解决方案，与 NVIDIA NVLink 形成竞争。海外科技巨头为打破 NVIDIA 的垄断地位，由包括 AMD、博通、思科、谷歌、惠普企业、英特尔、Meta 和微软的 8 家公司成立技术标准 UALink，允许不同厂商的硬件和软件在统一的标准下协同工作，以增强系统的兼容性和灵活性。该联盟的首份正式版规范 UALink 1.0 将在 2025 年向贡献者成员推出，2026 年一季度向一般审查开放。同时，国内的华为、燧原科技、壁仞科技、寒武纪、摩尔线程等企业也基于自身芯片硬件设计新型卡间互联协议与拓扑。目前，单纯通过 Scale Out 扩展更多卡数已经无法满足万亿、数十万亿大模型的训练需要，算力形态将通过 Scale Up 发展到超节点架构，面向机内拓扑、互联协议进行改进，通过内部高速总线将 AI 芯片互联，突破 8 卡的超节点新型互联方案成为卡间互联网络的发展方向。

节点间以太网增强技术逐步走向产业化。 大模型发展也推动了节点间互联技术快速发展。在 2018 年以前，节点间互联速率每 4 年提升 1 倍，大模型兴起后提升至每 2 年提升 1 倍。InfiniBand 和 RoCE（基于 RDMA 的 Ethernet 技术）是目前主流的两种节点间互联技术。InfiniBand 由英伟达主导，它具有自己的协议栈和网络架构，RoCE v2 则是将 Infiniband 的传输层加载到以太网的数据链路层。与 Infiniband 相比，基于以太网的 RoCE v2 具有更高的通用性和相对较低的成本，因此海内外企业均聚焦以太网增强技术创新。海外由包括 AMD、Arista、博通、思科、HPE、英特尔、Meta 和微软在内的网络、人工智能、云计算和高性能计算公司成立了超级以太网联盟（UEC），旨在推广升级版以太网协议。该联盟计划于 2025 年推出 1.0 规范。国内机间互联方案同样基于以太网，由网络厂商基于 RoCE 进行修改，兼容以太网生态，开展针对机间互联标准研制，通过对物理层、链路层、网络层、传输层等以太网底层技术进行全栈优化以解决当前组网中的问题，以增强以太网生态，打破 IB 垄断。

大规模训练从单一数据中心逐步向多数据中心探索，数据中心互联引发技术新需求。 数据中心互联对互联距离、互联密度、互联速率都有更高的要求。在提升互联距离技术需求方面，集群间距离通常为上百米。要实现集群间互联，需使用光互联技术，利用光纤传输光信号的方式实现数据通信光互联，光纤可以在极长的距离内传输数据而不需要中继器。此外，光互联还具有极低的电磁干扰特性，不容易受到外界环境的影响。在提升互联密度技术需求方面，相比于传统的胖树结构，集群间交换网络密度仅为 1/7 左右，速率受到较大影响，所以在传输策略上，一般仅传输不同专家系统的训练结果。在提升互联密度技术需求方面，数据中心间互联要实现有效提速，关键在于基于波分复用（WDM）的数据中心互联技术是否能在单波信道速率和波道数上有效提升，在硬件设计、算法、芯片、激光器、接收器、放大器等系统组件上实现技术突破。目前，单波 100G/200G 已成为数据中心互联主流商用技术，单波 400G/600G 已有成功商用案例，单波 800G 预计也将在 2025 年实现商用。

4. 软件：多路线构建软件生态，加速跨平台部署

NVIDIA、AMD 等企业构建软件工具、算子库一体化生态，打造垂直一体全栈竞争力。AI 芯片新势力联合建立开源前端生态，科研院所通过构建软件栈中间层，探索打造统一软件生态。

芯片龙头全栈式布局软件工具。 NVIDIA、英特尔、AMD 等企业软件工具体系完备，覆盖算子库、编译器、配套工具等算法执行全流程软件工具，同时结合大模型算法创新、硬件芯片架构迭代，同步升级和优化软件工具功能。NVIDIA 针对 Blackwell、Hopper 架构芯片优化 cuDNN、TensorRT 等工具和算子库，确保开发者能够充分利用新架构的潜力，简化开发流程，加速应用部署。2024 年 3 月，cuTENSOR 2.0 引入对张量收缩的即时编译支持，支持 H100、A100 等芯片计算使用。2024 年 5 月，NVIDIA 发布的全新 cuDNN 9 算子库专注于加速 Transformer 模型，通过智能功率分配，最大限度地提高了 Tensor Core 的吞吐量；增加对 FP8 数据类型的支持，添加动态形状与内核缓存操作，减少计算执行时间。AMD 于 2024 年 8 月推出软件栈 ROCm 6.2，专为大语言模型设计高速推理框架 vLLM，支持轻量级的 Python 库 Bitsandbytes、支持 FP8 精度计算，提升了 AMD Instinct 系列加速卡的 AI 训练和推理能力。

AI 芯片新势力探索开源编译器和算子库，降低推理适配成本。 寒武纪、摩尔线程、北京智源人工智能研究院等 AI 芯片企业和科研院所积极拥抱 Triton 技术，自建算子库和编译器前端，实现绕过 CUDA 生态完成算法执行。芯片企业

基于开源 Triton 工具，二次开发针对自研芯片的编程语言和编译器，直接适配开源算子库，降低开发成本。寒武纪发布 Cambricon Triton 编程语言，适配寒武纪机器学习单元 MLU 的编译器，在减少修改 Triton 原语的前提下，最大限度地复用 Triton 的开发生态；同时基于原生 Triton v2.2 发布 Cambricon Triton-Linalg 编译器，支持 Triton 官方所有 80 余原语算子、FlagGems 算子库的 30 余个算子。然而，Triton 技术路线仅覆盖编译器、算子库层面，尚未覆盖运行时等工具；现有 Triton 算子数量不足，无法提供大模型所需完整算子库，业界完成 130+ 基本算子开发尚需 1 至 2 年的时间。

科研院所积极构建软件栈中间层工具，提升 AI 芯片训推适配性能。通过分模块构建软件栈中间层工具（包括计算图表示、算子表示、运行时、编译器等），实现软硬件解耦和算法跨平台部署。上海人工智能实验室自研 Deeplink 算子接口覆盖 25 余种常见模型，提供超 300 个标准算子接口，商汤科技、壁仞科技、燧原科技等企业已参与完成语言大模型"书生·浦语"推理适配工作。中国移动围绕统一编译器和运行时提出的算力原生技术，基于各厂商加速设备的运行时能力（如 CUDA Runtime、Level-Zero、ROCm、CANN 等运行时的能力）定义一套统一的、兼容的异构加速设备运行时控制接口，覆盖设备管理、内存管理、数据流动管理、核函数管理等运行时与异构加速设备交互时的全部操作功能。2024 年 11 月，中国移动联合 7 家产业合作伙伴发布"芯合"算力原生基础软件栈 2.0，支持 NVIDIA、华为、海光信息等 6 家企业的 AI 芯片，拓展了 ONNX、SYCL 等更多编程范式，支持泛 AI 应用的跨芯迁移，部分模型算法迁移时间少于 20s，已具备规模商用条件。然而，由于工具开发数量多、接口种类复杂，造成工作量庞大，进度缓慢，预计 2025 年能完成部分通用算法功能。

（二）AI 终端元年已至，软硬件技术创新加速产业变革

1. AI 终端爆发元年，点燃产业新一轮创新周期

AI 终端迎来了爆发式创新浪潮，手机、PC 引领大模型端侧落地。2024 年被认为是 AI 终端元年，主流厂商纷纷发布支持端侧大模型的终端产品。**手机凭借天然的便捷性有望成为 AI 终端的核心。**当前，AI 手机主打升级智能助手、拍照

优化、文本创作、图片生成等常规 AI 应用，但各厂商功能侧重点有所区别。其中，三星 Galaxy S24 系列手机搭载了升级的 Galaxy AI 引擎，支持实时翻译、AI 摄影和个性化推荐等功能；OPPO Find X7 基于自主训练的安第斯大模型，实现 AIGC 消除、AI 通话摘要、文章智能摘要、闪速抠图等；vivo X100 系列通过蓝心小 V 智慧助理，提供超能语义搜索、超能问答、超能写作、超能创图和超感智慧交互五大体验。长期看，AI 手机将定位为全天候私人助理，并强化大模型数据安全、支持离线运行。**PC 将进一步提升生产力属性，是承载大模型的理想平台。** PC 覆盖场景广、交互方式多样，在算力、存储、续航等方面更具优势，能同时满足大模型落地普及的各项要求，将成为承载大模型的理想平台。联想推出了全球首款内置个人大模型的 AI PC，该设备能够在不依赖云端的情况下完成复杂的 AI 任务，如文档生成、代码编写和数据分析。宏碁、惠普、戴尔、华硕等厂商也紧随其后，推出了支持端侧 AI 的产品，进一步拓展了 AI 在生产力工具中的应用场景。**物联网（IoT）终端或将涌现更多创新形态产品，短期内尚未显现出对智能手机的替代性。** IoT 设备在轻量化、传感等方面具有优势，可作为人机交互的重要入口，但受限于产品本身形态和功耗要求，较难落地本地化大模型。美国 Humane 公司发布原生硬件产品 AI Pin，内置了轻量化大模型，能够通过语音和手势交互完成多种任务。Rabbit 公司推出的 Rabbit R1 则定位于便携式 AI 助手，基于大动作模型（LAM）支持自然语言交互和任务自动化，成为端侧 AI 在消费电子领域的又一创新尝试。此外，汽车行业积极拥抱端侧 AI，如百度和吉利联合打造的极越 01 接入百度"文心一言"大模型，可实现更加自然的语音交互和座舱个性化服务。

大模型从云侧向端侧渗透，驱动软硬件全面升级。 端侧大模型的落地加速 AI 终端市场增长。IDC 预测，2027 年，我国 AI 手机、AI PC 市场渗透率将分别超过 50% 和 80%。整机品牌的增长进一步带动上游产业链创新。

硬件涉及四方面，一是 端侧大模型的推理与训练需要高强度的计算资源与数据吞吐能力，带动 SoC 芯片算力持续升级，同时对 DRAM、LPDDR 等存储芯片的容量与带宽提出更高需求，以满足大模型多任务处理和实时交互的计算需求。**二是** 语音交互的普及驱动高信噪比麦克风升级，图像交互对 CMOS 图像传感器、镜头解析力及图像信号处理器（ISP）能力提出更高要求。同时，大数据传输需求推动 Wi-Fi、蓝牙等无线连接芯片的高速迭代，以支持更稳定、更高速的多设备协同。三是端侧 AI 大模型的本地化推理运算显著增加了功耗，对散热模组（如液冷、石墨烯材料）、电池容量、充电速度及整体电源管理芯片（PMIC）提出更高要求，同时触控面板、电磁屏蔽等零组件也需同步升级。**四是终端 AI 设备出货量的增长**，以及 AI 功能集成对硬件规格的提升，带动了电子设计制造商（EDM）/原始设备制造商（OEM）制造企业在封装工艺、散热处理、精密模具等方面的技术迭代，以满足更复杂的设备设计与高算力硬件的集成需求。在端侧大模型驱动下，整机与上游零部件协同创新，将进一步夯实终端智能化生态，加速推动新一轮产业升级。

软件涉及三方面，一是操作系统内嵌大模型，支持更高的核心掌控力。iOS、Android、鸿蒙、Windows 等通过内置轻量化大模型，提供自然语言命令、语音助手等功能，重构用户交互体验，部分可在不依赖云端的情况下完成文档编辑、数据分析和内容创作等任务，实现端侧 AI 任务的高效安全执行。**二是大模型轻量化，适应端侧部署要求**。为了适应终端设备的算力、存储、功耗等限制，主流模型厂商纷纷推出了轻量化的大模型版本，如 OpenAI 推出了 GPT-4o mini，Meta 发布了 Llama 3.2，面壁智能推出 MiniCPM 等。这些轻量化模型在保持较高性能的同时，大幅降低了对计算资源的需求，使得大模型能够在手机、PC 甚至嵌入式设备上流畅运行。**三是应用软件升级，满足更丰富的应用场景**。在应用侧部署大模型主要有两种方案：一是手机助手能力的升级，例如华为小艺、苹果 Siri 与微软 Copilot。二是将大模型应用程序接口 API 封装成独立 App，如 ChatGPT、百度文小言、Kimi 智能助手等。

2. 技术层：全栈深层次融合，端云协同为主导模式

大模型助力智能终端核心能力升级。当前，以大模型为代表的新一代人工智能正在重新塑造终端功能体验，加速智能终端软硬件体系革新、应用业态创新和产业生态重塑，成为开启整体行业新一轮进化的主驱动力。然而，业界尚未对 AI 终端的概念内涵达成统一共识，但普遍认为智能算力能力、大模型支持及其智能体应用服务体验是其主要的特征。如苹果发布 AI Intelligence，指出 AI 手机应通

过软硬协同、端云互补支持先进大模型，通过主动情景理解、用户行为判定、智能创作工具、自动跨 App 执行等增强用户体验。微软提出 AI PC 需要配置 NPU 单元、Copilot 及对应物理按键。联想提出 AI PC 是指 PC 应内嵌个人大模型、个人智能体、个人知识库、异构 AI 算力，还应支持开放 AI 应用生态和用户隐私保护。OPPO 提出 AI 手机应具备高效算力利用、真实世界感知、丰富创作、自学习四大特征能力。华为强调 AI 手机应具备强大的端侧智能算力，支持部署大模型能力，能为用户提供丰富的生成式 AI 服务。综合行业发展需求、技术产业演进趋势以及业界观点，我们认为，**AI 将成为用户侧承载大模型部署任务的重要载体，实现从感知、理解、交互、决策到服务全流程的智能升级与自主进化，其概念内涵需重点强调四大功能**：一是感知理解。主要指在实现对真实世界复杂环境信息和用户行为感知功能的基础上，借助自然语言理解、环境语义理解等算法，完成对感知信息的深层次加工和分析，使终端设备能够更加精准地理解环境和用户需求。二是多模态交互。是指结合语音识别、图像识别等技术，支持语义、手势、眼动等多种更加符合用户习惯与直觉的交互方式，提升人机交互的沟通效率和互动体验。三是智能化服务。在大模型技术驱动下，各类创新应用也将同步完成智能化升级，实现面向高效办公、健康管理、行程规划等诸多场景，提供更丰富、更高阶、更智能的功能服务。四是自主学习进化。借助大模型的意图理解、内容生成等能力，AI 终端能够将用户数据、环境信息融合构建用户专属知识库，以便精准理解用户意图并提供智能化决策和个性化推荐。

强化大模型深层次融合成为当前 AI 终端技术创新主线。AI 终端受限于算力及功耗瓶颈，难以在本地高效承载大模型密集计算任务。目前，AI 终端厂商正在推进 AI 大模型技术与智能终端全栈深层次融合，加快"软、硬、算、端、云"一体化整合进阶，构建系统级 AI 能力。图 5-6 所示，AI 终端技术体系目前呈现出四条重点创新路径。一是端云协同化部署。目前，大模型任务仍以云端算力执行为主，并呈现向端侧渗透趋势，强化端云之间的模型优化部署、模型智能调度等技术攻关成为重点研究方向。二是软件系统级融合，操作系统集成 AI 大模型服务组件，并以系统级智能体作为响应用户交互需求的首要入口，提供系统级、原子化智能功能。三是算力智能化升级，端侧智能计算芯片以"CPU+GPU+NPU"异构集成为主要部署模式，芯片厂商重点围绕"计算芯片＋

内存带宽"的协同升级来提升性能，增强对大模型的应用适配能力。四是全链路安全保障。通过构建覆盖安全芯片、定制操作系统、私密云计算等可信执行环境，结合新型隐私防护机制，提供从数据产生、传输、存储到使用的全流程安全管理，确保用户数据与隐私的安全性。例如，苹果引入私密云计算技术，除了运用专用服务器、定制操作系统和随机加密密钥，在机制上采用类似"算后即焚"模式，保障用户数据在云端处理后不会被存储，提升隐私保护能力。

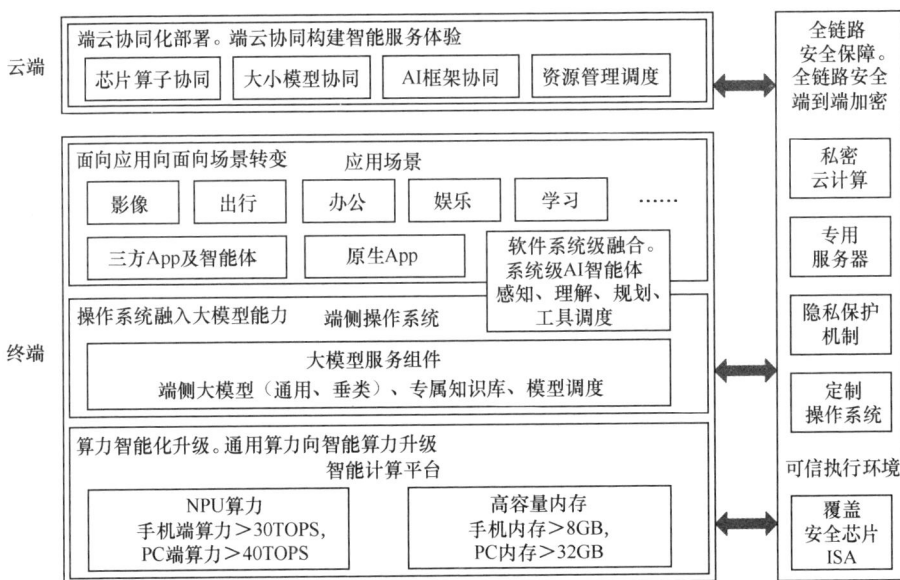

图 5-6 AI 终端技术体系

3. 软件层：系统级 AI 能力初现，智能体引领应用业态革新

智能终端与 AI 大模型技术融合加深。当前，AI 大模型技术全面融入智能终端，正处于功能级 AI 持续强化但系统级 AI 仍为雏形的阶段，未来将向以智能体为主导的应用服务新范式跨越，构建底层互联互通的跨应用协作生态，这将对打造端侧智能体具有重大意义。随着 AI 大模型驱动智能终端功能革新和体系重构，或将呈现出三个演进阶段：

第一阶段为应用层 AI，即"App＋AI"模式。通过利用大模型、端云协同等技术增强终端现有单 App 应用的功能体验，增加大模型功能，或将大模型应用功能 App 化，使其能加载在终端硬件上提供用户服务。典型应用包括图片、文本、视屏、语音等。**在图片功能方面**，主要涵盖图片搜索、图片编辑、图片生成等。华为手机的智慧搜图功能基于多模态大模型技术，增加对泛化通用语义的理解，支持对包含颜色、形状、物体、行为、时间和地点等多重信息组合的自然语言搜索。OPPO Find X7 系列手机的 AI 消除功能可对路人进行简单框选后，进行自动识别、消除并且生成合适内容对消除区域进行填充，能在十几秒内完成整体操作流程。**在文本功能方面**，主要包括文本创作、会议纪要、摘要生成等。华为 Mate70 系列和 Mate X6 的小艺智能体能够通过文档助手功能，迅速帮助用户提取关键信息并生成图文摘要。小米的小爱同学受大模型加持后，可实现文本生成、个性化助手、内容摘要、角色定制等功能，为用户写作增加便利。**在屏幕识别方面**，涵盖意图理解、交互识别、内容识别等。小爱同学可在浏览电商平台商品页面时，识别屏幕上商品的材质、尺寸、用户评价等关键信息，通过分析总结，为用户提供购买建议。联想 AI PC 在处理办公文档时，可利用大模型增强的屏幕识别功能，快速提取图表中的数据，并以动态折线图等更直观的可视化方式呈现，方便用户分析数据趋势。**在语音功能方面**，包括实时翻译、语音助手等。三星 Galaxy S24 手机引入的电话语音实时翻译功能，借助多语言大模型技术，使用户能在电话通话中实现语言翻译，跨越语言障碍进行无障碍交流。Windows AI PC 系统中的语音助手 Cortana，可用语音启动应用程序、设置提醒、查询天气、发送电子邮件等，还能根据用户习惯和偏好，智能推荐相关应用和信息。

第二阶段为系统级 AI，即"OS+AI"模式。 AI 大模型能力逐步下沉至操作系统，为上层高频应用及服务提供底层 AI 能力组件支持，实现面向多元场景的跨应用协作与服务无缝流转，实现系统智能化水平与用户流畅体验的双提升。目前，行业头部厂商正处于该阶段初始期。苹果 Apple Intelligence 系统深度集成于 iOS 18、iPadOS 18 和 macOS Sequoia 等系统中，提供写作辅助、语音交互增强、照片智能搜索、邮件信息过滤等多元化功能，为用户提供了更智能、更个性化的使用体验。荣耀发布 MagicOS 9.0 操作系统，其内嵌的大模型可实现自然语义理解、图像识别等多种功能，并借助端云协同的部署模式提升模型运行效率和用户体验。vivo OriginOS 5 操作系统深度融合自研的蓝心大模型矩阵，支持小 V 圈搜、小 V 建议、小 V 帮记、原子岛等功能，其交互体验更自然。

　　第三阶段为系统级智能体,即操作系统内置系统级智能体。系统级智能体将成为响应用户交互需求的首要入口,逐步完成意图理解、决策思考、任务执行、App 工具调用等任务,典型代表如微软 Copilot、苹果 Siri、华为小艺等。微软 AI PC 中将 Copilot 内嵌至操作系统中,通过侧边栏工具输出 AI 功能,能在办公套件中提供自动生成文档、分析数据、制作图表等功能,还可根据用户偏好和任务需求提供个性化建议,如调整系统设置、播放音乐等。苹果 Siri 开放第三方应用接口,通过 Sirikit 框架与第三方应用集成,用户可用语音控制 Uber、亚马逊等应用来执行打车、购物等特定任务。当 Siri 判断任务复杂时,还可调用 ChatGPT 协助完成。荣耀 YOYO 智能体借助大模型能力,可精准理解用户需求,并能根据用户习惯偏好自动完成如在美团点咖啡等复杂任务。

4.芯片层:面向 AI 新需求,全面提升端侧算力与内存支撑

　　大模型的端侧部署对芯片提出了更高要求,各大芯片厂商重点围绕算力与内存进行升级,以满足高性能 AI 计算的需求,推动 AI 终端产品的创新发展。**算力升级重点面向硬件架构创新与针对大模型的软件优化。**通过 CPU 大核化、NPU 架构创新、软件定向优化、制程工艺提升、内存升级等五方面手段,强化对大模型本地部署运行的支撑。

　　一是 CPU 大核化。CPU 核心数量增加与核心计算能力的增强,可显著提升并行计算能力、推理性能、多任务处理能力以及能耗管理,有助于更高效地支持端侧 AI 的复杂计算需求。联发科在 2023 年首发全大核 CPU 架构的天玑 9300。其于 2024 年发布的天玑 9400 进一步升级,使用 1 个 3.62GHz 超大核、3 个 3.3GHz 超大核和 4 个 2.4GHz 大核,单核性能提升了 35%,多核性能增加了 28%,LLM 的处理性能提升了 80%,但 CPU 功耗反而降低了 40%,支持高达 32K 的长文本输入。高通骁龙 8 Elite 使用 PC 级第二代 Oryon 全大核 CPU 架构,包括 2 个 4.32GHz 超级内核与 6 个 3.52GHz 性能内核,对 70 亿参数的大语言模型文本生成速度为 70tokens/s,较骁龙 8 Gen3 提升 3.5 倍。

　　二是 NPU 硬件架构创新。各厂商通过优化 NPU 设计,进一步突破 AI 专用算力瓶颈。联发科天玑 9400 使用第八代 AI 处理器 NPU 890 有三大特点:一是引

入了训练算子优化，成为全球首款支持生成式 AI 端侧训练的芯片；二是使用低位宽键值（KV）缓存技术，有效降低了在视频生成和长文本输入场景下 50% 的内存使用；三是支持时域张量硬件指令加速，可实现生成式 AI 高画质视频生成。高通使用 Hexagon NPU 架构有三大特点：一是搭载 6 核向量处理器与 8 核标量处理器，提升了所有（AI 计算）加速器内核的吞吐量；二是设计了独立供电电路，能够根据 AI 计算负载需求智能匹配不同算力资源，既确保了高性能输出，又能在低负载场景下实现节能降耗；三是集成了两颗 Micro NPU、两颗 AI ISP 与一颗 DSP，共同构建了传感器中枢（Sensing Hub），形成多加速器协同的异构计算平台，整体 AI 性能提升 60%，推理速度提升 45%。英特尔酷睿 Ultra 200V 的 NPU 算力约为 48TOPS，采用了 NPU 4 架构，较前代相比，矢量加速器性能提高 4 倍，可以创建更复杂的神经网络，同时优化了乘法累加阵列，有助于完成复杂矩阵运算。AMD 则使用 XDNA2 NPU 架构，增加了 AI 加速器数量，并使用空间数据流架构，支持动态可编程，可为 AI 处理创建自定义层次结构，相应锐龙 AIPro300 的 NPU 算力从 16TOPS 提升至 55TOPS，运算效能是 2023 年产品锐龙 PRO 7040 系列处理器的 5 倍。较前代整体功耗降低了 50%，联合算力（CPU+GPU+NPU）也有 10 倍的提升。

三是软件定向优化。各厂商也在积极提升 AI 模型的兼容性与调度效率。联发科的最新芯片支持多模态大模型，兼容图像、文本、语音等多模态输入，并支持 Meta 最新发布的 Llama 3.2 大模型。同时，联发科芯片还搭载了 AI 智能体化引擎，采用模型与应用分离管理架构，使得原生 App 能够实现跨应用的智能联动。高通则在 AI 引擎软件层面进一步优化，支持自动语音识别（ASR）、大语言模型（LLM）、大视觉模型（LVM）和多模态大模型（LMM）等。英特尔引入了 Copilot 优化方案，专门针对 LLM 与 Transformer 架构模型进行了算力优化，以实现更高效的推理性能。AMD 在其软件栈中引入了 8 位数据格式运算，通过处理能够实现 16 位精度的 AI 计算，有效减少了模型量化带来的精度损失。

四是升级制程工艺。更小的制程意味着晶体管的尺寸更小，单位面积可容纳的晶体管更多，可显著提高计算能力与时钟频率，同时带来更高的能效比。目前，手机与 PC 芯片使用了全球最顶尖的制造工艺，如联发科 9400 通过采用台积电 N3E（第二代 3nm）制程，以及全新的 PC 级处理器架构设计，其晶体管数量达到了 291 亿颗。高通骁龙 8 Elite 也基于联发科 N3E 工艺。PC 芯片制程较智能手机略有落后，如英特尔 Ultra 200V 使用台积电 N2B（第一代 3nm），AMD 锐龙 AI Pro 300 使用台积电 N4 工艺等。

五是更大容量、更高频率、更大内存带宽。终端内存需求为大模型内存、系统运行内存与其他常规 App 占用内存的总和。经估算，搭载 100 亿参数大模型约需 14GB ～ 16GB 内存，搭载 200 亿参数大模型约需要 20GB ～ 24GB 内存。目前，第五代增强版低功耗双倍数据速率内存（LPDDR5X）已成为旗舰级移动设备与 AI PC 的标配，尤其适用于高带宽与低功耗兼顾的计算场景。**内存容量方面**，天玑 9400、高通骁龙 8 Elite 与英特尔酷睿 Ultra 200V 均支持封装 32GB 存储，以满足大模型端侧部署对超大内存容量的需求。**内存频率方面**，LPDDR5X 主频高达 5.33GHz，有效提升了数据传输速率，AI 推理的实时性与响应速度大幅增强。**内存带宽方面**，联发科、高通均支持升级版 LPDDR5X，其传输速率达到 10.7Gbit/s，英特尔、AMD 则支持 8.5Gbit/s 的内存传输速率。

（三）前沿计算积极拥抱智能化浪潮，产业化仍待突破

1. 存算一体：在大模型训练推理领域初步展现应用潜力

基于 SRAM 的存算一体架构成为可快速提升算力性能的重要路线探索。2024 年，Groq 和 Cerebras 等公司先后推出基于 SRAM 的存算一体芯片，计算性能较传统 GPU 实现大幅提升。AI 芯片初创公司 Groq 宣称其语言处理器（LPU）的推理性能是 NVIDIA GPU 的 10 倍，而成本仅为其十分之一。LPU 是典型的基于 SRAM 的存算一体芯片，采用其自研的 TSP（张量服务处理器）架构，通过分离计算和其他功能，实现并行处理效率加倍。该芯片搭载 230MB SRAM，内存带宽达到 80TB/s。算力方面，其 INT8 运算速度为 750TOPS，浮点（16 位）运算速度为 188TFLOPs。但是由于 LPU 的内存仅有 230MB，运行大语言模型需要远高于传统 GPU 的芯片数量。以 LLaMA2-70b 为例，采用 LPU 的总购卡成本较 H100 等传统 GPU 将提高 40 倍。Cerebras 推出基于 SRAM 的存算一体芯片

WSE-3，采用了 44GB 的超高速片上 SRAM，可为每个内核提供快速的内存访问。此外，其片上互联技术实现了核心间 214 Pb/s 互联带宽，在 Llama3.1-8B 上的推理速度比使用 NVIDIA H100 的实例快了 20 倍。此外，Cerebras 芯片还支持细粒度数据流架构，其 AI 优化计算内核可以单独忽略零值，从而加速稀疏性处理，支持用户选择权重稀疏程度，直接减少浮点运算次数和计算求解时间，并通过提供包括内置的通信机制和自动化的内存管理等在内的优化软件栈，使得开发人员能够使用更少的代码实现复杂的模型，从而大幅降低了编程负担。但是该芯片是以冗余解决大尺寸芯片良率问题，成本较传统 GPU 提升数倍。

基于 SeDRAM 的存算一体架构较 HBM 带宽更高，且在训练和推理等领域具有较高通用性。基于 SeDRAM（嵌入式 DRAM）的超大带宽、超低功耗和超大容量的优势，紫光国芯和阿里达摩院推出近存计算相关芯片，包括多个由 DRAM 子区域对应的计算子区域构成的"存算一体"子单元组成，每个 DRAM 子区域与对应的计算子区域采用 Hybrid Bonding 工艺在垂直方向堆叠，二者通过距离短、寄生容抗小的高密度铜柱交互数据，在特定场景能效提升 300 倍。对比采用了英特尔 Xeon Gold 5200@2.20GHz 平台的系统，对特定的人工智能应用场景，该芯片性能提升了 10 倍以上，而能效则提升超过 300 倍。作为线路后端互联工艺的延伸，该芯片采用混合键合技术，较微凸块（Microbump）封装或 TSV 技术可实现更小的寄生电容，使得计算单元到存储器接口的功耗也可降低 40%。混合键合的 PIN（针脚）间距尺寸可达 3μm，而微凸块封装和 TSV 封装的间距分别为 50μm 和 6μm。因此，与使用微凸块和 TSV 技术的 HBM 相比，使用混合键合技术的 SeDRAM 可以实现更高的通过密度，密度可达每平方毫米 11 万个通孔。仅就带宽而言，基于混合键合技术的 SeDRAM 比 HBM 效率更高。但是目前 SeDRAM 整体处于实验室阶段，以技术验证为主，未来 2 年至 5 年有望获得规模应用。

2. 量子计算：技术和应用探索取得进展，赋能 AI 前路漫长

近年来，量子计算多条技术路线的量子比特规模、质量、退相干时间等关键指标持续优化，技术水平稳步提升，依旧保持多元化和竞争性的发展格局，路线收敛呈现出较大不确定性，短期内难以形成方案聚焦。

超导技术路线基于超导约瑟夫森结构造二能级系统，具有扩展性好、易操控和集成电路工艺兼容等优势，是关注度最高、发展较为迅速的技术路线之一。2024 年，谷歌发布了最新的 105 比特超导量子计算处理器芯片 Willow，其关键性能指标较上一代 Sycamore 芯片有所提升，相干时间（T1）增加至 98 微秒，比特间平均连接度为 3.47，所有物理比特的单比特逻辑门平均错误率约为 0.036%，双比特（iSWAP）逻辑门平均错误率约为 0.14%，平均测量错误率约为 0.67%。2024 年，合肥微尺度物质科学国家研究中心、中国科学技术大学、中国计量科学研究院等联合团队报道了"祖冲之三号"超导量子计算机芯片研究成果，该芯片由 105 个量子比特组成，单比特门、双比特门和读取保真度分别达到 99.90%，99.62% 和 99.18%。

此外，中性原子技术路线使用光镊或光晶格进行原子的囚禁，激光激发原子里德堡态进行逻辑门操作或量子模拟演化，在相干时间、操控精度以及可扩展性方面占据一定优势。近年来，比特规模扩展和基于中性原子路线的科研成果颇多，已成为业界一匹"黑马"。QuEra、Pasqal、Infleqtion 先后发布路线图，计划 2026 年左右实现 1 万量子比特。2024 年，德国达姆施塔特工业大学发布 1305 个单原子量子比特阵列操控实验成果，Pasqal 宣布在 2080 个陷阱位中成功捕获约 1110 个原子，Infleqtion 基于静止中性原子实现了 99.902% 和 99.35% 的单 / 双量子比特门保真度。

量子纠错是保护量子比特免受环境噪声和自身退相干效应影响，提升逻辑门保真度，最终实现大规模可容错通用量子计算的必要环节。2024 年，IBM 提出基于量子低密度奇偶校验码的纠错方案，实现了 0.7% 误差阈值，当错误率为 0.1% 时，可使用 288 个物理量子比特保护 12 个逻辑量子比特；清华大学提出玻色编码纠错方案，实现纠缠逻辑量子比特相干时间提高 45%，首次利用逻辑量子比特实验证明贝尔不等式；谷歌等 13 家机构联合团队提出由 101 个量子比特组成、码距为 7 的表面码，实验实现（0.143 ± 0.003）% 的量子比特错误率，超过盈亏平衡点，成为量子纠错实验重要里程碑；微软与 Quantinuum 合作在 56 比特 H2 离子阱量子计算机中实现了错误率为 0.0011 的 12 位逻辑量子比特，相较于物理量子比特 0.024 错误率，性能提升 22 倍；谷歌在 Willow 芯片上实现了纠错码码距每增加 2，错误率下降至原来的 1/2.14，呈指数下降趋势。

基于量子计算样机进行实用化问题应用探索在国内外广泛开展。目前，量子计算研究机构和企业，与金融、能源、化工、医疗、科研等行业领域机构企业合作开展应用问题研究成为重要趋势。量子计算的应用场景探索主要包括量子模拟、量子组合优化、量子人工智能和量子线性代数四大领域方向。

量子模拟利用受控量子系统对目标微观粒子体系进行原貌模拟，助力理解和预测目标体系的相互作用和状态演化规律等特性，被业界认为是量子计算可能率先产生实用价值的重点突破方向。2024 年，中国科学技术大学构建量子模拟器"天元"成功求解费米子哈伯德模型；清华大学基于 300 个离子比特演示可调耦合强度和模式的长程伊辛模型量子模拟计算，实现可单比特分辨的量子态测量；中国科学技术大学基于强相互作用的均匀费米气体，首次观测到由多体配对产生的赝能隙，为高温超导机理中的电子预配对假说提供了支持，向探索高温超导机理迈出了重要一步，是利用量子模拟解决重要物理问题的范例。总体而言，量子模拟已成为前沿科研领域研究复杂量子现象的重要工具，有望在制药、材料、化工等领域带来颠覆性变革。

人工智能模型训练和推理运算过程均需强大算力支撑，**将量子计算与人工智能这两大前沿领域相结合，有望在加速机器学习算法、提升数据处理能力、模拟复杂系统等方面显现优势。**目前，量子计算与人工智能融合应用探索正在多个行业领域广泛开展，未来可能应用于化学工业、金融、生物制药等多个领域。2024 年，英国石油公司和 ORCA 使用生成对抗网络训练混合量子经典生成器并分析烷烃分子数据集，创建出具有特定能量的构象体；德勤与亚马逊合作在量子增强欺诈检测系统中使用混合量子神经网络，为更准确、更高效地检测欺诈提供新途径；ORCA 、Sparrow 等探索利用量子计算增强疫苗设计的生成式 AI 模型，该模型优于经典方法，且有更快生成肽的能力。

需要明确的是，要充分展现量子计算与人工智能融合应用的优势，目前仍面临诸多挑战。未来，随着量子计算硬件和量子算法等的不断进步，量子计算在人工智能领域的潜力将会逐渐显现，有望为人工智能的快速发展提供前所未有的算力支持。总的来说，量子计算与 AI 融合应用前景广阔，但短期内难以落地，前路依旧十分漫长。

3. 光计算：提高性能、拓展功能，面向 AI 需求积极发力

光域实现信息处理或逻辑运算的计算体系。光计算是以光作为信息传输载体，基于光学结构构建计算系统，利用光的物理特性实现信息处理或逻辑运算的新型计算体系。相对于传统计算，光计算充分发挥光自身传输速度快、无欧姆热影响，具有零电阻电容效应、多物理维度并存等特征，具备高通量、低延迟、高能效等计算性能优势，在人工智能、信息通信、生物医药、金融投资等领域具备发展潜力，是后摩尔时代创新路径的重要方向之一。当前，光计算已进入技术爆发阶段，多种技术方案应运而生，呈现出"百花齐放"的发展态势。按照数据形态划分，光计算主要可分为通用数字光计算和专用模拟光计算。其中，数字光计算采用光信号替代电信号，光学非线性单元替代经典电逻辑门，通过光逻辑门组合执行基本或复杂的计算功能，构建类似传统数字电计算原理的通用计算体系。当前，受光非线性效应弱、工艺精度要求高等因素影响，数字光计算发展较为缓慢。模拟光计算采用"传输即计算，结构即功能"计算架构，利用干涉、折射等物理效应，与矩阵乘加、卷积等逻辑计算相互映射，旨在完成特定计算功能的专用计算体系。当前，模拟光计算不支持浮点数计算，需找准合适的应用方向。

光计算与人工智能相辅相成发展。光计算在矩阵乘加、卷积、傅里叶变换等特定逻辑计算方面具备先天的性能优势，与人工智能算法要求的计算类型相契合，如卷积神经网络算法的卷积层、池化层、全连接层均可通过光计算实现。在人工智能驱动下，光计算受关注程度日渐攀升，并随着人工智能技术成熟而逐步发展，如图 5-7 所示。光智能计算成为近 10 年来的研究热点，相关研究成果常刊登在《自然》（Nature）《科学》（Science）等学术界顶级期刊中。当前，光智能计算已实现多种人工智能算法，包括前馈神经网络（FNN）、卷积神经网络（CNN）、循环神经网络（RNN）、脉冲神经网络（SNN）、遗传算法、粒子群算法、模拟退火算法等，可作为"计算加速器"，在一定程度上缓解算力负担，在语音识别、图像处理、边缘检测等方面具有广泛应用潜力。同时，研究人员也在积极推进光神经网络训练方法，解决光电混合计算中的训练难题，包括物理网络训练、原位

训练等。

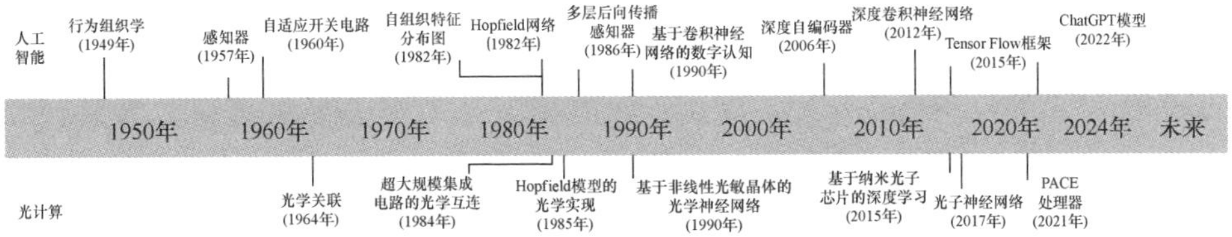

图 5-7　光计算与人工智能相辅相成发展

（数据来源：*Nature*）

光计算向满足人工智能商用需求积极靠拢。2024 年，光智能计算涌现出多项典型的研究成果。**一是集成规模逐步扩大**。光本位科技已对 128×128 矩阵规模的光计算芯片进行设计流片，积极开发配套电路板卡，预计 2025 年推出商用产品。这款光计算芯片的算力精度有望达到商用标准，算力密度比肩 NVIDIA 公司旗舰产品，预计峰值算力超 1700TOPS（每秒执行 1 万亿次运算操作）。**二是训练功能逐步开发**。清华大学方璐、戴琼海团队提出通用光计算训练芯片太极 – Ⅱ，摆脱对电计算依赖，支撑多种复杂光学系统的高精度、高效率训练，训练速度提升 1 个数量级，处理智能分类任务的准确率提高 40%，可实现大规模神经网络光学在线训练。**三是光学互联逐步拓展**。曦智科技积极探索将光互联技术融入光计算领域，充分发挥光传输优势，已发布全球首个基于片上光网络的光电处理器，助力新华三公司推出 CXL-O 光互联解决方案，并积极向晶圆级光互联拓展，致力于解决"存"与"算"间壁垒，通过优化配套技术提高产品性能。整体来看，2024 年，光智能计算取得积极进展，整体性能逐步提高、应用功能逐渐完善、配套技术日益健全，向着产品化、商业化、市场化积极发力，致力于推动人工智能发展；但受设计、工艺、应用等多方面因素影响，大部分光智能计算成果以实验室样机为主，实现功能尚未达到人工智能市场需要，距离商用仍存在一定距离，光智能计算仍处于产业化早期发展阶段。

三、2024 年先进计算领域发展趋势展望

（一）未来三年全球市场增长趋势显著

伴随着千行百业数智化转型的大力推进，先进计算领域相关产业规模在未来一段时间内将持续保持增长态势。具体将体现在以下三方面。一是智算需求推动算力基础设施加速升级。全球主要国家将继续加强智算中心建设，2027 年服务器市场规模预计达到 4068 亿美元，年均增速为 18.5%。其中，AI 服务器规模突破 2000 亿美元，将达到 2680 亿美元，年均增长 25.7%。与此同时，算力基础设施建设间接带动通信设备市场增长，特别是光通信与数据通信设备市场将重回上升周期，在 2027 年分别达到 168 亿美元和 185 亿美元，三年年均增长 3.5%。移动通信设备将保持平稳增长，预计 2027 年市场规模为 385 亿美元，其中，5G 设备市场规模将达到 351 亿美元。**二是 AI 终端普及率显著提升，新型消费终端持续增长。**AI 将持续向终端渗透，带动产品升级，终端市场重回上升周期。预计到 2027 年，AI PC 出货量将达到 2.4 亿台，占全年 PC 出货量的 85%，三年年均增长 44.4%，带动 PC 和平板整体市场规模增长到 2394 亿美元。AI 手机的出货量在 2027 年将达到 8.3 亿台，占全年智能手机出货量的 63%，年均增幅达到 52.3%，全球智能手机市场规模将达到 5227 亿美元。与此同时，在人工智能技术持续创新背景下，VR/AR 设备也将迎来新的发展机遇，2027 年市场规模预计将达到 259 亿美元，年均增速为 13.3%；可穿戴设备市场规模预计为 747 亿美元。**三是受下游需求拉动，上游市场将保持增长态势。**半导体方面，器件市场规模将在 2027 年达到 7791 亿美元，其中 GPU 和 HBM 器件持续保持高速增长，三年年均增幅分别为 16.1% 和 29.9%，市场规模预计为 1062 亿美元和 253 亿美元；半导体设备和材料市场在 2027 年将分别达到 1461 亿美元和 763 亿美元。软件方面，全球市场整体保持平稳增长趋势，基础软件、企业软件、生产力软件和应用开发软件的市场规模预计在 2027 年分别为 1520 亿美元、3567 亿美元、852 亿美元和 2235 亿美元。其中，企业软件与应用开发软件增长较快，三年年均增速分别为 6.6% 和 7.1%。显示方面，在设备升级背景下，整体市场规模稳步增长，在 2027 年预

计为 1991 亿美元。其中，柔性显示依然成为主要增长点，三年年均增幅将达到 23.7%，2027 年的市场规模将达到 868 亿美元。2027 年全球先进计算领域相关产业市场规模展望情况如图 5-8 所示。

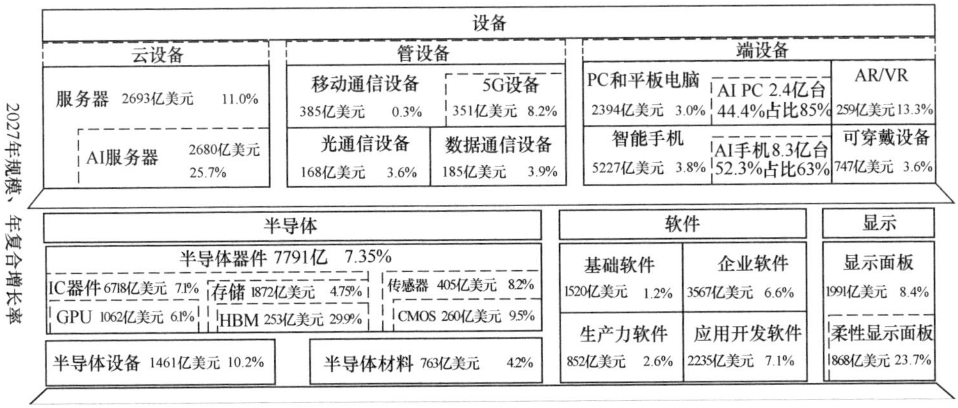

设备						
云设备		**管设备**		**端设备**		
服务器 2693亿美元 11.0%		移动通信设备 385亿美元 0.3%	5G设备 351亿美元 8.2%	PC和平板电脑 2394亿美元 3.0%	AI PC 2.4亿台 44.4%占比85%	AR/VR 259亿美元13.3%
AI服务器 2680亿美元 25.7%		光通信设备 168亿美元 3.6%	数据通信设备 185亿美元 3.9%	智能手机 5227亿美元 3.8%	AI手机8.3亿台 52.3%占比63%	可穿戴设备 747亿美元 3.6%

半导体			**软件**		**显示**
半导体器件 7791亿 7.35%			基础软件 1520亿美元 1.2%	企业软件 3567亿美元 6.6%	显示面板 1991亿美元 8.4%
IC器件 6718亿美元 7.1% 存储 1872亿美元 4.75% 传感器 405亿美元 8.2% GPU 1062亿美元 6.1% HBM 253亿美元 29.9% CMOS 260亿美元 9.5%			生产力软件 852亿美元 2.6%	应用开发软件 2235亿美元 7.1%	柔性显示面板 868亿美元 23.7%
半导体设备 1461亿美元 10.2%	半导体材料 763亿美元 4.2%				

图 5-8　2027 年全球计算相关产业规模展望

（数据来源：Gartner、IDC、SEMI、Omdia、Statista、Dell'Oro、

Fortune Business Insights、中国信息通信研究院）

（二）2030 年，全球算力规模将突破 20ZFLOPS，智算占比超 95%

2030 年，全球计算设备算力规模将突破 20ZFLOPS，我国将达 5.6ZFLOPS。 图 5-9 所示，至 2030 年，全球年均算力增速较 2024 年将放缓，但仍将保持 40% 以上的增速，而我国算力增速将反超全球算力规模增速，年均增长率达到 44% 以上。其中，智能算力将成为算力规模增长的绝对主导，未来六年在算力增量中占比超过 90%；智算中心和超级计算机逐步融合，智算集群在 Top500 等榜单中的占比和排名都将稳步提升。

全球及我国智能算力占比持续提升，2026 年将达到 85% 左右，2030 年将达到 95% 左右。 至 2026 年，全球算力规模将达到 5.1 ZFLOPS 以上，其中，智能算力达到 4.3 ZFLOPS 以上，占比达 85%；至 2030 年，全球智能算力规模将达到 19 ZFLOPS，占比达 95%。至 2026 年，我国算力规模将接近 1.3 ZFLOPS，其中，智能算力规模达到 1.05 ZFLOPS，占比达 83%；至 2030 年，我国智能算力规模将达到 5.3 ZFLOPS，占比达 94%。伴随着智能应用的大规模落地普及，自动驾驶、工业制造、智能家居和可穿戴设备等应用场景对实时性和低功耗的要求越来越高，边缘和端侧的推理算力占比持续提升，将成为智能算力的绝对主导。至 2030 年，推理算力占比将达到 70%，与云侧算力构成三大支柱。

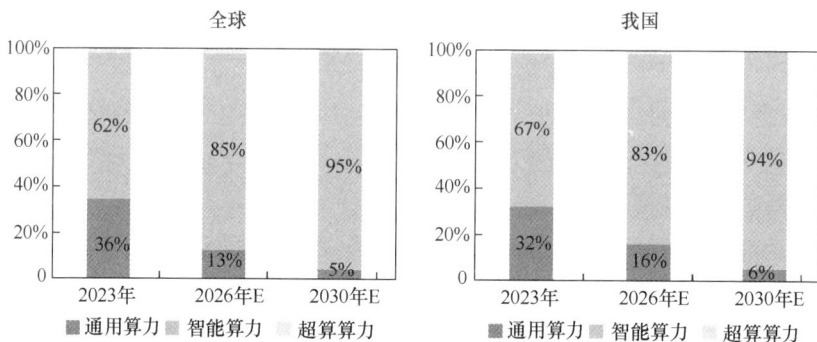

图 5-9　全球和我国算力结构演进态势
（数据来源：中国信息通信研究院）

（三）面向智能化需求的超大规模计算集群技术创新持续深化

2024 年，以大模型为代表的新技术加速迭代，对千卡、万卡计算集群算力性能提出更高要求，围绕计算体系优化、软硬件融合创新等系统级技术将成为创新重点。

芯片层面，CPU+GPU 合封的异构芯片成为业界共识。通过先进封装技术将不同制造工艺制造的多个芯片集成在一个芯片封装中，提升芯片算力性能的同时扩展应用潜力；同时叠加软硬件技术协同创新，开发统一的编程模型和工具链，降低异构芯片编程难度。面向未来，打破 CPU、GPU 等计算单元之间的界限成为重点优化方向，将计算资源抽象成统一的资源池，根据任务需求动态分配和调度资源，提高资源利用率；通过构建统一的内存地址空间，实现 CPU、GPU 等计算单元之间的高效数据共享，消除数据搬运瓶颈，提升数据处理效率。

存储层面，高速存储器件成为主流，DDR5 凭借高频率、大带宽、低功耗等优势成为高性能内存解决方案首选，HBM3E 通过 3D 堆叠技术和超宽总线接口，提供高速显存带宽，成为高算力芯片存储单元的标配。随着半导体工艺及存储技术的突破，HBM4E、HBM5 等新一代高带宽存储器将进一步提升存储密度和带宽，优化能效比，为超大规模 AI 模型训练和推理提供更强支持。

互联技术关注两个方面，一是服务器机间互联以 RoCE v2 和 InfiniBand 为主，支持高吞吐量和低延迟的数据传输，未来基于以太网的全栈优化将成为机间互联技术发展重点，通过增强以太网的协议栈、优化网络拓扑结构等，支持大规模分布式计算和 AI 训练任务；二是卡间互联基于开放协议的千卡超节点互联技术已广泛应用于高性能计算和 AI 加速场景，未来将通过优化网络拓扑结构、开发更高效的通信库以实现服务器超带宽域互联，进一步突破现有互联协议的限制。

软件层面，开发框架支持分布式大模型训练和推理优化，训练场景支持数据并行、模型并行和流水线并行等并行计算策略，以优化通信开销，提升训练效率；推理场景支持动态批处理、模型剪枝、量化等技术，以降低推理延迟和资源占用；软件栈持续优化开源编程语言和编译器性能，通过多级中间表示等编译器技术实现跨硬件平台的高效代码生成和优化。未来，开发框架将覆盖从云端到边缘端的全场景需求及端侧轻量化部署，与软件栈、硬件芯片协同优化，实现任务调度、资源管理和性能监控的统一，同步扩充深度学习算子库，提升算子的计算效率和硬件利用率。

集群方面，千卡 / 万卡算力集群已成为支撑千亿级以上参数 AI 模型训练的核心基础设施，通过高速互联技术和分布式计算框架实现了单一数据中心内的高效分布式训练。伴随 AI 模型参数规模、训练数据量的进一步扩大，十万卡级别的智算集群将成为下一代计算基础设施的重要方向，亟需突破卡间、机间高速互联技术瓶颈，引入先进冷却技术和能源管理方案，应对高密度计算带来的功耗和能效挑战。

（四）存算一体布局端侧，量子计算持续探索，光计算初步落地

存算一体重点布局端侧大模型领域，在未来 3～5 年实现规模应用，2030 年起将与存内计算融合发展。 基于 Nor Flash 器件的存算一体芯片已经在降噪耳机、助听器等产品中得到应用，但因无法兼容先进工艺以及主要应用于模拟计算，因

此未来发展空间比较小，将主要用于端侧低功耗、低精度场景，并继续在更多 AIoT 领域深耕。目前，基于 SRAM 的存算一体芯片在大语言模型推理领域性能已经超过 GPU，未来 1 至 3 年将在端侧大模型领域取得规模应用。与此同时，由于 HBM 的快速发展，以及 SeDRAM 在近存计算领域快速技术迭代，未来基于 DRAM 的近存计算以及存算一体将有广阔的发展空间。预计 2030 年后，随着基于 DRAM 的存算一体芯片与 HBM 等技术融合，近存计算＋存算一体将成为新的模式。基于新型非易失存储器（NVM）的存算一体方面，在未来 5 至 10 年依然难以实现真正的商用。在 2035 年左右，基于 NVM 器件的存算一体与类脑计算路线的界限将消失，产生神经形态器件和集成工艺。工艺方面，至 2026 年，存算一体专用集成工艺将出现。至 2030 年，3D 堆叠工艺将应用于存算一体芯片设计制造。

超导与离子阱保持领先，通用计算和专用计算路线分离，量子计算上云步伐加快。一是通用量子计算机技术持续发展。2024 年，模块化量子计算机诞生，通过连接多个量子处理单元（QPU）或量子芯片，模块化的设计使得量子计算机可以像乐高积木一样，通过增加或减少模块来扩展或缩小其规模，从而满足不同的计算需求。至 2026 年，基于超导的逻辑纠错量子芯片将产生，离子阱和超导技术路线将持续保持领先。至 2030 年，将实现百万位超导容错量子计算机。二是专用量子计算商业化进程持续推进，基于量子退火、相干伊辛机等非通用量子计算尽管无法实现指数级加速，但在部分应用场景也可以实现平方级加速优势，且应用落地更快，成为包括 D-Wave、玻色量子等多家企业的选择路线。三是量子计算平台加快上云步伐，提供多种算力服务。全球多家科技企业和科研机构基于含噪声中等规模量子（NISQ）技术已推出了各自的量子计算云平台，如中电信量子集团的"天衍"平台、北京量子信息科学研究院的"Quafu"量子云算力集群、中国移动与中国电科合作的量子云等。这些平台基于量子力学基本原理，研发出了具备"量子优越""自主可控"等核心优势的运算系统，为用户提供了高效、便捷的量子算力服务。

光互联＋芯粒成为关键技术趋势，未来 3 ～ 5 年重点面向 AI 加速市场开展相关试点。基于光计算技术的 AI 加速卡在推理领域开展试用，光子算数已推出

可用于 AI、图形渲染、高性能计算等领域的光电混合 GPU 加速芯片。光互联 +
芯粒成为关键技术趋势，通过 2.5D/3D 光电合封，光互联技术在芯片间提供高速、
低延迟的数据传输通道，芯粒技术将多个小芯片集成为功能强大的系统级芯片，
可进一步提升芯片性能。预计至 2027 年，硅光全集成工艺将取得突破，单晶圆
将完成光芯片和电芯片集成。至 2030 年，随着技术成熟和产业生态丰富，光电
混合高速高带宽 AI 计算将主要在推理侧开展应用。

　　总体而言，存算一体、量子计算及光计算等前沿计算技术目前正处于应用
试点与商业化探索的初期阶段。预计至 2030 年，这些技术将迎来其关键应用的
涌现。在接下来的 5 至 10 年内，前沿计算领域将迈入一个至关重要的发展阶段。
其间，实验室的深入研究与应用领域的积极探索并行不悖，科研及企业界将愈发
聚焦于应用的深度挖掘以及与经典计算技术的融合创新，并推动前沿计算技术的
应用场景不断拓展，深入更为广泛的行业与领域。

（五）先进计算领域技术进步推动业务模式与应用革新

　　当前，经典计算应用呈多元趋势发展，存算一体布局端侧。经典计算方面，
随着超大规模集群技术的持续成熟，为模型即服务（MaaS）及自适应 AI 系统等
商业模式的发展奠定了算力基础。在模型即服务应用模式中，大模型训练完成
后，经简化推广至商业领域，使用者通过低代码即可实现模型调用，有效降低大
模型微调和使用门槛。国内阿里云 PAI 平台、腾讯云太极平台以及百度千帆大模
型平台均可提供低代码开发环境与高效的模型训练能力，满足不同用户的个性化
模型定制需求。自适应 AI 系统凭借其强大的计算能力，能够根据部署环境、使
用用户及输入数据的不同自主调整学习模型，进一步提升了模型训练效率。**存算
一体技术**，以其低时延、低功耗的特点，在智能手机、智能家居及可穿戴设备等
领域发挥着重要作用。鉴于当前存算一体器件整体算力水平较低，其主要应用场
景仍局限在音频处理、医疗健康监测及低功耗视觉处理等端侧领域。

　　**中长期来看，经典计算算力将持续攀升，自学习系统与分布式训练将成为主
流应用发展方向，存算一体、量子计算应用范围也会持续扩大。经典计算方面，**
随着计算系统整体算力、互联速率、集群规模的不断提升，为自学习进化 AI 系

统、多中心分布式训练等新模式的产生奠定基础。自学习 AI 系统能够在无编程指令或人工直接介入的情况下，高效处理与分析未标注的大规模数据集，从中发现潜在规律并提取关键特征，并根据环境变化、任务需求及经验反馈等因素，动态调整其模型结构，实现其行为策略的不断迭代与优化。此外，互联技术的不断成熟将进一步促进分布式训练模式的出现，AI 模型训练可分解为多个子任务，分配到不同的数据中心进行并行处理，显著提升整体训练速度，并降低对单一数据中心的依赖。目前，谷歌、OpenAI 及 Anthropic 等企业均积极布局多数据中心训练，以期在分布式训练领域取得突破性进展。**存算一体方面**，工艺、器件设计等方面的技术进步进一步推动其整体算力的大幅提升，使其逐渐具备边缘实时数据处理以及云侧高速推理加速的能力。当前，国内机构和企业如阿里达摩院、九天睿芯等，正致力于数据中心、自动驾驶、云端服务器等领域的云侧应用研发。**量子计算**将初步具备小规模商用能力，有望在加密与信息安全、AI 算法加速等领域实现应用。

　　未来，量子计算与光计算将在多领域实现应用创新。量子计算方面，随着通用量子计算技术突破以及软件生态持续发展，其有望在金融、化工以及生物等对排列组合、穷举分析要求较高的部分领域率先实现规模应用，如投资组合分析、市场预测及风险分析、化学反应模拟、基因组数据分析以及药物研发测试等场景。**光计算方面**，随着未来光计算芯片、光计算机等技术的进一步成熟，有望在模型推理、深度学习等领域实现商用，为人工智能算法提供了另一类重要载体。

大数据与人工智能篇

导　　读

2024 年，新一代信息技术加速向"云数智算"深度融合，推动数字经济发展迈向更高台阶。全球云计算市场进入结构优化期，平台与应用的协同创新成为核心驱动力；我国数据要素价值化体系持续完善，政策布局深化与企业实践活跃双轮并进；算力基础设施向智能化、绿色化快速升级，智算规模与应用能效显著提升；大模型技术通过多模态融合与复杂推理能力的突破，加速赋能千行百业智能化转型，成为撬动产业革新的重要支点。

2024 年，大数据与人工智能领域的热点聚焦三大核心方向。一是大模型全栈升级，算法侧原生多模态融合与复杂推理能力持续突破，OpenAI Sora 能够生成超高清视频，逻辑推理模型（如 o1）在科研领域展现出博士水平的研究能力；系统侧"万卡级"智算集群加速普及，软硬件协同优化推动训练效率提升 50%；应用侧智能搜索、影视生成、工业智能体等场景渗透率显著提升。二是数据要素市场化加速破局，公共数据授权运营模式覆盖超 110 个城市，金融、通信行业数据管理能力领先，跨领域"数据要素 ×"行动推动数据复用率提升 20%；数据资产估值体系初步成形，交通、科技领域首单融资落地。三是算力服务模式革新，智算云整合高性能算力与 AI 工具链，推理成本降低 40%，AI 即服务（AIaaS）业务收入增长超 150%；算力互联网初显雏形，北京、重庆等 6 个城市实现跨域算力调度，资源利用率提升至 80%；"源网荷储"协同技术支撑西部绿电算力枢纽建设，单位算力能耗下降 15%。

展望未来五年，技术迭代与生态重构有望引领三大趋势：下一代云计算架构向多态融合（公有云 / 边缘云 / 端云协同）、智能调度（AI 驱动的全域资源编排）、场景化服务（供应链优化、实时决策）演进，企业渗透率预计突破 70%。数据要素流通依托隐私计算、高速传输网、区块链技术，构建安全可信的跨域流通网络，全国数据复用率有望提升至 30%。通用人工智能步入初始阶段，Transformer架构持续优化千亿级模型训练效能，量子计算、类脑智能探索取得颠覆性突破，"大算法－大系统－大生态"协同框架将重塑工业互联网、人形机器人等万亿级市场，推动数字经济占比突破 GDP 的 50%，成为全球经济增长核心引擎。

本篇作者：

魏　凯　王蕴韬　闫　树　孙　楠　郭　亮　李　洁　李　论　郭英男
胡宇航　王子暄　丁欣卉　于　达　韩　旭　齐格格　樊　威　丁怡心
董　昊　王泽宇　张斯睿　马闻达　艾博焕　贾　轩　吕艾临　康　宸
苏　越　李紫涵　巩艺骧　赵伟博　王靖婷　韩思齐　邹文浩　刘天赐
王少鹏　邱　奔

一、2024 年大数据与人工智能领域发展情况综述

（一）智能化用云推动云计算市场发展，产业焦点向"平台＋应用"转移

以人工智能生成内容、AI 云、大模型为代表的新兴技术高速发展，人工智能应用领域迎来全新的增长浪潮，同时带动云计算、算力需求激增，拓展了云市场增长空间，2024 年全球云计算市场规模预计达 6724 亿美元，增速为 14%。未来几年，随着云计算与生成式 AI、大模型、算力的深度融合，市场将以 18.6% 的年复合率增长，预计到 2027 年，全球云计算市场将突破万亿美元。

中国云计算整体市场增速稳中有进。2024 年，我国云计算市场规模预计为8378 亿元，增速达 35.9%。随着 AI 原生带来的云计算技术革新，大模型规模化应用落地，以及云出海业务拓展，"AI＋云"融合发展的全新模式推动我国云计算市场迎来新一轮增长，预计到 2027 年，我国云计算市场规模将超过 2.1 万亿元。

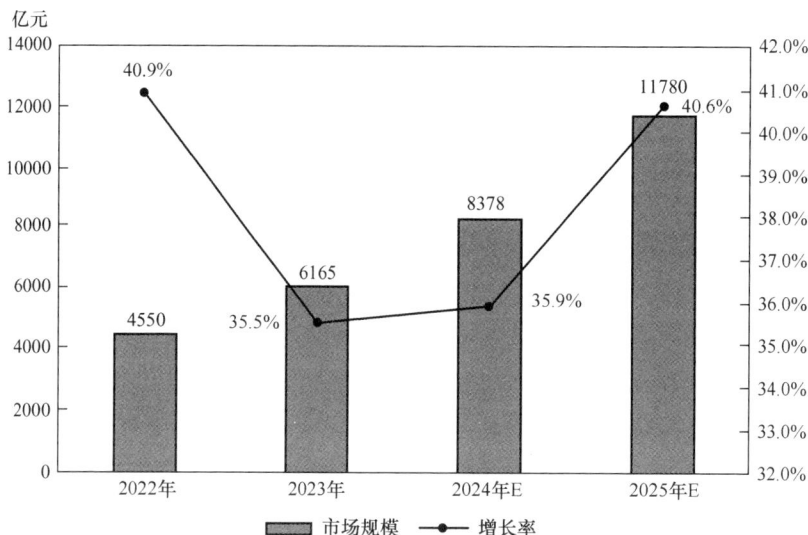

图 6-1 2022—2025 年中国云计算市场规模及增速
（数据来源：中国信息通信研究院）

细分市场层面，AI 推动云计算市场增长点向平台即服务（PaaS）、软件即服务（SaaS）上移。2021—2024 年，中国云计算细分市场增长情况如图 6-2 所示，2024 年基础设施即服务（IaaS）领域细分市场规模约 4600 亿元，增速 36.00%，增速已经趋于稳定，以基础设施推动云计算市场增长的作用进一步减弱。PaaS 市场从原先云平台向模型开发平台和智能管理平台分化演进，市场规模将突破千亿元。SaaS 市场渗透率逐年提升，2024 年受 AI 驱动的市场规模约 780 亿元，同比增长 37.18%，首次实现增速反超。随着 AI 大模型进入商业化落地阶段，大量中小型创新企业涌入 SaaS 领域，商业化应用将得到全面发展。

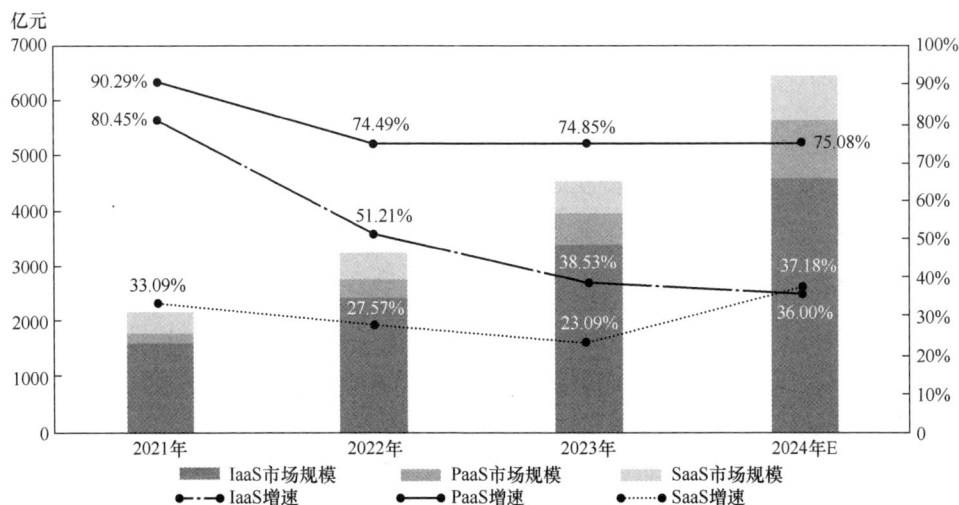

图 6-2　2021—2024 年中国云计算细分市场增长情况
（数据来源：中国信息通信研究院）

产业发展层面，智能化用云成为产业共识。从需求侧来看，各行业从资源上云转向智能化用云。随着大模型技术向商业化、应用市场化不断演进，各行业将业务智能化发展作为重点战略，以高效优化企业生产、经营和决策为目标，智能决策、问题处理、研发生产等业务环节的智能化需求不断涌现。以交通行业为例，2023 年智慧交通市场规模超过 4000 亿元，增长率连续 3 年超 20%，带动云计算在交通领域的应用热度不断走高。从供给侧来看，云服务提供商贯彻"云 for AI"和"AI for 云"的双向策略，通过自身技术智能化转型和提供智能服务，推动下半年市场规模增长。头部厂商加快云智能市场规模化布局，阿里云在大模型训练热潮的推动下，其 AI 系列产品推动公有云业务在 2024 年第二季度实现两位数增长。中腰部厂商借助科技平台优势强势发力，快速推动原有云业务智能化转型，从而抢占市场。

（二）我国数据工作体系进一步完善，带动产业发挥数据价值

我国数据领域政策布局持续深化，数据工作体系进一步完善。党的二十届三中全会明确提出"培育全国一体化技术和数据市场""建设和运营国家数据基础设施，促进数据共享"等重要改革举措。国家数据局牵头编制的公共数据资源开发利用、企业数据资源开发利用、数据安全治理、可信数据空间、数据基础设施、数据产业等方面的政策文件陆续印发。2024 年 4 月召开的全国数据工作会议围绕健全数据基础制度、提升数据资源开发利用水平、以数字化赋能高质量发展、促进数据科技创新发展、优化数据基础设施布局、强化数据安全保障能力、提升数据领域国际合作水平和发挥试点试验的引领作用等 8 个方面做出工作部署。31 个省（区、市）和新疆生产建设兵团因地制宜推进改革，迅速组建对应的数据管理机构，承担起统筹数据事业的职责使命。各地区积极出台多项支持政策，加速培育数据要素型企业、数据商和第三方服务机构等，繁荣数据产业生态。

我国数据产业政策引领不断强化，实践探索取得积极进展。2024 年发布的《全国数据资源调查报告（2023 年）》显示，2023 年我国数据生产总量达到 32.85ZB，同比增长 22.44%。公共数据开放作为数据供给的"排头兵"，继续发挥降低社会运行成本、激发市场创新活力、释放数据价值红利的基本作用。我国公共数据开放平台数量增长情况如图 6-3 所示，截至 2024 年 7 月，我国已有 243 个省级和城市的地方政府上线数据开放平台，各地平台上开放的有效数据集达 370320 个。作为数据价值释放的前序环节，数据管理意识逐步向全行业渗透，数据管理水平持续提升。工业和信息化部多年来大力开展《数据管理能力成熟度评估模型》（DCMM）贯标试点，截至 2024 年 11 月，累计已有 3000 余家企业的数据管理能力经过专业评估，数据产业繁荣发展的基础日益坚实。

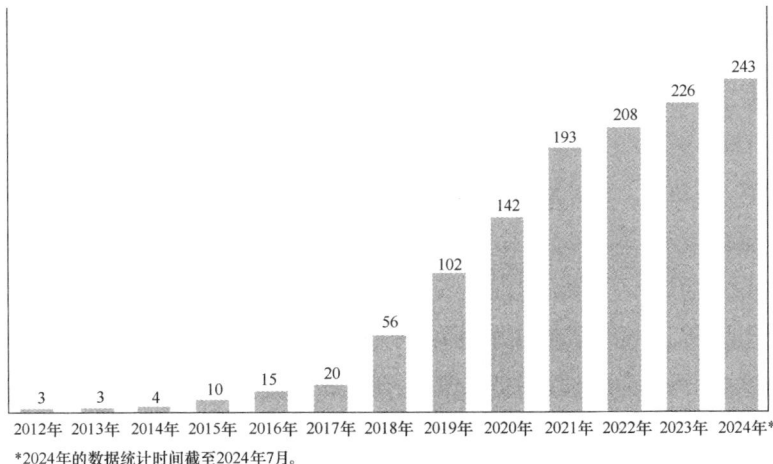

243
226
208
193
142
102
56
20
15
10
4
3   3

2012年 2013年 2014年 2015年 2016年 2017年 2018年 2019年 2020年 2021年 2022年 2023年 2024年*

*2024年的数据统计时间截至2024年7月。

图6-3 我国公共数据开放平台数量增长情况

（数据来源：《中国地方公共数据开放利用报告——省域（2024年度）》）

（三）算力基础设施高速发展，综合算力水平不断提升

随着AI大模型的爆发，以及各行业数字化、智能化转型加速推进，算力需求正在持续攀升。世界主要国家强化政策引领，完善产业配套，推动算力设施建设，算力规模持续提升，智算占比进一步扩大。从算力规模来看，根据中国信息通信研究院测算，截至2023年年底，全球算力总规模[4]达到910EFLOPS（FP32），同比增长40%，呈现高速增长态势。其中，通用算力规模[5]为551EFLOPS（FP32），智能算力规模[6]为335EFLOPS（FP32），超算算力规模[7]为24 EFLOPS（FP32），智能算力占比提升至36.8%。未来，随着人工智能等技术的不断成熟和应用场景的拓展，算力需求将继续保持高速增长，尤其在自动驾驶、多模态大模型、智能制造、智慧城市等领域，对智能算力的需求将进一步提升。

从算力区域布局来看，全球算力主要向数字经济发展活跃的国家和地区聚集，截至2023年年底，美国、中国、日本、德国、英国、加拿大的算力规模分别约

4　算力总规模按照全球在用数据中心服务器提供的通用算力、智能算力、超算算力总量估算，估算过程中将各类算力均转化为FP32来计算。

5　通用算力规模按照全球在用通用数据中心服务器提供的算力总量估算。全球通用算力规模 =∑（通用数据中心服务器数量 × 通用服务器平均算力）。

6　智能算力规模按照全球智算中心AI服务器提供的算力总量估算。全球智能算力规模 =∑（智算中心AI服务器数量 ×AI服务器平均算力）。

7　超算算力规模按照全球超算中心提供的算力总量估算，并参考超算生产商的相关数据估算。

占全球算力规模的 32%、26%、5%、4%、3%、3%，全球超过 70% 的算力集中在上述 6 个国家，如图 6-4 所示。

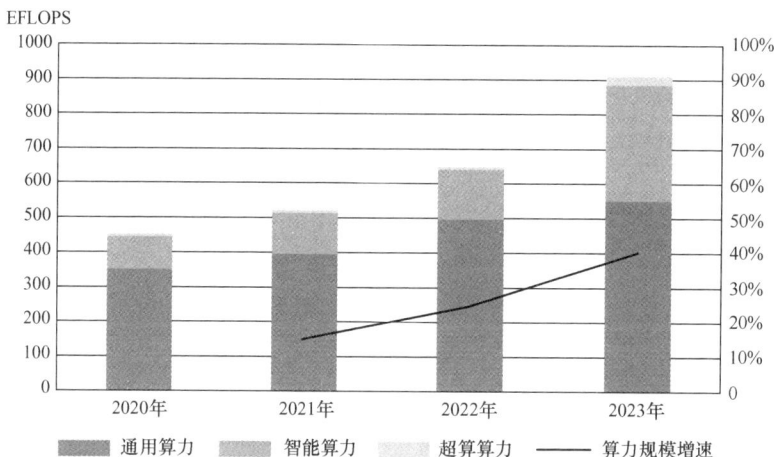

图 6-4　全球数据中心算力规模

（数据来源：中国信息通信研究院）

综合算力是集算力、存力、运力于一体的新型生产力，已成为我国赋能科技创新、助推产业转型升级、满足人民美好生活需要的新动能。随着计算、存储、网络技术的持续演进，以及算力产业政策、标准的不断完善，我国的综合算力水平将不断提升。

算力方面，随着我国数字化转型的持续推进，以及生成式人工智能应用不断拓展，算力应用需求持续攀升，为了满足持续增长的算力需求，我国算力基础设施建设稳步推进，算力规模不断扩大，智能算力增长较快。我国数据中心算力规模如图 6-5 所示。根据中国信息通信研究院测算，截至 2024 年 6 月，我国数据中心在用标准机架达到 830 万架，算力规模达到 246EFLOPS（FP32）[8]。其中，智能算力规模[9]超过 76EFLOPS（FP32），智能算力同比增速超过 65%。自"东数西算"工程实施以来，枢纽数据中心建设加快，算力占比进一步提升，新建大型、超大型数据中心逐步向八大枢纽节点转移。数据中心在建设过程中不断加强对源

8　算力总规模按照我国在用数据中心服务器提供的通用算力、智能算力、超算算力总量估算，估算过程中将各类算力均转化为 FP32 来计算。

9　智能算力规模按照我国智算中心 AI 服务器提供的算力总量估算。我国智能算力规模 = ∑（智算中心 AI 服务器数量 × AI 服务器平均算力）。

网荷储、分布式光伏等节能降碳技术的应用，数据中心绿色低碳水平不断提升。同时，新建数据中心加快向能源密集地区聚集，中西部依托风光资源优势，成为绿色算力的重要聚集区。

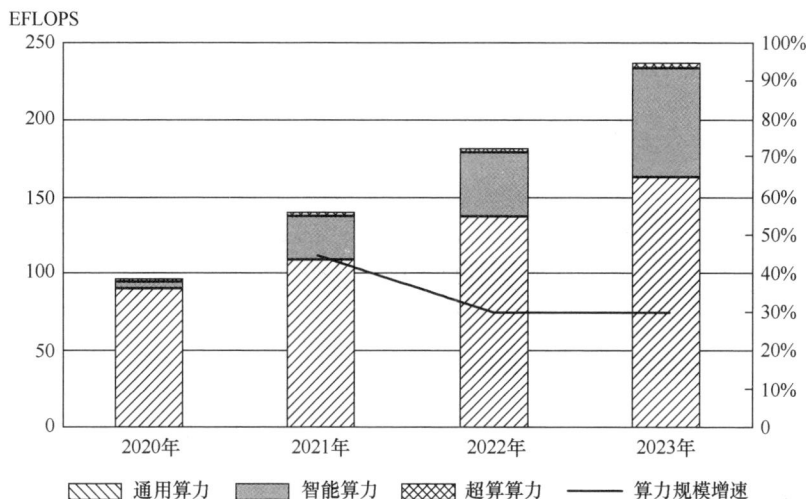

图 6-5　我国数据中心算力规模

（数据来源：中国信息通信研究院）

存力方面，数据存储容量持续扩大，先进存储技术应用加快。数据中心是支持数据高效、稳定存储的重要设施，随着各类信息化、数字化应用的兴起，越来越多的数据被存储在数据中心。截至 2023 年年底，我国存力规模达到约 1200 EB，先进存储容量占比超过 25%。东部地区数字经济规模较大，对数据处理和存储的需求相对较高，目前，超过 700EB 的数据集中存储在我国东部地区，在全国占比超过 60%。半导体闪存具有断电不丢失数据、高性能快速读取、大容量、绿色节能等特点，其使用占比正不断攀升。目前，在存储产业链上游，长江存储已经具备 NAND Flash 研发及量产能力，且国内已经有超过 10 家固态硬盘（SSD）主控芯片厂商的产品得到商用。在产业链中游，我国存储整机和存储系统的核心能力已达到国际领先技术水平。在产业链下游，各行业对数据存储的质量要求不断提升，逐步升级全闪存应用。

运力方面，网络性能持续优化，入算网络、算间互联、算内网络新技术应用不断深化。入算网络方面，入算网络连接用户与数据中心，高品质的连接能给用户带来极致体验，边缘光传送网（OTN）、光业务单元（OSU）、因特网协议（IP）感知应用等技术的快速发展，使得用户入算灵活性提升。2024 年 6 月，中国电信杭州分公司率先完成了基于 OSU 的 M-OTN 的规模部署，为客户成功开通了首条基于 OSU 创新技术的 OTN 精品专线。**算间互联方面**，骨干 OTN 正在向 400Gbit/s、800Gbit/s 速率演进，以满足用户对高速数据传输的需求。目前，400Gbit/s OTN 技术已趋于成熟，2024 年 3 月，中国移动宣布其自主研发的 400Gbit/s 全光省际（北京—内蒙古）骨干网正式商用，并计划实现全国八大枢纽的高速互联。同时，SRv6 技术应用不断加快，显著提高网络的可扩展性和灵活性。随着网络新技术应用度的提升，算间网络性能不断优化，目前，各枢纽均已基本形成覆盖全国大部分省市的 20ms 时延圈，以及覆盖周边省市的 5ms 时延圈。**算内网络方面**，智算网络在通信协议、网络拓扑、网络拥塞控制、负载均衡等方面均积极开展创新，为多卡多机高效互联、协同计算提供了重要支持。

（四）大模型系统持续演化，系统化升级成为大模型能力提升的关键

作为人工智能领域的焦点，大模型规模化发展的红利释放仍有指数级增长空间。大模型训练系统的计算规模和效能决定模型规模扩增的天花板，在一定程度上仍遵循规模定律，超大规模智算基础设施为构造更高智能水平的模型系统提供底层支撑。预计规模定律在未来仍将有效，增加模型尺寸、提升有限算力下的算法运算效率是两大关注重点，智算系统的算力决定了模型能力的天花板。一方面，通过增加模型尺寸以扩大训练算力规模，这也是提升精度的有效方法。更大规模参数的模型系统能够容纳更多压缩后的知识信息，从而提升模型准确度、鲁棒性、泛化能力等技术指标，据中国信息通信研究院测算，2024 年 OpenAI GPT-4o、Meta Llama 3.1-405B 以及谷歌 Gemini 1.0 Ultra 等领先大模型系统的训练计算量已经达到 10^{25} FLOPS 数量级，但受限于算力的规模和效能，目前大部分大模型参数量在 $10^{10} \sim 10^{11}$ 个。另一方面，在计算能力受限的条件下，业界更加关注固定参数范围内的模型改造与训练的有效性，特别是模型参数与训练数据的有效配比、算法架构改造和分布式训练策略制定成为提升模型训练有效性的关键。从更长周期来看，除 Transformer 架构主导的大模型路线外，以世界模型、量子智能、类脑智能等为代表的前沿颠覆式路线也在同步发展，试图解决如何学习真实世界运转规律、模拟人脑思维方式等深层问题。

二、2024 年大数据与人工智能领域热点分析

（一）大模型多角度持续升级

1. 强算法：深挖现有技术潜力，多模态、逻辑推理是突破重点

大模型算法方面，深挖现有技术潜力，多模态、逻辑推理是突破重点。 当前，在模型训练和推理阶段，增加原生模态支持和强化学习策略成为大模型能力持续提升的关键。

一方面，统一多个模态表征的"原生"多模态大模型创新不断，模型理解及生成能力大幅提升。 多模态统一预训练成为"炼模型"的关键，其中统一的多模态架构是攻克重点。一是聚焦跨模态环境理解与实时交互响应，例如，OpenAI 多模态模型 GPT-4o 采用单一 Transformer 架构将所有模态的数据统一到一个神经网络中进行处理，无须为不同的模态分别设计编码器和解码器；谷歌 Gemini 1.5 Pro 多模态模型基于混合专家架构，能够将输入数据分配给最合适的专家，支持音、视、文和代码的混合输入。二是以高清分辨率、长时长视频生成为主要攻关方向，例如，OpenAI Sora 具备仿真生成真实世界的能力，展现出能逼真地仿真 3D 空间的能力；谷歌 Veo 2 支持制作高达 4K 分辨率的视频，能够理解并执行复杂的相机控制指令，如广角镜头和无人机镜头等，增强了视频的视觉效果；快手可灵（Kling）具备较强的阴影和光线生成能力，支持生成最长 2min、30 帧 / 秒的 1080P 视频，还能连续多次续写，最长能够生成长达 3min 的连贯视频。

另一方面，更复杂的模型推理成为用好模型的突破方向。 规模定律重心发生变化，从侧重在预训练阶段对参数、算力、数据的有效配比，到在推理侧调整模型性能与算力的比例关系。例如，OpenAI o1 用思维链解决难题，通过强化学习完善思维链策略、意识错误并改正、分解困难任务、尝试用不同方法解决问题，在数学、代码等任务的处理上超过 GPT-4o，在物理、化学和生物学这些具有挑战性的基准任务的处理上表现出与博士生能力相近的水平。目前，o1-preview 的

复杂逻辑推理能力相较 GPT-4o 提升 6 ～ 8 倍，在解决复杂数学问题上因计算复杂度高，反应时间普遍长达 60s，是 GPT-4o 模型的 6 倍以上。当前，大模型已从即时系统走向非即时系统，规模定律也从以参数、模态作为扩展维度进化成以推理时间作为新的扩展维度。

2. 大系统：以大模型为中心的基础设施体系初显，软硬件协同是重点

随着大模型浪潮的到来，人工智能软硬件支撑体系迎来了巨大的挑战，以大模型为中心的新型基础设施体系正在形成。软硬件协同创新与万卡超大规模集群成为这一领域的创新重点。

大模型创新研发已成为一项系统工程，软硬件协同重要性日益凸显。 从产业支撑体系结构看，随着算法路线逐步向 Transformer 架构收敛，大模型正在驱动从底层芯片、软件栈、网络、集群到上层模型、平台的全方位创新，大模型创新研发已成为一项系统工程，需要多环节高效协同耦合，无法依靠简单堆叠芯片实现，更加考验软硬件协同能力，并推动形成了新型基础设施体系。如在底层计算机制层面，新算法机制更加强调充分利用硬件特性，实现软硬件极致适配，Meta、英伟达等联合推出的 FlashAttention-3 注意力机制，利用 H100 架构特性，将算力利用率提高到 75%；在框架层面，分布式计算能够支持并覆盖"训练 – 微调 – 推理"全流程，PyTorch 团队提出未来路线图升级方向为分布式计算要实现超大规模训练、高内存效率的微调、多主机分布式推理的全覆盖。

巨头掀起万卡集群投资建设高潮，算力军备竞赛越发激烈。 2024 年，国内外建成一批超大规模智算集群。从投资主体看，一类是以 Meta、xAI、字节跳动等科技巨头为主导，算力资源进一步向头部厂商集聚，另一类是以政府机构 / 运营商为主导，比如我国运营商建成的万卡集群、美国能源部下属实验室建成的最新超算等，具有明显的公共基础设施服务属性。2024 年部分万卡集群情况如 图 6-6 所示，从规模体量看，集群规模从万卡向 10 万卡迈进，美国已建成 10 万卡集群，并在规划更大规模集群，我国目前集中在万卡至两万卡规模。从技术演进来看，国内外建设主体在集群组网规模、计算资源利用率、训练稳定性等方面取得一系列技术突破，实现规模与性能的同步提升。

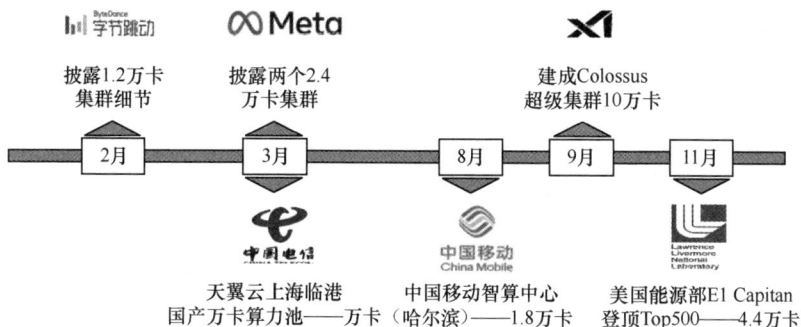

图 6-6　2024 年部分万卡集群情况

（数据来源：中国信息通信研究院）

3.新应用：推动更大范围、更深层级的应用融合探索

当前，大模型重点赋能的场景通常具备数据丰富、知识密集、容错率高等特点，且主要聚焦领域超级应用和复杂任务场景，不断提升理解交互与生成能力。从应用热点来看，一是大模型 App 与即时搜索深度融合，大幅改善用户体验、提升搜索精准度与专业性，OpenAI、百度、谷歌等大模型应用已实现内容生成与即时信息搜索融合；二是领域专业智能助手涌现，头部厂商在医疗、教育、游戏、情感陪伴等领域布局一批专用智能助手，帮助用户解决细分专业问题、提高生产力或满足娱乐需求，如 GitHub Copilot、云知声山海、讯飞星火语伴、Talkie、星野等；三是多模态视频生成成为热点，如字节跳动、快手、智谱等纷纷推出视频模型，单次生成视频时长可在 10 秒左右，分辨率最高达到 1080P；四是智能体兴起，百度、腾讯、字节跳动、阿里巴巴、月之暗面等厂商积极布局自主智能体，自主智能体能够自动化任务流程，变革人机交互形态。

从应用分布上看，大模型率先赋能研发设计和运营服务环节，未来有望不断加强与真实世界的理解交互能力。大模型应用场景分布曲线如图 6-7 所示，2024年，大模型应用案例越来越多，在研发设计、用户服务等环节（在微笑曲线两端的环节）率先发力，呈现"两端快、中间慢"的阶段特征。在微笑曲线的前端，以药物研发为例，随着大模型能力的不断提升，大模型助力发现药物靶点，挖掘疾病相关基因与蛋白，揭示发病信号通路，为研发锚定关键方向；在临床试验时，大模型能精准匹配患者，预测结果，还能发掘老药新用的潜力、探索联合用药方案，拓宽药物应用，极大地提高药物研发效率和质量。在微笑曲线的后端，企业对大模型的应用表现出较高的自发性，其原因在于大模型能够显著地帮助企业降低成本、提高效率、改善用户体验，比如文案生成、广告生成、语音合成等应用，这种由人工智能技术驱动的智能化转型为企业带来了实质性的经济效益，进一步增强了企业的市场竞争力。随着人形机器人、具身智能等技术快速发展，未来，大模型有望实现与物理世界的深度交互并介入生产制造环节，从而发挥更大价值与作用。

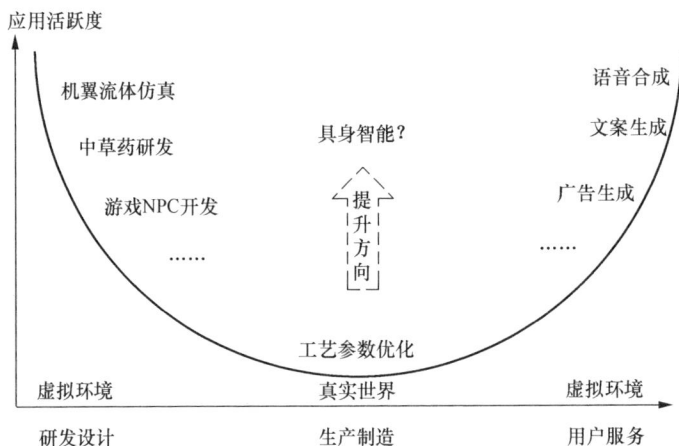

图 6-7　大模型应用场景分布曲线

（数据来源：中国信息通信研究院）

（二）数据要素价值化进展提速明显

1. 数据资源供给：公共数据供给政策发力，企业数据管理水平持续提升

作为数据要素市场的重要资源供给，公共数据和企业数据是推进数据要素价值化的重要突破口。当前，多方正合力破解数据高质量供给难题。

公共数据资源开发利用顶层设计完善，地方运营实践加快探索。2024 年 10 月，中共中央办公厅、国务院办公厅印发的《关于加快公共数据资源开发利用的意见》成为公共数据资源开发利用"1+3"政策体系的总体纲领。公共数据资源登记、授权运营及价格形成等配套制度文件，对公共数据资源开发利用全流程进行了具体指导。公共数据资源开发利用"1+3"政策体系如图 6-8 所示，"1+3"政策体系为开发利用公共数据资源、引领带动各类数据资源融合应用提供了重要的政策保障和工作指引。当前，我国公共数据资源规模优势突出。截至 2023 年 12 月底，全国一体化政务数据枢纽接入 53 个国家部门、31 个省（区、市）和新疆生产建设兵团数据，挂接资源达 2.06 万个。各地方、各行业正加快探索公共数据资源开发利用。政策方面，细化政策逐步出台，截至 2024 年 10 月，各地新发布的相关政策共计 41 项；主体方面，地方公共数据运营机构也在加快组建，目前已有超过 110 个省、市新成立或重组成立地方数据集团，较 2023 年增长超 100%。

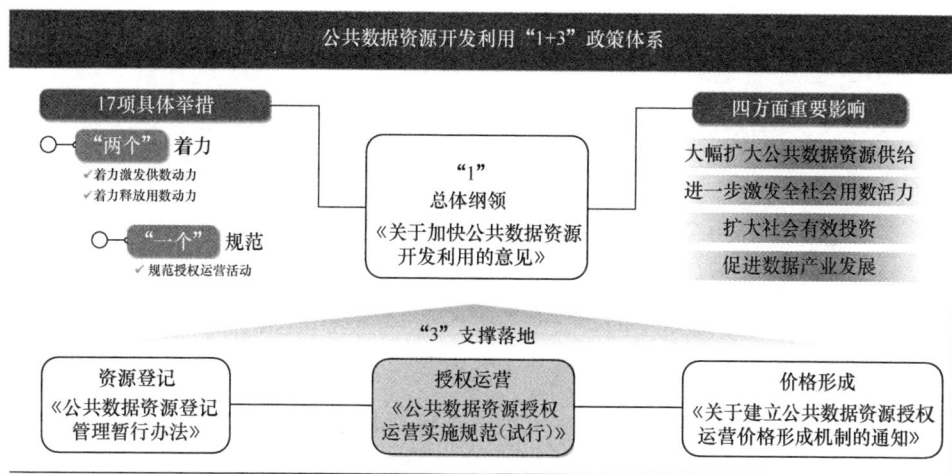

图 6-8　公共数据资源开发利用"1+3"政策体系

企业数据管理能力持续提升，金融、通信等行业相对成熟。在数字化浪潮的推动下，企业对数据管理高度重视，数据管理能力成熟度评估模型（DCMM）标准行业覆盖深化。截至 2024 年 10 月，2024 年参评企业总数相较上年增长超过 20%，年平均增长率达到 112%。2024 年行业数据管理能力等级水平前 5 名如图 6-9 所示，金融业，通信业，电力业，交通运输、仓储和邮政业以及能源业位居前 5 名，相关行业通过投入研发、优化流程和培育人才等构建坚实架构，引领行业数据管理能力提升与产业数字化转型。

2024年，有更多行业达到量化管理级水准，全行业数据管理能力均在稳步提升

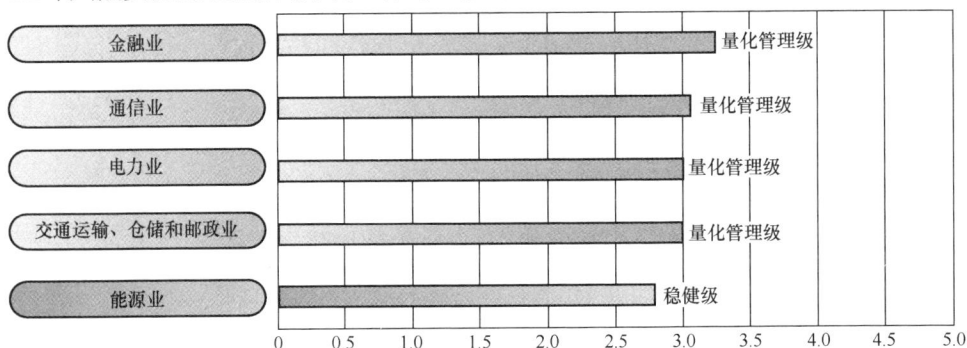

图 6-9　2024 年行业数据管理能力等级水平前 5 名

（数据来源：中国电子信息行业联合会）

2. 数据流通利用：市场主体动力增强，"数据要素 ×"深化数据应用

2024 年，各类主体结合自身特点，发挥各自优势，更加积极地参与数据要素市场建设，促进数据流通、利用及创新。**数据富集型企业**的主营业务一般不是数据业务，但可对积累的海量数据"副产品"进行开发和出售，使其在市场中发挥独特作用。例如，中国移动依托庞大的用户群体和长期的数据积累，打造出"生态开放、技术先进、数据全面、安全可控"的"梧桐大数据"品牌，该品牌可面向金融、营销、政务、文旅等多种场景提供有特色的数据产品和服务。**数据集成型企业**致力于整合各方数据资源，发挥自身在数据收集、整理和加工方面的技术优势，加工形成数据产品或服务对外出售。例如，上海大智慧平台广泛收集来自金融市场、企业财报、宏观经济等多渠道数据，加工形成数据库终端、智能投研工具等，被金融机构、投资公司等广泛采购，其在上海数据交易所挂牌的产品成为 2024 年上海数据交易所"数据产品 100 强"榜首。**行业数据专精型企业**专注特定领域的数据深耕，促进覆盖行业数据大部分链条的数据流通交易。例如，航天宏图基于权属清晰的特色卫星数据源，形成"自主平台＋行业应用＋数据服务"的商业模式，逐步打造出行业牵引的数据流通利用生态。

"数据要素 ×"行动推动应用创新，协同应用水平仍需提升。随着《"数据要素 ×"三年行动计划（2024—2026 年）》印发，2024 年各地区各行业积极发挥应用场景牵引作用，着力推动数据利用实现从连接到协同、从使用到复用、从叠加

到融合的三大转变，数据利用水平继续深化。但总体来看，我国的数据复用水平仍然较低。《全国数据资源调查报告（2023年）》显示，企业一年未使用的数据占比为38.93%，大量数据被存储后不再被读取和复用。开展数字化转型的大型行业重点企业中，仅有8.3%实现了数据复用增值，大多数中小企业数字化转型产生的数据未实现复用，数据多场景、多主体协同难度大。不同主体的数据格式、标准、安全要求等存在差异，数据流通利用的机制尚不完善，这些因素仍制约着数据要素价值的充分释放。

3. 数据估值入表：开展数据资产估值实践探索，资产入表规模逐步递增

在数据价值评估领域，行业已逐步达成理论共识。 2024年10月31日，财政部会计司发布"数据资源会计处理实施问答"，针对"对外交易类""对内赋能类"数据使用方式明确了经济识别标准，为数据价值评估提供了切实可行的政策指引，有力推动行业从理论迈向实践。据不完全统计，2024年数据资产融资成果丰硕，落地案例超100例，涉及交通、科技、金融等关键领域。例如，2024年5月，烟台公交集团凭借实时公交及支付数据，获齐鲁银行烟台分行1500万元融资授信；6月，重庆两江新区依托车联网先导区V2X（车对外界的信息交换）信息安全感知数据，从重庆银行等获超2000万元贷款；12月，首农食品集团旗下畜牧公司获北京农商银行1020万元数据资产质押贷款。

在数据资产相关政策的推动下，数据资源入表企业数量及规模增速明显。 自《企业数据资源相关会计处理暂行规定》正式实施后，上市公司积极响应，数据资产披露逐渐成为日常规范动作。其中，2024年6月上海市国有资产监督管理委员会印发的《上海市国有企业数据资产评估管理工作指引（试行）》意义重大，这是国内率先针对国有企业数据资产评估管理所制定的指引文件，为国有企业数据资产的评估提供了关键指导。在此背景下，企业数据资源入表情况进展显著。2024年前三季度数据入表上市企业相关情况统计如图6-10所示。上市公司三季报相关信息显示，截至2024年10月底，A股市场已有54家企业实现数据资源入表，入表金额达15亿元。与2024年上半年相比，入表企业数量新增13家，无论是企业数量还是入表规模都呈现较快增长，显示出企业在数据资产处理方面的积极变化与快速发展趋势。

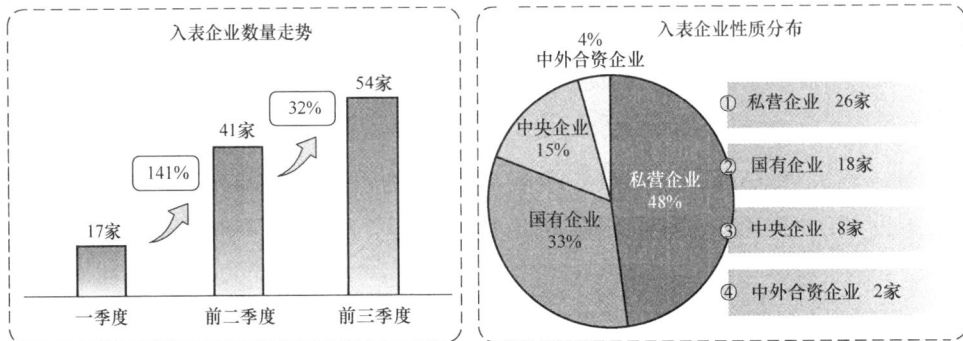

图 6-10　2024 年前三季度数据入表上市企业相关情况统计
（数据来源：A 股上市公司年报，中国信息通信研究院）

（三）算力领域热点频出

1. 算能融合加速推进，全面提升算力绿色化水平

算力绿色化发展要求不断提升，算能融合正在成为构筑新型绿色数据中心的重要途径。 在算能融合支持下，数据中心从被动用能用电转向主动智能化节能用电，对能源利用更加高效化、集约化，同时，能源更加便捷、智能地给数据中心供能。我国算能融合发展水平不断提升，主要体现在以下 3 个方面。

一是算力与能源协同布局不断优化。 国家发展和改革委员会、工业和信息化部、国家能源局、国家数据局等高度重视数据中心绿色低碳发展，印发《关于深入实施"东数西算"工程 加快构建全国一体化算力网的实施意见》《数据中心绿色低碳发展专项行动计划》等文件，推动算电协同布局，提出到 2025 年，国家枢纽节点新建数据中心绿电占比超过 80%。西部地区风光水电资源丰富，气候适宜，能够为数据中心运行提供充沛的绿电资源和自然冷源，为数据中心绿色低碳发展提供优良的环境保障。在有关"东数西算"、一体化算力网等的政策引导下，西部枢纽省市不断完善算力产业发展配套保障，加强招商引资，吸引众多企业在西部投资建设数据中心。三大基础运营商、阿里巴巴、腾讯、华为、字节跳动等互联网头部企业、第三方数据中心运营商等均在加强西部数据中心布局，开展绿色数据中心建设。

二是算力与能源协同建设不断加快。算力与能源协同建设是指数据中心项目在建设过程中会同步开展"源网荷储"、分布式光伏等绿电配套项目建设，以进一步提高数据中心对绿色能源的利用率。"源网荷储"是一种充分利用新能源、电网、算力负荷、储能协同建设的新型电力应用模式，支持源源互补、源网协调、网荷互通、网储互动、源储互动。分布式光伏是直接在数据中心建筑屋顶或周边空地安装太阳能光伏板，就地发电、就地使用，结合储能技术而构成的一套自给自足的能源供应系统。目前，业界厂商正在积极探索"源网荷储"、分布式光伏等数据中心配套项目建设。

三是算力与能源协同调度逐步探索。算力与能源协同调度（简称"算能协同调度"）是指业务负载能够基于相应的调度策略调度到电力资源充沛的算力设施，或选择在绿电资源充沛的时段使用算力资源。根据业务负载调度的空间位置以及用能时间差异，算能协同调度可分为基于负载空间的算能协同调度和基于负载时间的算能协同调度。基于负载空间的算能协同调度是指在感知不同地区电力资源使用状态的情况下，将业务负载调度到电力资源充沛、绿电占比更高的算力设施，如阿里巴巴与华北电力大学开展"算力－电力"优化调度项目，能够将阿里巴巴南通数据中心的部分算力负载调度至张北数据中心。基于负载时间的算能协同调度是指感知不同时段电网中的绿电资源状态，在绿电资源占比较高、电价较低的时段，开展计算任务。如 2024 年 7 月，青海省清洁能源和绿色算力调度中心上线，可构建算力任务负荷、电能输出随时间变化的关系模型，引导数据中心在电力资源充沛、电价更低时段开展耗电量大的计算任务。

2. 智算云成为新兴服务模式，加快各行业数智化转型

随着全球人工智能技术迅猛发展，智能计算已经成为世界科技强国重点布局的关键赛道。以大模型为代表的通用人工智能不断演进，正加速算力产业结构变革，智能算力将取代通用算力成为算力结构中的主要构成部分。智算云三层架构如图 6-11 所示。智算云正成为推动新一代人工智能整体跃升的关键力量，加速重构云服务产业格局。智算云以智能计算为核心基础设施，通过融合人工智能技术与云计算技术向外提供服务。云计算的异构智算资源兼容和弹性调度能力、AI 技术工具集成能力以及适用 AI 应用生成部署的云服务能力，使得智算云可为用户提供按需、灵活的 AI 基础算力、AI 工具和平台、AI 模型和应用服务。

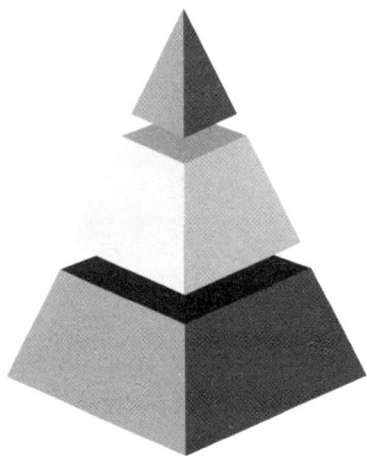

应用层
支持各种 AI 应用的开发和运行，满足不同领域和场景的具体需求。

技术服务层
为 AI 模型与应用的构建、优化、部署及全生命周期管理提供全面支持，确保开发过程的高效和安全。

基础资源层
承担异构智算资源兼容适配、AI 训推任务编排等稳固的智算云基础设施服务。

图 6-11　智算云三层架构

（数据来源：中国信息通信研究院）

智算云驱动大模型产业化进程，加速技术普惠化发展。智算云通过整合高性能算力与智能化工具链，成为大模型从研发到规模化应用的核心基础设施。全球 AI 算力需求持续激增，超 70% 的训练与推理任务依托云平台完成，凸显其在技术落地中的关键作用。为满足大模型对算力的指数级需求，头部服务商已构建起十万卡规模的异构集群，支持单日处理 EB 级规模的数据，并通过弹性资源调度、分布式训练优化等技术，将模型训练效率提升 50% 以上。在推理方面，云原生架构通过"训练 – 微调 – 推理"全流程优化，显著降低企业使用门槛，大模型推理成本较传统方案下降 40%，推动生成式 AI 在医疗、教育等领域的渗透率持续快速增长。数据显示，企业采用云上大模型后，业务流程自动化率平均提升 35%，研发周期缩短近 50%。智算云正成为推动 AI 规模化落地的"技术基座"。

智算云构建全产业链协同生态，激发千亿级创新活力。从芯片研发到行业解决方案，智算云正在重塑 ICT 产业格局，形成多层次价值网络。在硬件层，AI 专用芯片出货量的年增长率超 60%，支撑智算中心算力规模突破 1000PFLOPS，服务范围从公共服务扩展至产业集群定制化需求服务。中游服务商通过构建"算力 + 模型 + 工具"一体化平台，打通从资源调度到应用开发的全链条，算力资源池化技术实现跨区域调度效率提升 80%，模型开发平台将算法迭代周期压缩至周级别。下游应用创新呈现爆发态势，2024 年 AI 原生应用融资额超 500 亿元，智能客服、工业质检等场景的商业化成熟度显著提高，垂直领域解决方案数量两年内增长 4 倍，AIaaS 模式收入年复合增长率达 150%。这种协同创新生态不仅催生新兴业态，更推动传统产业效率革新，智算云加速产业链上下游不断创新与发展，深度参与并推动各行业的数字化转型进程。

智算云赋能企业数智化跃迁，重构生产要素价值体系。基于智算云 AI 应用实现弹性扩展、高性能计算，具有低成本、高效益以及广泛覆盖与快速部署等多方面的优势。企业依托智算云服务构建数据驱动的智能决策体系，通过"数据资产化 + 模型服务化 +AI 定制化"模式，正在完成从"业务上云"到"智造强企"的转型跨越。2024 年企业智算云服务渗透率突破 30%，较 3 年前增长近 4 倍，依托弹性算力调度与混合云架构，企业可将数据分析时效性提升至毫秒级。政策层面，"算力券""智能转型补贴"等举措降低中小企业用云门槛，区域智算中心为企业提供低成本算力支持，带动 AI 应用率大幅提升。技术迭代方面，低代码开发平台使非技术人员也能快速构建 AI 应用，提升模型微调效率。根据预测，未来 3 年，70% 的企业将采用智算云服务架构，智算云正成为激活生产要素价值、驱动产业变革的核心引擎，加速企业"上云用数赋智"。

3. 算力互联网汇聚社会公共算力，应对算力供需调度挑战

算力互联网是实现跨域跨主体多元异构算力高效互联与协同计算的"连簇成网"关键纽带。我国算力规模稳步增长，具备良好的发展基础，但算力产业存在结构性矛盾，亟须加快建设全国一体化算力网。

我国算力资源相对分散，算力"找调用"成本较高。我国算力基础设施规模位列全球第二，但算力资源服务化程度不足。以智算为例，按服务"卡时"计算，智算利用率仅为 25%。我国算力资源布局相对分散，地域分布广，供给主体超 5000 家，导致算力"找调用"挑战较大。**一是算力市场分散，"找算力"资源成本待降低。**算力市场分散，用户需要汇总市场零散数据，算力感知获取成本高。构建算力互联网需要整合大量计算资源，形成一个庞大的计算资源池，从而实现

为业务需求高效匹配算力资源。**二是调度能力不足，"调算力"应用传输能力待提升**。现有编排调度系统和网络条件难以有效管理跨多个处理器、服务器、数据中心的算力任务，难以支持大规模数据跨主体、跨地域频繁传输。**三是计算框架不同，"用算力"架构适配待优化**。各厂商算力资源接口、协议不统一，应用部署运行需要针对算力资源开展兼容适配，降低了跨主体部署效率。

统一算力标识、算力调度、传输协议、应用适配等方面标准的算力互联网成为重要解决方案。为应对我国算力供需调度平衡挑战，我国地方政府、行业企业、科研机构等积极探索算力互联网，但由于尚未形成统一的算力标识、算力调度、传输协议、应用适配等方面标准，逐渐形成算力"局域网"，对算力资源的跨主体、跨架构、跨地域调度提出挑战。中国信息通信研究院以算力感知作为切入点，启动算力互联网技术、架构、标准研究，将通过统一的技术标准体系互联不同的算力"局域网"，共建共享算力互联平台，打通互联壁垒，开启算力协同发展的全新格局。

算力互联网是互联网面向算力应用与调度需求进行能力增强和系统升级形成的新型基础设施，本质是在互联网体系架构内构建统一应用层算力标识符，以算网云调度操作系统和高性能传输协议为基础，增强全光网、弹性网络等能力，提升异构计算能力，实现算力智能感知、实时发现、随需获取，算力互联网架构如图 6-12 所示。其在核心节点构建"$1+M+N$"算力互联网架构，形成算力标准化、服务化的大市场和算力相互连接、灵活调用的一张逻辑网。

算力互联网体系试验积极落地，新建和升级成为算力互联网的重要运营模式。算力互联网"$1+M+N$"模式以"1"个国家算力互联公共服务平台为核心，统筹"M"个区域算力互联互通平台国家算力互联网（区域）核心节点和"N"个行业算力互联互通平台国家算力互联网（行业）核心节点，发挥标识注册解析、路径调度、居间结算等能力。**区域发展模式由地方牵头**，地方企事业单位建立算力互联互通平台。目前北京、重庆等 6 城已积极推进算力互联互通、大市场以及调度平台体系建设，近 30 家企业的算力资源接入公共服务平台，满足40 余次调度需求。**行业发展模式由企业牵头**，参考算力互联网标准和技术体系，升级现有算力互联互通平台。目前，中国信息通信研究院与天翼云和移动云深度合作开展算力互联互通体系与第三方算力互联互通体系兼容接入试验，总计汇聚超过 10EFLOPS 算力资源。

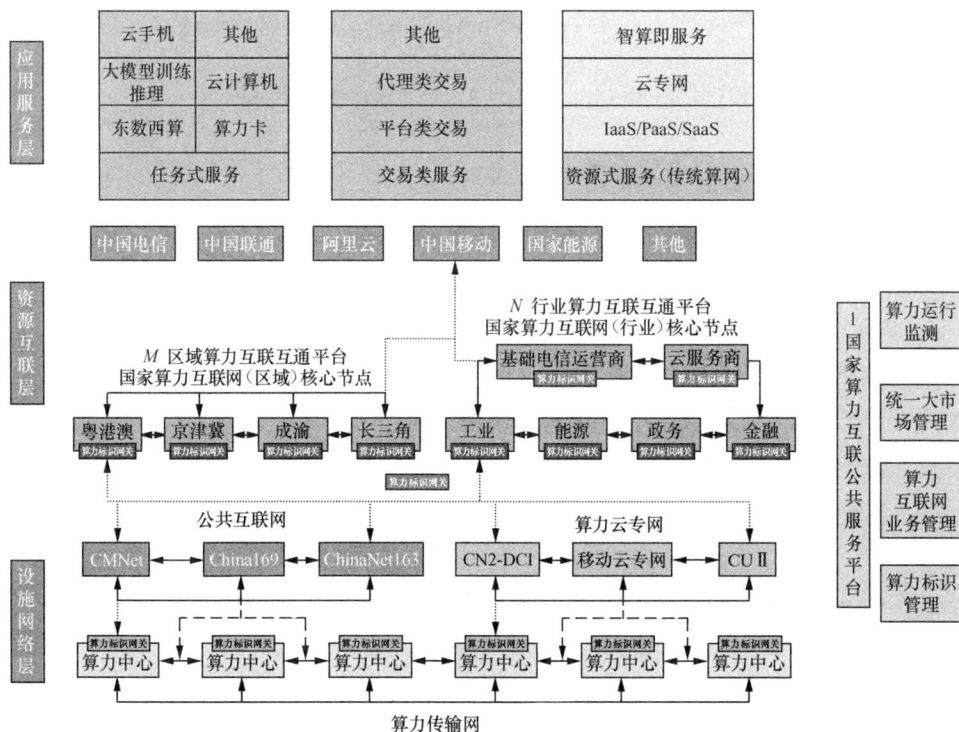

图 6-12　算力互联网架构

（数据来源：中国信息通信研究院）

三、2025 年大数据与人工智能领域发展趋势展望

（一）云计算架构加速演进，下一代云计算初现萌芽

云计算作为数字经济时代的新型基础设施，已成为支撑企业数智化转型的底座。在政策、市场和技术的多方推动下，传统行业上云用云已不断深入发展，从概念普及迈入了场景应用落地生根的新阶段。当前，全球人工智能技术迅猛发展，已经成为世界科技强国重点布局的关键赛道。人工智能技术的发展重塑了云计算在服务模式、管理架构、部署模式等方面的要求。下一代云计算架构全面升级，升级成为可服务于人工智能技术和应用发展的新一代云计算架构，如图 6-13 所示。

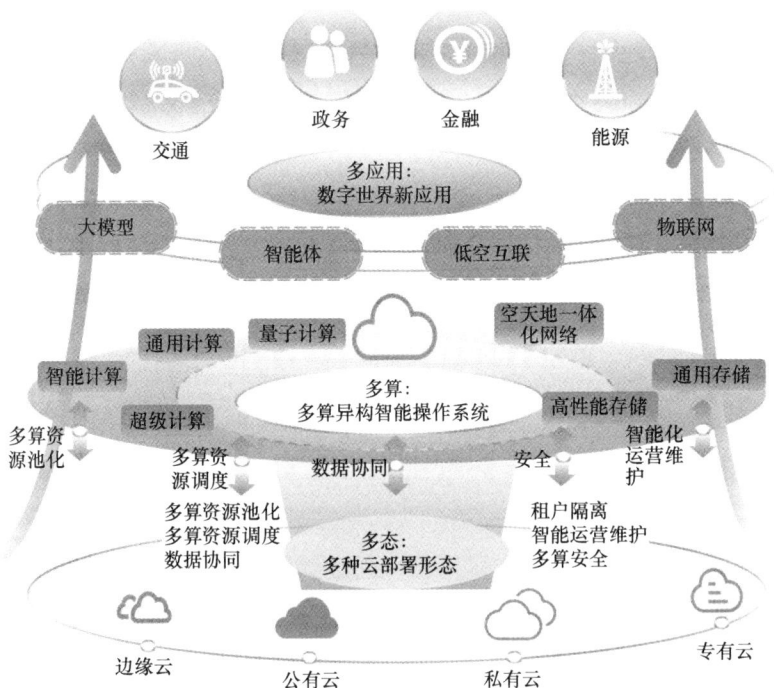

图 6-13　下一代云计算架构全面升级

（数据来源：中国信息通信研究院）

下一代的云部署模式向全域多种云部署形态演进。在部署形态上，为更好

地契合企业多元化、复杂化的业务需求，云资源池从单一资源将向多形态资源延伸，公有云、私有云、专有云、边缘云、端云等多种形态的云将实现深度融合与协同。**在全域调度层面**，未来的云服务将进一步屏蔽底层差异，对相同架构提供一致性云服务、运维能力和治理工具，向包括云边端一体化、低时延计算、迁移和现代化、数据跨环境流转等多业务场景的模式演进。通过同一云计算架构，云基础设施、服务、应用程序接口（API）以及工具能够依据客户个性化需求灵活扩展至客户端。届时，用户可凭借本地基础设施便捷访问并高效调用云端服务，以满足低时延和数据处理的严苛要求，全方位、最大限度地满足用户在用云管云方面的需求，提升用户体验。

下一代云管理架构向多算异构智能操作系统创新发展。用户计算场景的多元化驱动云管理架构朝着软硬一体、多算融合方向发展。**在软硬一体层面**，底层芯片不再局限于以单一 CPU 为中心的架构，多异构 CPU、GPU 共存已然成为长期趋势。为支持多元异构芯片管理，软件、硬件、操作系统的融合进程不断加速，这一趋势正重塑着整个信息技术产业格局。**在多算融合层面**，云计算架构体系从以通用计算为核心升级为以多元融合算力为核心，通过标准化容器的方式将通用算力、超级算力、智能算力编排调度。多算融合让原始数据不出域成为可能，促进了数据的流转与共享。其本质上更像是一个开箱即用的"超级智能工厂"，用户不需要关心工厂内部复杂的生产流程与设备运作细节，只需要提交任务指令，就能快速获取经过处理的结果。

下一代云服务模式向智能化、场景化的全新应用方向演进。在智能化方面，云和人工智能技术深度融合使服务模式从单一业务服务全面升级为算法、模型、数据一体化的智能云服务。智能云服务能够精准洞察用户需求，实现智能化的资源调配、自动化的流程处理以及个性化的服务推送，大幅提升用户体验和服务效能。**在场景化方面**，人工智能技术的飞速发展为各行业带来了前所未有的发展机遇。过去的云服务以功能为中心，比如客户关系管理系统、办公系统。未来的云服务将以场景为中心，打破传统功能边界，深入各行业场景解决问题。以供应链管理场景为例，云服务借助 AI 对市场需求、库存水平、物流运输等数据的分析，全面优化供应链流程，实现原材料的精准采购、产品的高效配送，降低企业运营成本。

（二）多技术融合创新，促进数据要素安全可信流通

未来，国家数据基础设施在网络设施、算力设施的支持下，持续促进数据要素价值释放。国家数据基础设施建设将推动技术收敛和融合，带动高质量数据集、数据流通网络、隐私保护计算等技术融合创新，为大规模数据流通利用、数据要素价值充分释放提供技术支撑。具体表现如下。

一是高质量数据集相关技术将推动行业大模型训练及应用。通过数据标注、合成数据等技术，促进公共数据、企业数据、个人数据以及各类行业的大模型语料高质量数据集建设，推进各类数据的规模化、常态化供给，实现全国数据资源的跨领域、跨层级、跨区域流通利用。

二是数据高速传输网相关技术将推动数据高速传输。通过高速传输网、确定性网络等技术体系，实现不同终端、平台、专网间的数据高效弹性传输和互联互通，为数字金融、智慧医疗、交通物流、大模型训练和推理等核心场景的数据传输和流动提供高速稳定的服务。

三是隐私保护计算等技术将实现基础设施化并提供公共服务。通过基于隐私保护计算的软硬结合、跨域管控等关键能力和技术，面向社会提供大规模、低成本的隐私计算底层算力及智能化调度服务，保障高价值以及高敏感的数据流转、计算、融合直到销毁的全链路安全可控，实现"可用不可见""可控可计量""可溯可审计"。

四是互联互通技术体系将促进数据大规模有序流通利用。通过数据目录分类分级、标识生成、加密、区块链等技术，实现统一目录标识、统一身份登记、统一接口，支撑跨层级、跨地域、跨系统、跨部门、跨业务的数据有序流通和共享应用，实现多技术路线的设施互联互通。

（三）人工智能有望步入大算法、大系统、大生态的通用智能初始阶段

展望未来，人工智能将围绕大算法平台、大软硬件系统、大应用生态快速发

展。从技术供给侧看，快速增长的计算需求将催生先进的 AI 基础架构，一方面通过多芯片集成、超大规模集群等方式深挖冯氏计算架构的潜力。另一方面，量子计算、类脑计算等前沿颠覆式技术可能加速改变传统计算范式，为通用人工智能的到来提供充足动力。在算法层面，Transformer 架构或仍将成为未来一段时间的发力重点，但面对可解释性差、自主学习能力不足、计算成本高昂等深层次挑战，有别于 Transformer 架构的其他模型路线也将获得同样关注和持续发展。从行业需求侧看，人工智能将紧紧围绕面向应用需求的模型规模化创新主线，新型工业化、企业数字化转型等演进趋势将释放海量应用需求，以模型为中心的新应用生态有望重塑行业发展模式，构筑形成智能时代的企业核心竞争力。

数字经济与工业经济篇

导　　读

2023 年中央经济工作会议指出，要大力推进新型工业化，发展数字经济，加快推动人工智能发展。数字经济与工业经济作为当前我国经济工作的重要组成部分，受到党和国家的高度重视，成为支撑宏观经济增长的关键动能。**一方面**，数字经济已由高速增长阶段进入高质量发展阶段，数字经济高质量发展持续推进，扩内需成为数字经济增量发展的重要着力点。同时，数字经济推动我国经济发展进入"创新主导"发展新阶段。**另一方面**，工业经济"压舱石"作用凸显，工业品出口逐季加快，企业经营预期企稳，为经济稳定增长提供重要支撑。

2024 年，数字经济与工业经济领域热点主要体现在 3 个方面。**一是新型工业化在全国范围内加速推进**。新一轮大规模设备更新落地推进，以设备升级带动我国制造业整体竞争力提升，赋能产业优化升级和高端化发展。制造业"智改数转"步伐加速，促进生产组织、生产方式系统性重构，有效提升制造精度、效率与质量。科技创新和产业创新深度融合，提升产业创新水平且增强产业创新能力，新动能、新优势不断培育壮大。**二是数据作为关键生产要素的价值凸显**。数据要素相关政策紧锣密鼓出台，围绕"数据二十条"加速完善数据要素基础制度框架，初步形成"横纵相融"的数据要素政策框架。公共数据开发利用形成系统化部署，积极探索公共数据市场化运营，形成有益经验。数据产业规模呈现快速增长态势，数据要素对经济增长的贡献作用进一步增强。**三是实体经济与数字经济融合（以下简称"实数融合"）加速推进**。长期看，我国数字产业规模保持中高速增长趋势，短期看，我国数字产业呈现良好的"以增促稳"态势。未来产业正逐步成为数字经济发展新动能。实数融合进入深层次、全链条、智能化发展新阶段。

在党和国家的高度重视下，"十五五"时期，我国数字经济与工业经济将迎来大繁荣的新契机，为全面建设社会主义现代化国家提供强大支撑。**一是实体经**

济和数字经济深度融合制度将加速健全。我国实数融合制度将在顶层战略、产业落地政策、市场监管体系、组织架构设置等维度持续完善，为推动实数融合提供良好政策环境，推动数字经济高质量发展。**二是实数融合成本下降将驱动数字经济迈向"第二曲线"。**"十四五"末期，全要素生产率、科技进步贡献率不断提升，表征我国宏观经济生产成本持续下降。伴随着实数融合进入规模化发展新时期，数字经济发展也初步进入融合降本驱动的"第二曲线"时期。**三是加速制造业"十五五"时期"三大变革"。**"十五五"时期是推进新型工业化的攻关期，加速制造业质量变革、效率变革、动力变革，推动制造业实现由大到强、达到世界先进水平的历史性跨越，这是推进新型工业化的光荣使命。

本篇作者：

孙　克　巩天啸　何　阳　李小虎　汪明珠　姜　颖　胡燕妮　冯泽鲲
耿　瑶　颜　蒙　郭怡笛　刘　璇　郑安琪　姜　涵　卜　越　陆　平

一、2024 年数字经济与工业经济领域发展情况综述

（一）数字经济发展综述

1. 数字经济高质量发展持续推进，增长步入相对稳定区间

数字经济已由高速增长阶段进入高质量发展阶段。 我国数字经济规模、增速如图 7-1 所示。**从总量看**，2023 年，在党中央一系列利好政策的刺激下，我国数字经济规模扩张稳步推进，达到 53.9 万亿元，较上年增长 3.7 万亿元，增幅扩张步入相对稳定区间。**从占比看**，2023 年，数字经济在国民经济中的地位进一步提升，我国数字经济占 GDP 比重达到 42.8%，较上年提升 1.3 个百分点，数字经济是国民经济的关键支撑和重要动力。**从增速看**，2023 年，数字经济持续支撑经济稳定增长目标实现，我国数字经济同比名义增长 7.39%，高于同期 GDP 名义增速 2.51 个百分点（2023 年，我国 GDP 名义增速为 4.88%）。预计未来较长一段时间数字经济增速都将保持个位数增长，增长步入相对稳定区间。

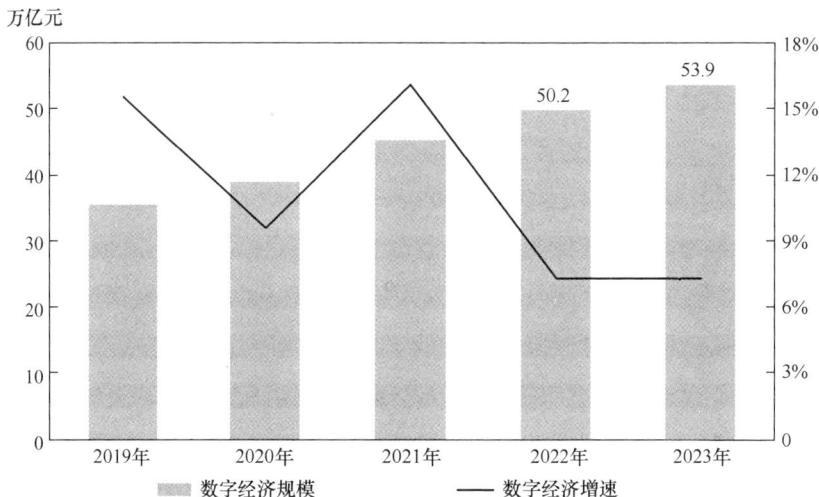

图 7-1 我国数字经济规模、增速

（数据来源：中国信息通信研究院）

服务业数字化和工业数字化共同驱动数字经济发展。 2019—2023 年我国数字经济内部结构如图 7-2 所示。2018 年之前，服务业数字化凭借其灵活多变的业务模式和多样的应用场景，实现了快速发展，其在产业数字化中的占比显著提升，2018 年达到了 74.7%，成为驱动数字经济发展的主要动力。自 2019 年到 2023 年，工业数字化展现出强大发展潜力和强劲增长势头，占产业数字化的比重由 2019 年的 26.8% 提升至 2023 年的 28.6%，随着工业互联网、智能制造等的不断推进，数字技术对工业效率的提升作用显著，并持续释放增长动能，工业数字化与服务业数字化共同构成驱动数字经济发展的"双引擎"。

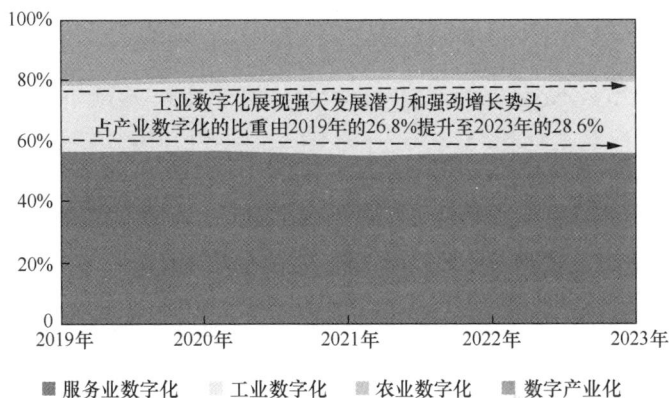

图 7-2　2019—2023 年我国数字经济内部结构
（数据来源：中国信息通信研究院）

2. 扩内需成为数字经济增量发展的重要着力点

数字经济通过投资利率稳定机制支撑经济复苏。 投资利率弹性可以衡量利率变动时的投资变化，数字投资包含数字产业投资和产业数字化投资，其往往在经济复苏期对利率降低做出正向增长反馈，稳定经济增长。2019—2023 年我国数字投资与传统投资利率弹性比较如图 7-3 所示。从测算数据来看，2019—2023 年，我国数字投资利率弹性均值为 –0.3，传统投资利率弹性均值为 0.1，数字投资的负投资利率弹性在扩张性宏观货币政策的刺激下，将有效提振经济。从作用机制来看，投资追逐相应回报，数字经济行业往往凭借专利独占性、技术门槛效应等大幅提升生产率、降低生产成本，因此具有高投入回报率。数字经济在宏观层面对资本流动具有天然的虹吸能力，一旦投资利率降低，流动性扩张，数字投资利率弹性将进一步降低，先于传统产业回归增长区间。

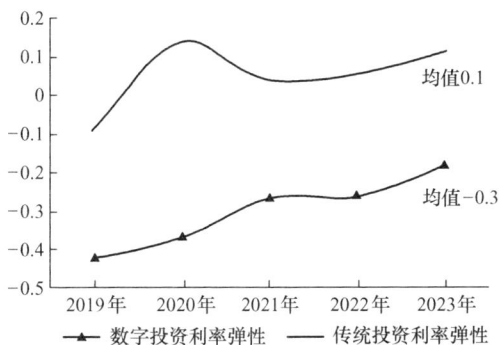

图 7-3　2019—2023 年我国数字投资与传统投资利率弹性比较
（数据来源：国家统计局、中国信息通信研究院）

数字经济通过收入消费牵引机制拉动经济复苏。消费收入弹性可以衡量收入变化时的消费变动，相对于传统消费，在收入增长时数字消费会形成更大的消费增量，我们选取居民可支配收入作为总体收入变量，将线上消费作为数字消费的表征。2019—2023 年我国数字消费与传统消费收入弹性比较如图 7-4 所示。从测算数据上看，我国数字消费收入弹性均值为 1.7，传统消费收入弹性均值为 0.1，在经济复苏期同等收入增幅下，数字消费增幅是传统消费增幅的近两倍，有效促进居民消费升级。从作用机制来看，起初基于线上消费的便捷性、具有相对价格优势、选品多样、减少信息不对称与具有社交属性等优点，人们会更多地选择线上消费，从而导致数字消费收入弹性较高。但随着时间的推移，近年来线上消费诸多弊端逐渐显现，线下促销手段不断丰富，

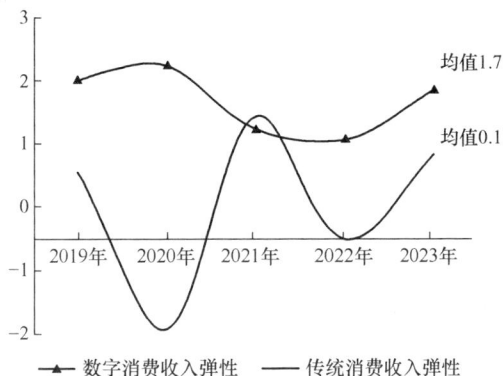

图 7-4　2019—2023 年我国数字消费与
传统消费收入弹性比较
（数据来源：国家统计局、中国信息通信研究院）

数字消费收入弹性走低趋于平稳，但居民的线上消费习惯已经养成，数字消费对收入的锚定增幅仍高于传统线下消费。

3. 数字经济推动经济增长进入"创新主导"新阶段

近 20 年，我国经济增长经历"资本驱动""创新引领""创新主导"3 个阶段，我国经济增长贡献分解如图 7-5 所示。近年来，作为反映资源配置状况、生产手段的技术水平、生产对象的变化等关键指标的全要素生产率（TFP）对于经济增长的贡献作用凸显。

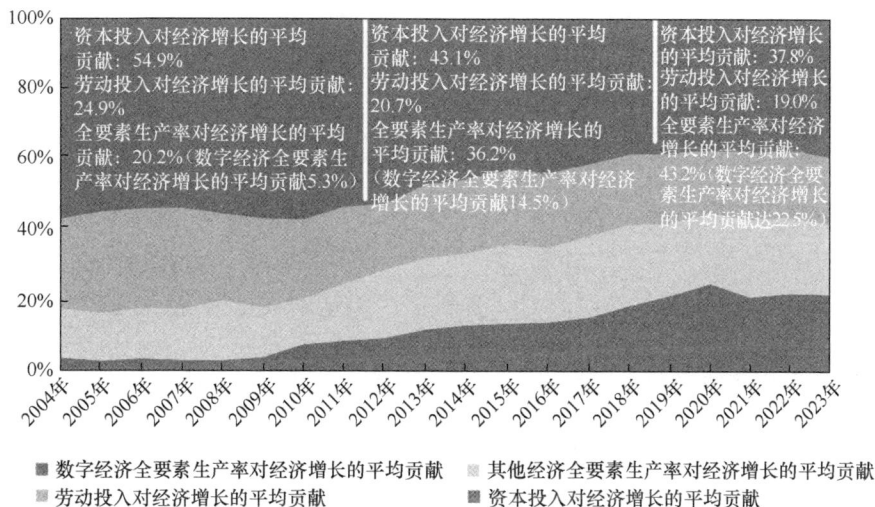

图 7-5　我国经济增长贡献分解

（数据来源：中国信息通信研究院）

第 1 阶段（2004—2012 年）为"以资本驱动为主，全要素生产率增长率贡献恢复"期。这一时期，在科学发展观指导下，经济增长方式逐步改变，全要素生产率增长率贡献逐步恢复。资本投入对经济增长的平均贡献达 54.9%，劳动投入对经济增长的平均贡献为 24.9%，全要素生产率对经济增长的平均贡献为 20.2%，经济增长仍以资本驱动为主。同时，这一时期数字经济全要素生产率还未体现出对于经济增长的支撑作用，数字经济全要素生产率对经济增长的平均贡献仅为 5.3%。

第 2 阶段（2013—2018 年）为"创新引领发展，数字化持续加速"期。这一时期，"创新是引领发展的第一动力"已成为我国高质量发展的关键基础。资本投入对经济增长的平均贡献为 43.1%，劳动投入贡献为 20.7%，全要素生产率增长率贡献为 36.2%，资本投入与劳动投入贡献持续下降，集中体现创新的全要素生产率增长率贡献则快速增长，成为我国经济新常态的重要支撑力量。同时，伴随着数字经济逐渐成为经济发展的重要驱动力量，全要素生产率增长中数字经济的贡献不断夯实与快速发展，贡献从前一时期的 5.3% 上升至 14.5%，成为我国内涵式发展的重要底气。

第 3 阶段（2019 年至今）为"创新主导发展，数字化引领创新"期。这一时期，创新主导发展深入人心，数字经济不断做强做优做大。资本投入对经济增长的平均贡献进一步调整为 37.8%，劳动投入贡献下降至 19.0%，全要素生产率增长率贡献达 43.2%，创新主导发展局面形成。随着数字技术创新持续涌现，数字经济全要素生产率增长率贡献达 22.5%，在全要素生产率增长率贡献中占比超过五成。

（二）工业经济发展综述

1. 工业经济"压舱石"作用凸显，提供经济稳定增长重要支撑

工业经济平稳增长。工业经济稳增长政策落实落地，工业经济保持平稳增长态势，占我国国民经济比重超三成。规模以上工业增加值同比增速如图 7-6 所示，2024 年，我国规模以上工业增加值比上一年增长 5.8%，高于 GDP 增速 0.8 个百分点；2024 年前三季度全部工业增加值占 GDP 比重为 31.8%，其中，装备制造业、高技术制造业增加值占规模以上工业比重较去年均有提高。

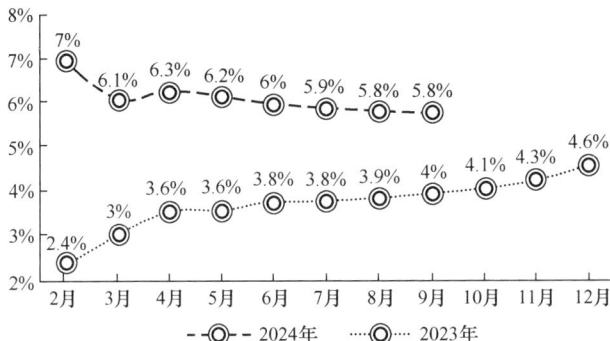

图 7-6　规模以上工业增加值同比增速

（数据来源：国家统计局、中国信息通信研究院）

工业产品出口逐季加快。工业出口平稳增长，规模以上工业出口交货值同比增速如图 7-7 所示，2024 年前三季度，规模以上工业企业出口交货值同比增长 4.1%，一、二、三季度增速分别为 0.8%、5.2%、5.3%，呈逐季加快态势。我国出口工业产品结构优化，高端装备出口增长超四成。我国机电产品出口增长 8%，占出口总值的 59.3%。其中，高端装备出口增长 43.4%。

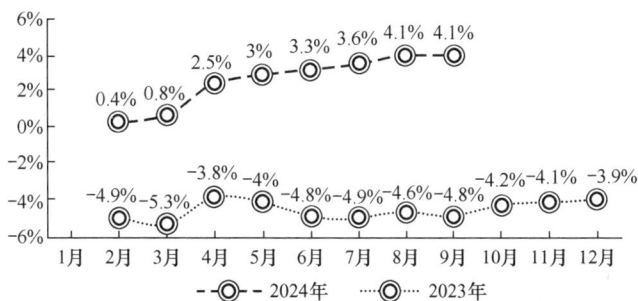

图 7-7　规模以上工业出口交货值同比增速

（数据来源：国家统计局、中国信息通信研究院）

企业经营预期企稳。推动经济回升向好的积极因素累积增多，企业经营预期企稳信心增强，制造业景气水平回升。制造业采购经理指数（PMI）如图 7-8 所示，2024 年 9 月和 10 月，制造业 PMI 连续两个月回升，重回扩张区间。其中，2024 年 10 月 PMI 生产指数为 52.0%，比上月上升 0.8 个百分点，新订单指数升至 50.0%，生产经营活动预期指数为 54.0%，为 2024 年 7—10 月高点。

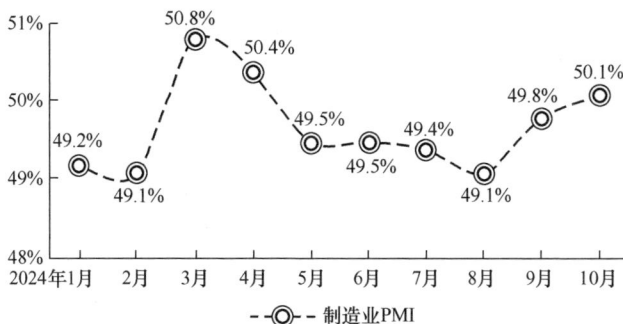

图 7-8　制造业 PMI

（数据来源：国家统计局、中国信息通信研究院）

2. 我国工业竞争力仍处于深度追赶阶段

中国信息通信研究院通过从工业质量、工业结构、工业动力和工业能力等维度进行综合考虑，构建了一个包含 4 个一级指标、10 个二级指标、30 个三级指标的工业竞争力指数，可以一致地全面评估国家或地区工业的整体竞争力和发展潜力。工业竞争力指数国际比较如图 7-9 所示。**综合看，**工业竞争力指数显示，2022 年，我国工业竞争力指数排名第 3，在主要制造强国中仅次于美国、德国。**分项指标看，**我国工业竞争力呈现明显的"一强一中两弱"格局。其中，工业质量（如制造业增加值、制造业全员劳动生产率、制造业能耗等）竞争优势显著，是工业竞争力深度追赶的重要保障。工业能力（如企业基础能力、两化融合能力、产业创新和科技创新融合能力、安全韧性能力等）不及美国、日本，处于中等水平。工业结构（如中高技术制造业占比、基础产业规模等）和工业动力（如研发投入强度、制造业基础研究投入、核心专利数量等）落后于其他主要制造强国，竞争力偏弱，特别是工业动力方面与其他主要制造强国差距极为明显。

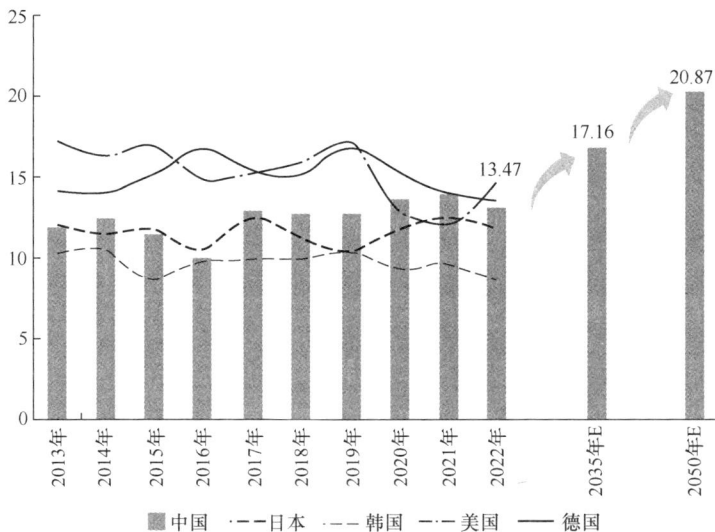

图 7-9　工业竞争力指数国际比较

（数据来源：中国信息通信研究院）

（三）实数融合发展综述

党的二十届三中全会强调，健全促进实体经济和数字经济深度融合制度。

2024 年中央经济工作会议提出，积极运用数字技术、绿色技术改造提升传统产业。当前，我国实数融合进入发展深水区，第三产业融合发展成效显著，第二产业融合发展加速推进，融合动能不断革新，产业结构不断优化，我国实数融合进入规模化推广新阶段。

1. 从投入端看，实数融合投入规模增加、效率提升

从投入规模看，实体经济中数字化投入占比如图 7-10 所示。2023 年，我国国民经济各行业对数字技术的中间使用比重为 7.05%，与上年相比提升 0.27 个百分点，与 2013 年相比提升 1.04 个百分点。我国数字资本与传统资本回报率对比如图 7-11 所示。**从投入效率看**，我国数字资本回报率高于传统资本回报率，实数融合动力持续增强。2023 年，数字资本回报率超过传统资本回报率 10 个百分点，数字化投入成为实数融合发展新动能。**从投入机制看**，数字化投入规模的持续扩张带来经济的内涵式增长。一是将有效提升员工整体技能水平，促进人力资本结构升级，提升劳动生产率。二是将显著提升企业管理效率，提升流程可见性、信息对称性，降低企业经营隐性成本。三是将有效激励企业研发创新，提升企业内生研发能力，为企业带来外部技术支持，拓展未来增长潜能。

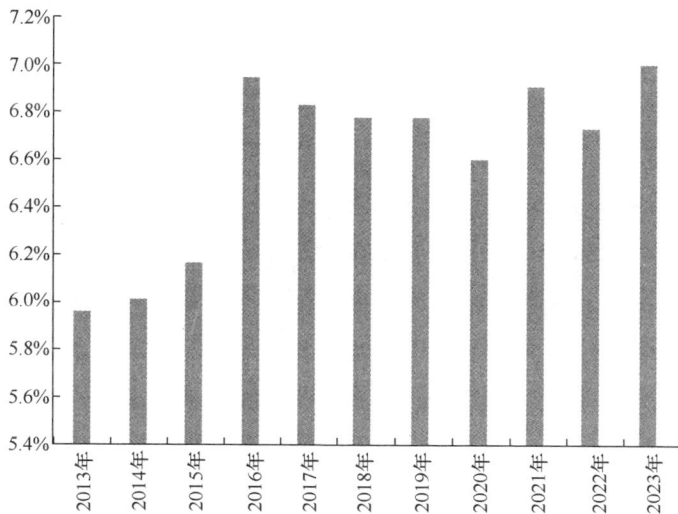

图 7-10　实体经济中数字化投入占比

（数据来源：国家统计局、中国信息通信研究院）

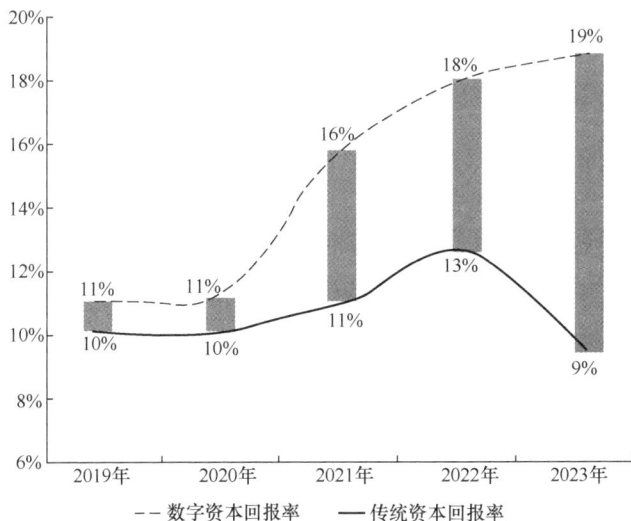

图 7-11　我国数字资本与传统资本回报率对比

（数据来源：国家统计局、中国信息通信研究院）

2. 从产出端看，实数融合产业结构优化、企业回报提升

在实数融合产业结构方面，2023 年，我国高度数字化产业[10] 增加值占比为 23.31%，较 2012 年提升 6.56%，中低与低度数字化产业增加值占比则下降了 10.01%，我国实数融合产业结构如图 7-12 所示。**在企业回报方面**，在 2019—2023 年投资总回报率全球排名前 30 的企业中，多为实数融合领域企业，如图 7-13 所示。**从产出机制看**，实数融合不断加速，将牵引经济实现增量复苏。一是实数融合创造新场景新应用，以需求倒逼技术增量。二是实数融合不断拓展产业边界，涌现更多新模式新业态，实现产业规模增量。三是实数融合突破生产效率阈值，提升传统产业生产效率，逐步释放数字复利，兑现效率增量。

10　产业数字化的高低分类按照生产过程与价值增值过程中的数字化使用程度，经聚类分类方法划分得到。

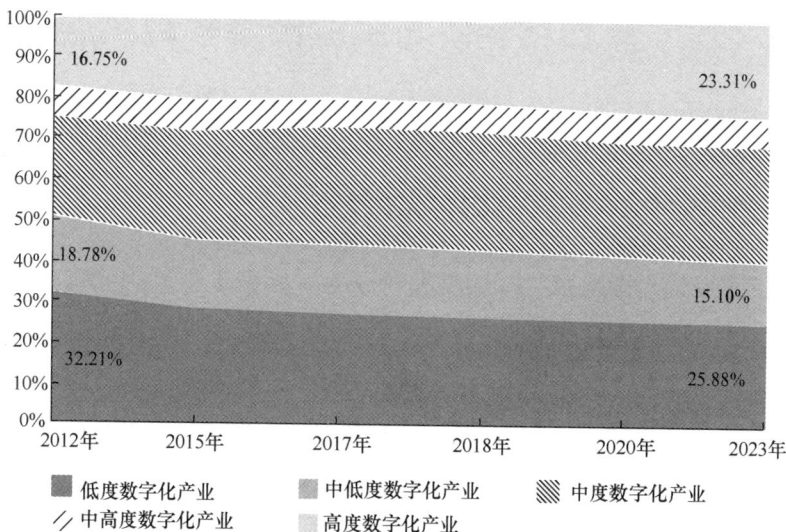

图 7-12 我国实数融合产业结构

（数据来源：国家统计局、中国信息通信研究院）

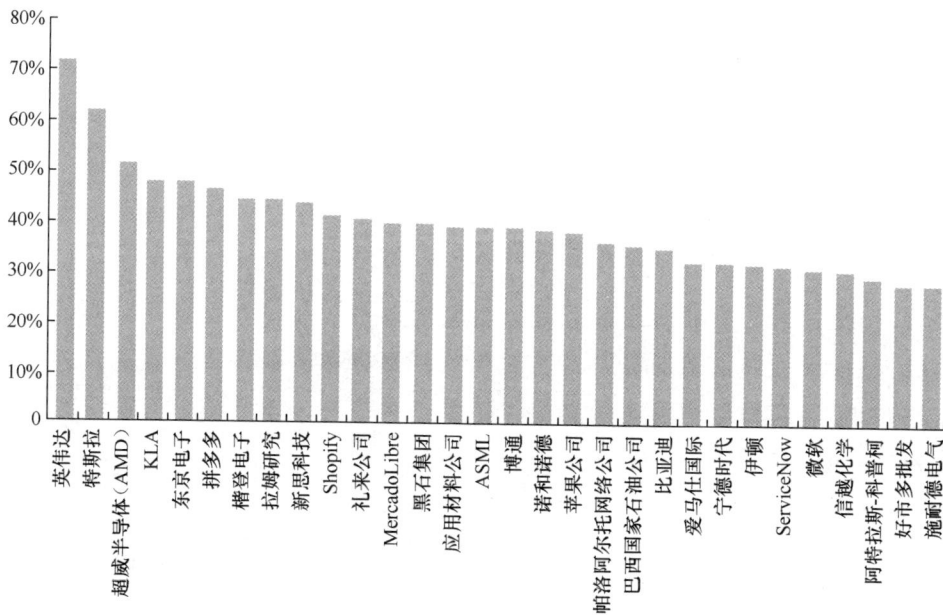

图 7-13 2019—2023 年投资总回报率全球排名前 30 的企业

（数据来源：波士顿咨询、中国信息通信研究院）

二、2024 年数字经济与工业经济领域热点分析

（一）新型工业化在全国范围内加速推进

新型工业化在全国范围内加速推进。一方面，新型工业化"1+N"政策体系基本成型。2023 年，全国新型工业化推进大会召开，标志着新型工业化重点任务部署的"四梁八柱"基本确立，如图 7-14 所示。2024 年，分领域、分行业顶层设计不断完善，制造业数字化转型、巩固提升信息通信业竞争优势和领先地位、工业互联网高质量发展、制造业绿色化发展等政策规划持续酝酿、加快研究、陆续出台。**另一方面，地方推动新型工业化发展不断取得新突破、新成效。**截至 2024 年 10 月，全国 31 个省（自治区、直辖市）均已召开省级新型工业化推进大会。其中，加快提升产业科技创新能力、推动产业结构优化升级、大力推动实体经济和数字经济深度融合是 2024 年的布局重点。例如，**在产业科技创新方面**，江苏强调科技创新重在增强工业跃升动力，要加快构建基础研究应用研究体系、关键核心技术攻关体系、产学研用对接融合体系；广东要求在关键核心技术自主可控上聚力攻坚，在创新成果转化上加力增效。**在产业优化升级方面**，辽宁指出要加快传统产业转型升级，加大传统产业技术改造，大力推进服务型制造发展，加快培育壮大战略性新兴产业、未来产业；山西重视改造提升能源、材料、化工产业，发展壮大新兴产业，前瞻布局未来产业。**在实体经济和数字经济深度融合方面**，浙江着力构建"数字技术＋实体经济"深度融合的产业形态；福建深入实施中小企业数字化赋能专项行动，提升数字化转型服务，推动新一代信息技术在各行业中的广泛应用。

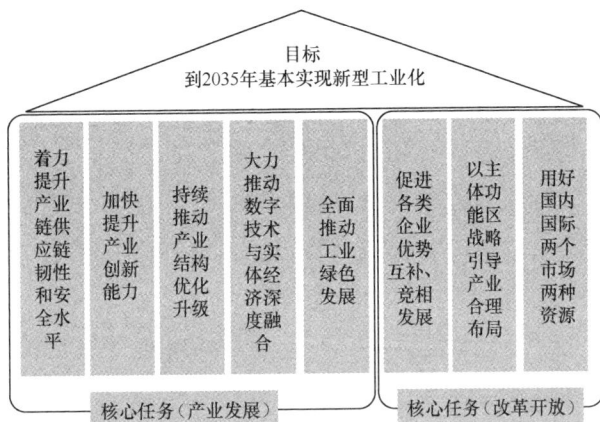

图 7-14 新型工业化重点任务部署的"四梁八柱"基本确立

1. 大规模设备更新加速推进，赋能产业优化升级和高端化发展

设备更新是工业领域提高产品质量、提升生产效率、塑造竞争优势的重要手段。新一轮大规模设备更新面向设备规模体量大、更新潜力大的工业重点行业，加快应用先进适用设备，以设备升级带动我国制造业整体竞争力提升，推动新型工业化发展进程。**一方面，稳增长**。推动大规模设备更新，有利于扩大有效投资，为我国经济增长提供动力。2024年，全国制造业投资同比增长9.2%；设备工器具购置投资同比增长15.7%，高于全部投资12.5个百分点，拉动全部投资增长2.2个百分点，贡献率超过60%，如图7-15所示。**另一方面，促转型**。推动工业领域大规模设备更新有利于促进技术进步和产业高端化、智能化、绿色化发展，也有助于推动先进产能占比的持续提升，对加快建设现代化产业体系与培育新质生产力具有重要意义。

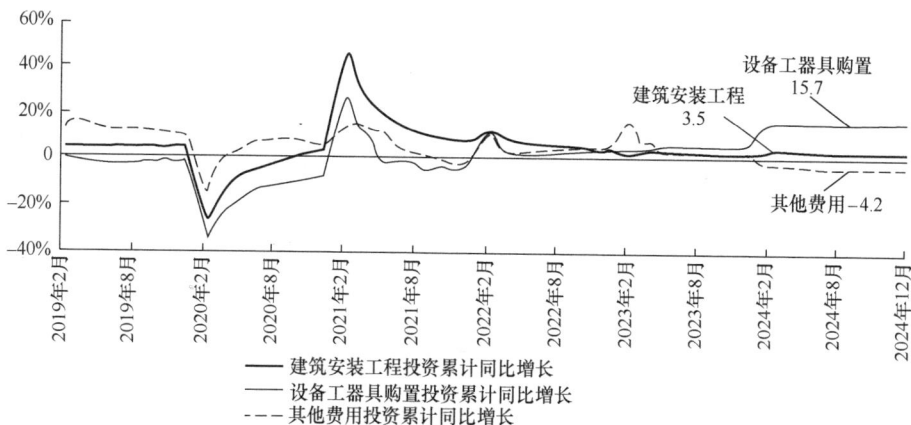

图 7-15 我国固定资产投资完成额

（数据来源：国家统计局）

2. 制造业"智改数转"步伐加速，推动产业效率持续提升

制造业"智改数转"促进生产组织系统性重构，优化生产方式，有效提升制造精度、效率与质量。一是推动供应链走向需求精准规划、具有柔性组织的主动型供应链，敏捷响应能力提升，二是构建仿真推演、实时监测、资源调度能力，建立更具韧性的供应链网络，从而为新型工业化高质量发展持续蓄势赋能。数字化投入带动全要素生产率、绿色发展水平显著提高。中国信息通信研究院测算，数字化投入对工业效率提升的作用更加显著，2004—2023年，劳动生产

率提升了 2.5 倍, 全要素生产率提升了 1.5 倍。并且, 数字化投入能够有效提升制造效率、敏捷性和产业链韧性。数字化投入对工业劳动生产率和全要素生产率增长贡献如图 7-16 所示。

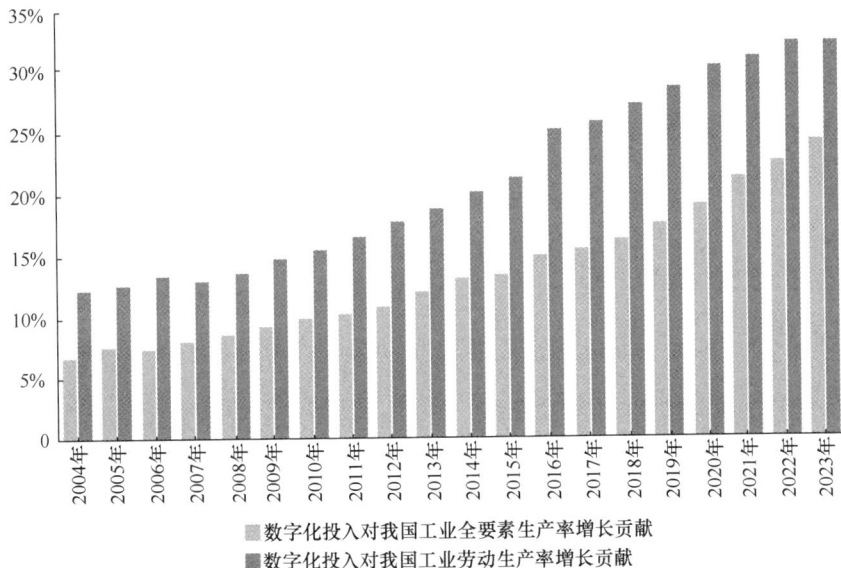

图 7-16 数字化投入对工业劳动生产率和全要素生产率增长贡献
（数据来源：中国信息通信研究院）

3. 科技创新和产业创新深度融合，提升产业创新水平和能力

科技创新和产业创新深度融合是扎实推进新型工业化的关键路径。一方面，科技创新和产业创新深度融合可以推动工业体系更健全、产业结构更优化，提升工业的整体竞争力和可持续发展能力。**另一方面，**科技创新和产业创新深度融合有助于培育新兴产业、改造提升传统产业，推动经济向更高质量、更有效率、更加公平、更可持续、更为安全的方向发展。例如，我国新能源汽车产业依靠科技创新进行转型，在全球竞争中占据领先地位。2024 年我国新能源汽车产销量均超过 1200 万辆，规模连续 10 年位居世界第一，产销量占全球比重超过 70%，出口量位居世界第一。

新动能、新优势不断培育壮大。从 2024 年工业利润来看，高技术制造业利润较上年增长 4.5%，高于规模以上工业平均水平 7.8 个百分点，拉动规模以上工业利润增长 0.8 个百分点。高技术制造业增加值占规模以上工业增加值比重从 2021 年的 15.1% 提高至 2024 年的 16.3%。具体来看，2024 年，航天器及运载火箭制造业利润较上年增长 13.4%、光电子器件制造业利润较上年增长 66.9%、智能车载设备制造业利润较上年增长 112.8%、可穿戴智能设备制造业利润较上年增长 37.7%、智能无人飞行器制造业利润较上年提高 164.7%、锂离子电池制造业利润较上年增长 48.5%、导航测绘气象及海洋专用仪器制造业利润较上年增长 26.3%、光学仪器制造业利润较上年增长 13.2%、电子电路制造业利润较上年增长 30.3%。

（二）数据作为关键生产要素的价值凸显

1. 数据要素相关政策紧锣密鼓出台，制度优势逐步显现

自 2024 年以来，我国数据要素领域发展热情高涨。围绕"数据二十条"加速完善数据要素基础制度框架，探索各领域数据要素安全管理和应用，初步形成"横纵相融"的数据要素政策新趋势。

横向看，自"数据二十条"发布以来，我国围绕数据产权制度出台《公共数据资源授权运营实施规范（试行）》《公共数据资源登记管理暂行办法》等，围绕数据流通交易制度出台《"数据要素 ×"三年行动计划（2024—2026 年）》《促进和规范数据跨境流动规定》《关于促进数据产业高质量发展的指导意见》《可信数据空间发展行动计划（2024—2028 年）》等政策文件，围绕数据安全治理制度，出台《国家数据标准体系建设指南》《网络数据安全管理条例》等。

纵向看，行业协同发力，推动各领域数据要素安全管理和应用，财政部先后发布《企业数据资源相关会计处理暂行规定》《数据资产评估指导意见》《关于加强数据资产管理的指导意见》，引领推动数据资源登记和资产价值合法确认，江西、贵州等地以此为指引，从数据资源公证登记、资产登记、产品登记等方面加速推进数据要素确权；工业和信息化部、中国民用航空局等印发《工业领域数据安全标准体系建设指南（2023 版）》《民航数据管理办法》等，引导、规范行业数据的开发和利用。

2. 公共数据资源开发利用形成系统化部署，创新市场激励机制

公共数据领域已初步构建公共数据资源开发利用的"1+3"政策体系，引

领全社会数据资源供给和融合应用。中共中央办公厅、国务院办公厅公开发布《关于加快公共数据资源开发利用的意见》，配套文件《公共数据资源登记管理暂行办法》《公共数据资源授权运营实施规范（试行）》相继出台，相关价格政策文件即将出台，为推进公共数据资源开发利用领域工作提供指导。截至2024 年 7 月，我国已有 243 个地方政府上线了政府数据开放平台，其中，省级平台共 24 个，非省级城市平台共 219 个，与 2023 年下半年相比，新增 17 个地方平台，平台总数增长约 8%。2024 年，全国省级公共数据开放平台开放的有效数据集超 37 万个，是 2017 年的约 44 倍[11]。

对公共数据市场化运营展开探索，形成有益经验。数据作为关键要素参与生产，产生的收益涉及数据持有方、数据加工处理方、数据使用方等不同主体，合理、规范的收益分配机制是推动数据资源增值利用的重要激励。公共数据授权运营收益呈现多种反哺形式，主要包括财政利益返还、成本补偿、数据产品和服务反哺、技术反哺、政治认可和社会荣誉、政府专项基金等形式。杭州、长沙、温州等地方规范性文件提出将公共数据授权运营取得的收入合理反哺财政预算收入，形成"数据财政"可行性初探。长春采取市场主体与公共数据授权运营单位签署数据服务使用协议并支付年费的形式完成数源部门利益返还。成都、广州等地的数据集团整合了当地数字政府业务，通过引导外部数据和技术流入，助力政府部门提升数据治理和公共服务水平，具体做法包括提供云服务、云资源统采共用等。

3. 数据产业规模呈现快速增长态势，助力数据价值挖掘

我国基于数据全生命周期价值管理链的数据产业体系不断完善，数据产业规模保持较高速增长，以数据采集汇聚、计算存储、开发利用、安全治理等为主的数据产业体系日趋成熟。分领域看，2024 年，我国数据存储行业市场收入增长率达 7.57%，数据标注市场规模增长率达 113.82%，大数据安全市场规模增长率达 14.90% 等[12]。

各类型头部数据企业逐渐成为带动产业链突破的主力军，为数据要素价值化

---

11 数据来源：中国地方公共数据开放利用报告。
12 数据来源：Statista, Mordor intelligence, Fortune Business Insights。

"增质""增效""增优"。在"**增质**"方面，数据标注、数据清洗、数据分析等相关企业推动形成高质量数据集，助力大模型研发。例如，2024 年 5 月 24 日，国家数据局发布了承担七大数据标注基地建设任务的城市名单，包括成都、沈阳、合肥、长沙等，龙头企业集聚，促进区域人工智能产业生态发展。在"**增效**"方面，数据合规、数据评估等相关企业推动供需两端互信协同，提高市场流通效率。例如，近年来，多家会计师事务所、律师事务所、评估机构、咨询公司等探索并提供数据交易合规评估、数据资产登记、数据资产入表咨询等服务。在"**增优**"方面，数据咨询、数据经纪等相关企业推动数据要素开发利用，挖掘和创新数据要素应用场景。例如，2024 年 10 月，由国家数据局等 15 个部门共同举办的 2024 年"数据要素 ×"大赛落下帷幕，全国近 2 万支队伍参赛，发掘出众多高价值应用场景及可落地的解决方案。

4. 数据要素对经济增长贡献的作用进一步增强

数据作为新型生产要素，既能直接通过流通交易创造价值，又能与其他生产要素融合，降低数据交易成本，形成规模经济和范围经济，通过提升配置效率、规模效率和技术效率以提升全要素生产率，赋能新质生产力，开辟经济增长的新空间，创造新产业新模式，实现对经济发展的倍增效应。数据成为驱动经济发展的新力量。2021—2023 年数据经济贡献度如图 7-17 所示，中国信息通信研究院测算，2023 年，我国数据经济贡献度为 2.05%，与 2022 年相比增长 0.99 个百分点，数据经济贡献度用来衡量数据对国民经济收入的贡献率，由此可见，**数据驱动经济增长的能力已经初步显现**。

分产业看，2023 年我国第一产业、第二产业、第三产业的数据经济贡献度分别为 1.01%、1.96%、2.43%，与 2022 年比，分别增长 0.69 个百分点、1.30 个百分点和 0.74 个百分点，如图 7-18 所示。其中，第三产业持续保持数据开发利用优势。依托各类数字基础设施及互联网平台，第三产业企业通过数据接口、埋点、网络日志、网络爬虫等方式采集数据，形成数据资源禀赋优势，数据开发利用起步早，数据要素赋能效果初显。同时，随着信息化与工业化融合走深向实，第二产业数字技术应用水平提升，基于网络连接、智能感知的机器设备产生大量数据，通过传感器、条形码、摄像头等进行数据收集，第二产业也汇集了大量数据，数据开发利用取得一定成效。

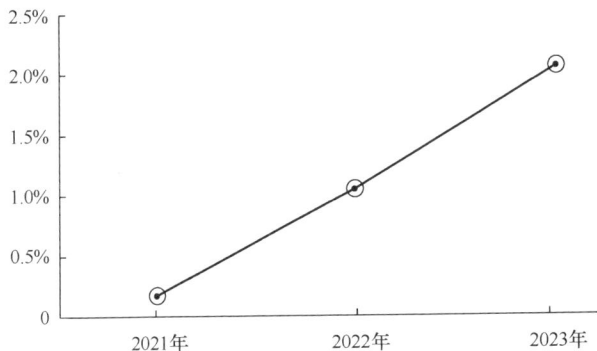

图 7-17　2021—2023 年数据经济贡献度

（数据来源：中国信息通信研究院）

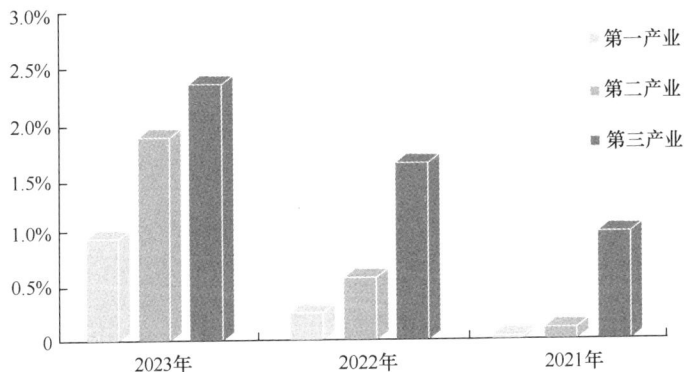

图 7-18　2021—2023 年三次产业数据经济贡献度

（数据来源：中国信息通信研究院）

（三）实体经济与数字经济融合加速推进

实体经济是一国经济的命脉所在，数字经济是科技革命和产业变革的前沿阵地，促进实体经济和数字经济深度融合能够激发实体经济的创新活力，拓展数字经济的发展空间，为构建现代化经济体系奠定坚实基础。在此背景下，党的二十届三中全会发布《中共中央关于进一步全面深化改革　推进中国式现代化的决定》，首次提出健全促进实体经济和数字经济深度融合制度，对加快推进新型工业化、加快构建促进数字经济发展体制机制、完善促进数字产业化和产业数字化政策体系等作出新的部署。

1. 数字产业规模长期中高速增长，短期呈现"以增促稳"态势

长期看，我国数字产业规模保持中高速增长趋势。 2014—2023 年，我国数字产业收入实现显著增长，数字产业规模增速达 123%。我国 GDP 增速和数字产业收入增速如图 7-19 所示，GDP 增速和数字产业收入增速趋势较为一致，彰显数字产业对经济增长的强劲拉动作用。同时，得益于数字技术创新方面的持续投入与突破，近年来，我国数字产业规模增速相对稳定，长期持续高于 GDP 增速，展现较强的发展活力和潜力，集成电路先进工艺突破创新、国产操作系统开源生态建设等不断取得进展，我国在人工智能、物联网等领域拥有的发明专利授权量位居世界前列，为数字经济快速发展提供坚实的技术支撑。

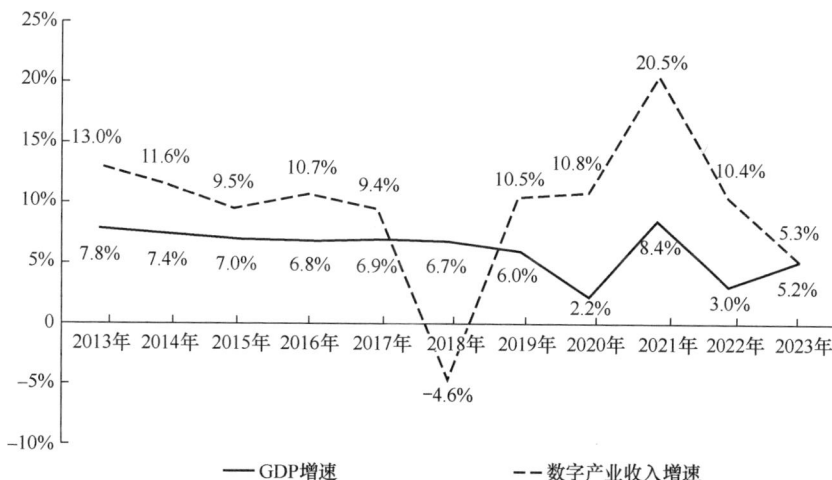

图 7-19 我国 GDP 增速和数字产业收入增速

（数据来源：工业和信息化部、国家统计局）

短期看，我国数字产业呈现良好"以增促稳"态势。 我国数字产业业务收入和利润发展情况如图 7-20 所示，收入稳中有升，2024 年 1—6 月，数字产业业务收入达 15.6 万亿元，同比增长 5.7%，增速较 2023 年同期提升 0.8 个百分点，较 2024 年一季度提升 0.7 个百分点。利润大幅提升，2024 年 1—6 月，数字产业利

润总额 1.1838 万亿元，同比增长 11.9%，扭转 2023 年同期负增长局面，体现了数字产业盈利能力的提升，也为持续加大数字产业相关研发投入、拓展市场应用、推动产业升级提供有力保障。

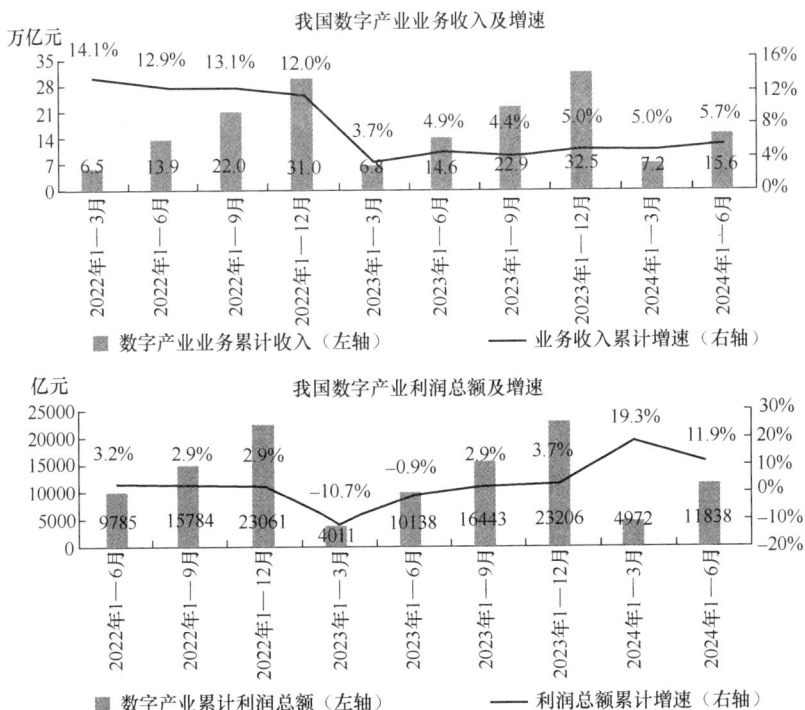

图 7-20　我国数字产业业务收入和利润发展情况
（数据来源：工业和信息化部，国家统计局）

2. 未来产业正逐步成为数字经济发展新动能

未来产业是基于前沿技术创新而兴起的产业领域，包含元宇宙、脑机接口、量子信息、人形机器人、生成式人工智能、生物制造、未来显示、未来网络、新型储能等产业。当前，未来产业以其创新性、前瞻性和高成长性，正逐步发挥在推动创新发展、拓展应用场景、催生新模式新业态等方面的优势，成为数字经济发展的新增长极。

在推动创新发展方面，前沿技术是未来产业的核心驱动力。以新一代信息技术为例，互联网、大数据、人工智能、微电子与光电子等技术作为通用目的技术，正在全球范围内得到广泛应用并迅速发展。以人工智能为例，全球人工智能专利申请量和授权量如图 7-21 所示。近年来，人工智能专利申请数量持续增加，世界知识产权组织报告显示，2014 年至 2023 年，中国生成式人工智能专利申请量超 3.8 万件，居世界第一，专利成果涵盖了机器学习、自然语言处理、计算机视觉、智能机器人等多个关键领域，相关技术的创新迭代催生数字经济新动力。具体来看，机器智能在计算机视觉、语音识别、自然语言处理等特定领域中已经达到人类智能水平。ChatGPT、Sora 等生成式大模型加速了应用生态的繁荣，被广泛应用于交通、医疗、教育、金融和工业等多个领域中，正在迅速改变各行各业。

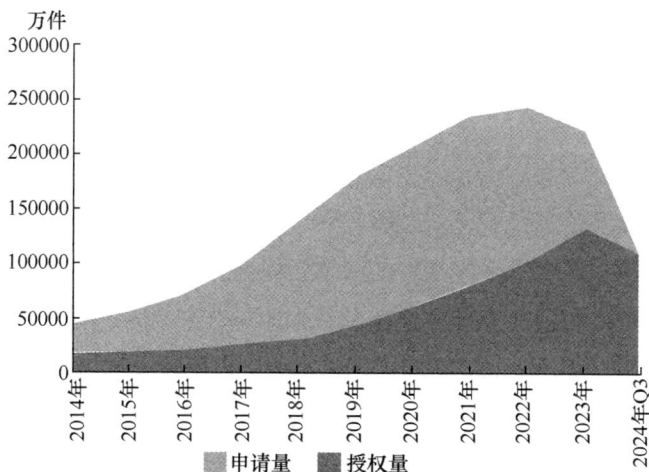

图 7-21　全球人工智能专利申请量和授权量
（数据来源：中国信息通信研究院）

在拓展应用场景方面，量子计算、量子通信、量子测量、后量子密码等量子领域加速发展，应用场景不断丰富，为数字经济创造更多新的经济增长点。量子计算基于量子叠加和量子纠缠等原理，具有超越经典计算的并行计算能力和更低的能耗，有望突破人工智能的算力瓶颈。量子通信具有更高的安全性，是数字经济发展的重要基础设施。全球量子测量企业发展方向分布如图 7-22 所示。例如，2023 年，北京量子信息科学研究院团队首创量子密钥分发开放式新架构，实现 615km 光纤量子通信，为多节点广域量子网络的建设奠定基础。

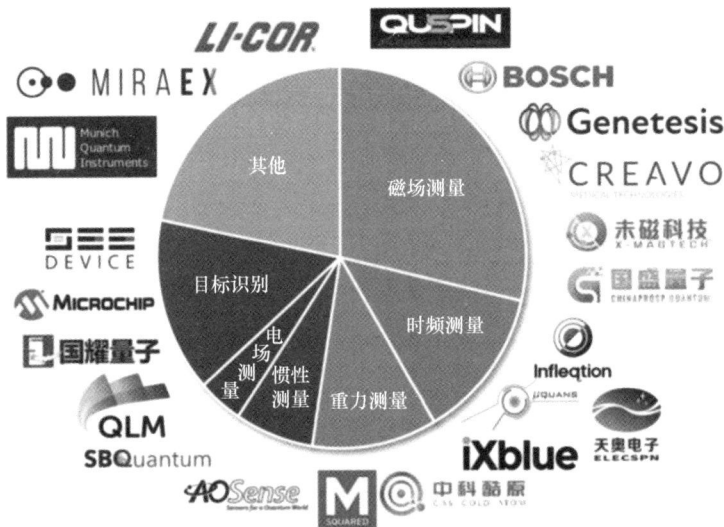

图 7-22　全球量子测量企业发展方向分布

（数据来源：中国信息通信研究院）

在催生新模式新业态方面，未来产业具有高成长和强赋能属性，有效推动技术和产业的深度融合，广泛渗透产业链上下游各个环节，深刻改变着社会生产和生活方式。**在生产方面**，未来产业促使企业不断优化生产组织形式和管理模式，提高生产效率和质量，降低成本和风险，增强企业的竞争力和创新能力。**在生活方面**，未来产业的产品和服务，如智能穿戴设备、智能家居系统等让人们的生活更加便捷、舒适和丰富多彩；远程办公、在线教育、数字医疗等新模式打破了时间和空间的限制，提升了人们的生活品质和工作效率。以智能制造为例，通过利用工业互联网、物联网、大数据、人工智能等技术，优化生产流程、提高生产效率，实现工厂生产设备互联互通和智能化管理，推动共享制造、柔性制造等新模式发展。

3. 实体经济和数字经济融合进入深层应用、全链条应用、智能化发展新阶段

实数融合从浅层、局部应用走向深层、全链条应用。研发设计、生产制造等**工业核心环节的数字化应用不断推进。**截至 2024 年 6 月，我国重点工业企业数字化研发设计工具普及率为 80.8%，重点工业企业关键工序数控化率为 63.6%，

如图 7-23 所示。**全价值链系统性数字化应用持续拓展**。例如，汽车、大飞机等装备行业面向复杂产品快速研制与运维需求，大力推进基于工业互联网的产品全生命周期一体化优化；石化、建材等原材料行业探索产销一体化运营、跨工序协同等数字化新模式，实现绿色低碳生产。

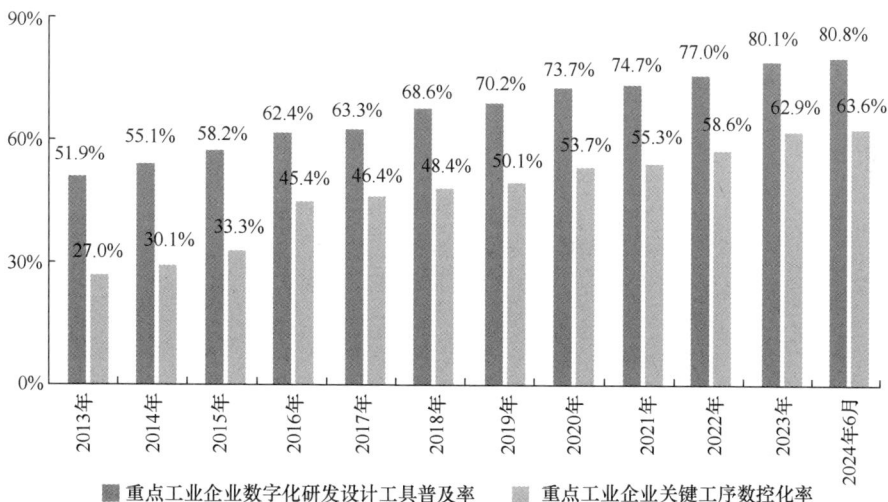

图 7-23　重点工业企业数字化情况

（数据来源：工业和信息化部）

　　企业逐步从数字化、网络化迈向智能化发展阶段。从整体发展态势看，随着数字技术的持续创新与广泛应用，数字化、网络化已成为企业运营的基础支撑，而智能化则成为企业的新目标。企业不再满足于将数字技术简单应用于业务流程，而是期望通过深度融合实现更高效、更智能的生产与管理。不同级别企业的智能制造成熟度占比如图 7-24 所示。具体看，智能制造成熟度达标企业占比不断攀升，2024 年，达到智能制造成熟度二级的企业占比为 25%，较 2021 年提高10 个百分点，企业数字化、网络化进入新的发展阶段；2024 年，达到智能制造成熟度三级及以上的企业占比为 17%，与 2021 年基本持平。企业在数据驱动决策，以及实现设备互联、系统互通和业务协同方面实现较好发展，在提升生产效率、产品质量及降低成本等方面取得良好成效。

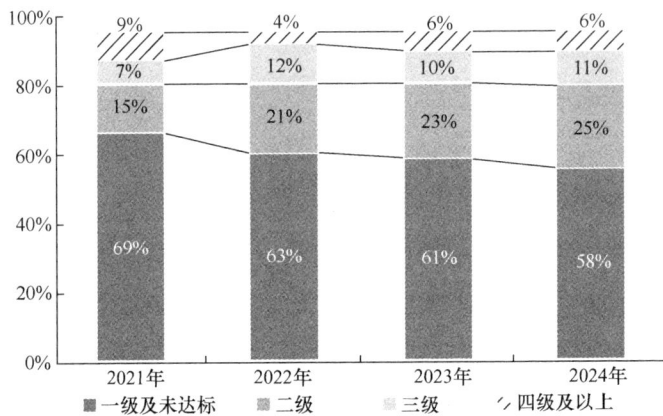

图 7-24　智能制造成熟度不同级别企业占比

（数据来源：工业和信息化部）

三、2025 年数字经济与工业经济领域发展趋势展望

（一）实体经济和数字经济深度融合制度将加速健全

党的二十届三中全会为数字经济时代的新制度构建提供建设思路。"十五五"时期，我国实体经济和数字经济融合制度将在顶层战略、产业落地政策、市场监管体系、组织架构设置等维度持续完善，为推动实体经济和数字经济融合提供良好政策环境，推动数字经济高质量发展。具体看，**一是顶层战略将持续巩固细化**。我国已步入"十四五"收官之年且即将步入"十五五"开局之年，国民经济"十五五"规划、"十五五"数字中国发展规划、"十五五"数字经济发展规划、"十五五"国家信息化规划等实体经济和数字经济融合相关多领域顶层战略将陆续出台。**二是出台产业落地政策的步伐加快**。我国将相继出台 5G、人工智能、工业互联网、低空经济等产业高质量发展相关政策文件，进一步完善交通、物流、供应链、金融等实体经济和数字经济融合发展相关基础领域的制度建设，加快推动实体经济和数字经济融合相关重大专项、重大工程等实施落地，推动数字经济创新发展试验区高质量建设。**三是市场监管体系进一步健全有效**。我国市场监管体系将持续完善，国家信用监管制度和机制将不断完善健全，平台企业信用监管、创新信息通信行业管理、营商环境优化、信息通信业生产安全、网络运行安全等相关规章制度持续完善并加速落地。**四是组织架构的设置和优化取得新进展**。我国数字经济发展部际联席会议制度将进一步发挥作用，工业和信息化部、国家发展和改革委员会、国家数据局、中央网络安全和信息化委员会办公室等部委关于数字经济的工作机制将进一步健全，央地协同在数字经济方面取得系列成效。

（二）实体经济与数字经济深度融合成本下降将驱动数字经济迈向经济增长"第二曲线"

"十四五"末期，全要素生产率增长贡献不断提升表征我国宏观经济生产成

本持续下降。 2019 年与 2023 年各生产要素对数字经济增长的贡献占比如图 7-25 所示。2023 年，我国全要素生产率贡献为 26.77%，较 2019 年增长近 7%。传统资本、劳动力二者的贡献较 2019 年分别下降 1.05% 与 0.47%。全要素生产率的贡献增长提升意味着在相同的资本、劳动力等生产要素投入增长的情况下，更多产品被生产或以消耗更少的资源维持同等生产水平，这将直接导致在宏观层面上生产单件产品成本下降。但与此同时，传统资本、劳动力对经济增长的贡献有限下降与数字资本的对经济增长的贡献占比较高的现实表明，数字化转型效能仍需释放，优化资源配置、释放融合动能仍有空间推广政策。

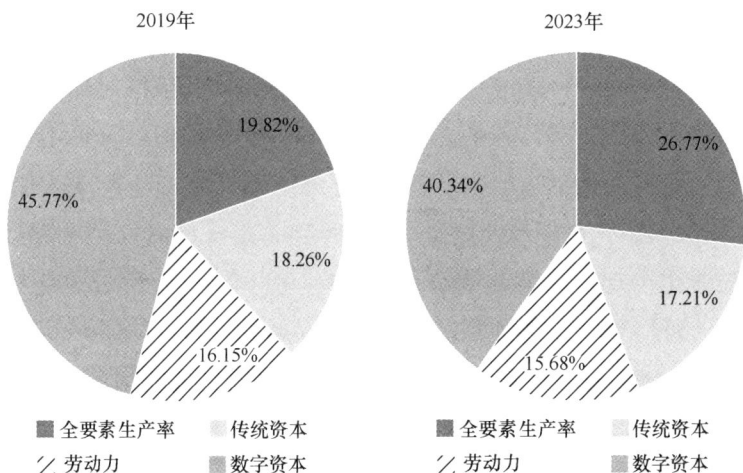

图 7-25　2019 年与 2023 年各生产要素对数字经济增长的贡献占比

（数据来源：国家统计局、中国信息通信研究院）

数字经济筑底回升，亟待实数融合开启经济增长"第二曲线"。 2023 年，外部环境复杂，内部发展承压，我国数字经济增速处于近 20 年较低水平，正处于从数字资本扩张驱动转向融合降本驱动的关键时期。2002—2023 年我国数字经济增速及生产要素增长贡献占比如图 7-26 所示。2002—2022 年，我国数字经济增长处于数字资本扩张驱动的"第一曲线"时期。这一阶段，数字经济领域的生产性资本存量快速扩张，数字经济领域的实物资本（现代化工厂、机器等基础设施）的大规模应用直接促使企业生产能力提高，从"增量"的角度驱动经济增长。同时，数字资本深化效应不断加强，人均数字化投入不断攀升，个人知识与技能可以有力应对相关国际产业转移与传统产业升级，劳动生产率不断提升，从"提质"的角度驱动经济增长。自 2023 年起，伴随实数融合进入规模化发展新时期，数字经济发展也初步进入融合降本驱动的"第二曲线"时期 [13]。当前阶段，融合降本将成为未来经济增长的最主要动力。一是上一阶段的技术外溢、实物资本的规模化应用、产业链联动、生产等现象，逐步降低企业既有固定成本，提升产业利润；二是数字技术迅速扩散，企业的学习周期缩短，采纳效率持续提升，企业的可变成本降低提速；三是企业数字化转型不断深化，信息不对称导致的企业隐性成本逐渐降低。三类融合成本下降趋势将共同驱动数字经济进入降本增长新区间。

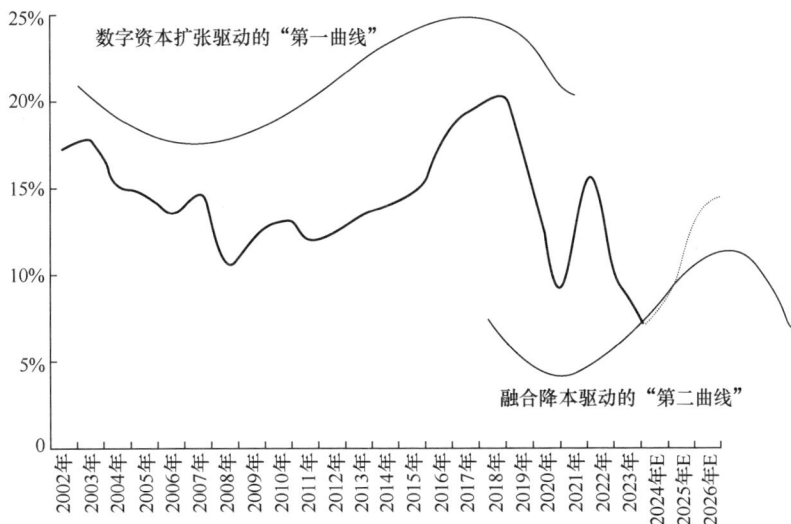

图 7-26　2002—2023 年我国数字经济增速及生产要素增长贡献占比
（数据来源：国家统计局、中国信息通信研究院）

（三）推进新型工业化，加速制造业"三大变革"

　　"十五五"时期将是推进新型工业化的攻关期。加快推动制造业质量变革、

13　"第二曲线"是当经济体经历了一段时间的增长后，第一条增长曲线（通常由传统业务或现有业务驱动）达到峰值并趋于平缓时，通过引入新的业务、产品或模式来开启的第二次增长周期。

效率变革、动力变革，实现制造业由大到强、达到世界先进水平的历史性跨越，是推进新型工业化的光荣使命。**要加快推动制造业质量变革**，全面开展质量提升行动，提高质量标准，加强全面质量管理，促进企业公平竞争，促进质量变革创新。**要加快推动制造业效率变革**，全面推进体制机制创新，提高资源配置效率，推动资源向优质企业和产品集中，推动创新要素的自由流动和高效集聚。**要加快推动制造业动力变革**，全面从依靠资源和低成本劳动力等生产要素投入转向由创新驱动，把培育新发展动能作为打造竞争新优势的重要抓手。**综合来看**，效率变革既是质量变革的根本支撑，又是动力变革的根本体现，制造业效率变革是贯穿"三大变革"的主线问题，是决定保持制造业全球竞争优势的最底层力量。

数字治理与法律篇

导　　读

　　党的二十届三中全会对进一步全面深化改革做出系统部署，指出我国在推动高质量发展方面仍然面临发展不平衡不充分的突出问题，对数字治理领域改革提出了更高要求，亟须从新技术、新要素、新形态、新体制等方面入手，破除制约数字经济高质量发展的体制机制障碍，释放发展活力。同时，国际发展环境日趋复杂严峻，不确定、难预料因素不断增多，我国参与全球数字治理体系变革的战略机遇与风险挑战并存。

　　2024 年，数字领域治理改革扎实推进、成效显著。从国内来看，数字领域改革创新不断深化，多项重要制度和改革举措先后出台，市场化、法治化、国际化的营商环境持续优化。工业和信息化部出台首个优化营商环境的政策文件，坚持改革创新、依法行政、技管结合、赋能发展的原则，以创新行业管理为着力点，加快建设与数字化发展相适应的现代化行业监管和服务体系。从全球来看，联合国未来峰会通过《全球数字契约》(《未来契约》的附件之一)，标志着联合国框架下数字治理体系改革和建设取得阶段性成果，为促进全球可持续发展提供数字合作新框架。与此同时，全球主要经济体竞相出台数字治理方案，美国、欧盟等经济体加快以数字合作争取更多国际支持，发展中国家在国际舞台上日益活跃，中国坚持共商、共建、共享的原则，基于全球发展、安全、文明"三大倡议"精神，持续在数字领域提出建设性解决方案。

　　2024 年，数字治理与法律领域的热点主要体现在三个方面。一是数字领域高水平开放体制机制不断完善。立足当前全球贸易壁垒大幅增加等新形势，围绕更大力度吸引和利用外资、促进数字贸易创新发展、积极融入国际经贸规则网络等重点方向实行更加积极主动的开放战略，推动实现数字领域在更大范围、更宽领域、更深层次的对外开放。二是数据法律制度体系更加健全。我国坚持问题导向，统筹发展和安全，推动我国数据安全立法迈入"体系化推进""精细化发展"新阶段，探索构建高效、便利、安全的数据跨境流动机制，加快推进数据要素市场建设，数据治理规则体系不断完善。三是人工智能治理进程全面提速。面对人工智能技术颠覆性、跨越式突破带来的日益加剧的内生安全和应用安全风险，各国政府在制度设计、监管调查、监测预警等方面积极探索治理方案，第三方专业机构在基于"以技治技"的敏捷治理中发挥了关键作用，全球人工智能治理持续升温，"发展优先"与"安全合作"两大议题并行推进。

展望未来，数字治理将进一步深化改革，释放动力，以高水平治理促进高质量发展，其主要体现在以下四个方面。一是在新技术方面，以高水平治理统筹好向上向善发展和安全风险防范，国内治理将以促进健康有序发展为导向，加快形成符合人工智能场景发展需要的治理规则；国际治理将进一步加强共商共建共享，形成更多有共识、互操作的框架和标准规范。二是在新要素方面，以高水平治理统筹好数据开发利用和数据安全保障。在发展层面，将从政策层面加快前瞻性规则探索，在规则成熟定型之后推动制定高效力层级的法律法规，进一步释放数据要素价值；在安全层面，将在已有法律法规制度框架下，进一步健全完善配套规则，积极应对新型安全风险。三是在新形态方面，以高水平治理统筹好常态化监管和高质量发展，进一步处理好活力与秩序、平台企业与平台生态的关系，强化创新发展支撑，健全常态化监管制度，促进各方主体互利共赢，提振行业发展信心，推动平台经济生态整体繁荣。四是在新体制方面，以高水平治理统筹好开放与发展、开放与改革，以制度型开放为重点，进一步放宽数字领域市场准入，深化贸易、投资等重点领域的体制机制改革，积极主动地把我国的对外开放提高到新水平。

本篇作者：

张春飞　张子淇　石　月　程　莹　马　兰　邱晨曦　罗珞珈　伊婧煜
刘志鹏　韩晨阳　谭　俊　王甜甜　赵淑钰　王金钧　杜安琪　张君蔓
秦　越　彭宁楠　姚咏林　钱　悦　石立娜　何　波

一、2024 年数字治理与法律领域
发展情况综述

2024 年数字治理与法律领域改革不断深入，全球治理体系改革与国内制度规则创新加快推进，亮点不断。本章将从国际和国内两个维度，对 2024 年数字治理与法律领域的改革进展与成效进行全面、深入的总结分析。

（一）国际数字治理改革进展

1. 联合国框架下，数字治理体系改革和建设取得阶段性成果

2024 年 9 月，联合国未来峰会以《未来契约》附件的形式通过了《全球数字契约》（以下简称《契约》），呼吁各方团结应对全球深刻变革、重振多边主义，加强数字领域合作以应对全球性挑战。《契约》围绕全球数字治理提出 5 项目标，包括弥合所有数字鸿沟，加快在实现各项可持续发展目标方面取得进展；为所有人扩大数字经济的包容性和惠益；营造尊重、保护和促进人权的包容、开放、安全和可靠的数字空间；推进负责任、公平和可互操作的数据治理办法；加强人工智能国际治理，造福人类。《契约》提出，开展数字合作应遵循《联合国宪章》的宗旨和原则，并提出了发展优先、公平公正等 13 项原则，为促进包容、开放、可持续、公平、安全和可靠的数字未来提供了行动指南，如图 8-1 所示。

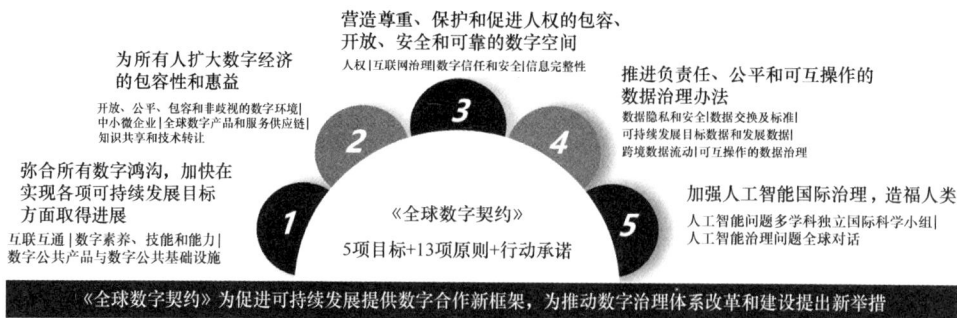

图 8-1 《全球数字契约》

（数据来源：中国信息通信研究院）

《契约》呈现出以下新的特征。**一是突出发展导向。**《契约》根植于联合国《2030 年可持续发展议程》，将发展作为数字时代的首要任务。为实现更充分和可持续的发展，《契约》进一步扩展了"弥合所有数字鸿沟"的内涵，从互联互通、数字素养、技能和能力、数字公共产品与数字公共基础设施等多个角度提出了实现数字互联互通的具体举措，覆盖了从网络硬件到软件系统，再到人的能力等各方面内容，进一步丰富了"连接"的内涵。**二是提出一系列"数字 +"新概念。**《契约》提出了推动数字化转型、鼓励数字创新、加快数字经济发展、加强数字连接、促进数字知识共享等数字时代的新共识，推动联合国系统的相关工作从"信息社会""网络空间"向更为广泛的"数字"领域延伸。新概念的提出体现了全球治理体系对快速发展的数字技术的回应，为未来开展更有效的国际合作、构建更加完善的数字治理框架奠定了基础。此外，《契约》还纳入了多个近年来在国际上讨论热度高的新概念，如"可持续发展目标数据和发展数据"强调利用大数据技术驱动可持续发展；"信息完整性"旨在维护网络信息的真实性和可靠性；"数字空间语言和文化多样性"则强调在人工智能技术发展背景下，尊重不同语言和文化在数字空间的平等地位的重要性。这些新概念不断丰富全球数字治理的工作方向，展现了《契约》在全球数字治理领域的引领性和前瞻性。**三是高度重视对人工智能等新兴技术的治理。**《契约》将人工智能国际治理列为五大工作目标之一，推动成立人工智能问题多学科独立国际科学小组，对人工智能的风险和机遇进行评估；发起人工智能治理问题全球对话，加强各方交流讨论，推动联合国在全球人工智能治理中发挥更大作用。**四是明确联合国框架的关键作用，促进全系统协调。**《契约》邀请联合国全系统落实行动承诺，并提出以"垂直机构牵头执行 +横向审查"的方式，强化对数字领域事务的协调。在执行方面，新成立的联合国数字和新兴技术办公室将加强对系统内部的协调并支持契约的行动和实施，联合国所有实体、机构、基金和方案将在其既有任务范围内支持《契约》的执行，可持续发展目标联合基金数字窗口等联合国机制和多边开发银行机制为《契约》的执行提供融资支持，联合国各区域经济委员会和联合国国家工作队支持各国家和地区的工作开展。在进程审查方面，《契约》将利用信息社会世界峰会（WSIS）和联合国互联网治理论坛（IGF）的举办经验，由联合国经济及社会理事会在世界各国家和地区的办公室盘点进展情况，并以高级别会议的形式对《契约》的进展进行审查。

2. 主要经济体竞相提出数字治理方案

美国、欧盟等经济体加快以数字合作争取更多国际支持。美国于 2024 年 5 月发布《美国国际网络空间和数字政策战略：迈向创新、安全和尊重权利的数字未来》，提出"促进、建立和维护开放、包容、安全和有弹性的数字生态系统"，大力推广"安全可靠、值得信赖"的人工智能理念。欧盟推进"全球门户"计划，加大投资发展中国家的基础设施，积极推动绿色化、数字化转型，加强对 ICT 产业碳排放的监测。英国、韩国等成立人工智能安全研究所，举办人工智能安全峰会，建立安全研究网络，推动人工智能安全治理国际合作。

发展中国家在国际舞台上日益活跃。印度、南非、埃及等国积极倡导以推出"数字公共产品和数字公共基础设施"理念来弥合日益扩大的数字鸿沟，通过构建开放、互联互通的数字平台和基础设施，降低数字技术的使用门槛，促进数字经济普惠发展。巴西将"信息完整性"议题列入二十国集团（G20）数字经济部长会议议程，以应对虚假信息传播带来的挑战，并致力于推动国际社会就平台治理、气候变化等领域虚假信息的治理开展合作。南非高度重视中小微企业在经济发展中的作用，积极推动关于"中小微企业创新创业"的讨论，以期通过数字技术赋能中小微企业发展，促进经济增长和创造就业。

中国坚持共商、共建、共享的原则，基于全球发展、安全、文明"三大倡议"精神，持续在数字领域提出建设性解决方案。在发展方面，第 78 届联合国大会协商一致通过中国主提的加强人工智能能力建设国际合作决议，140 多个国家参与联署。该决议鼓励各方开展政策交流、知识共享、技术转让、人员培训、联合研究等各类合作，帮助发展中国家从人工智能技术发展中平等受益。为推进决议落实工作，中国发布《人工智能能力建设普惠计划》，成立人工智能能力建设国际合作之友小组，得到各方积极支持和响应。中国高度重视区域国别数字领域合作，先后发布《中非数字合作发展行动计划》《中国—东盟关于推动建立可持续和包容性的数字生态合作联合声明》，提出建设金砖国家数字产业生态合作网络，成立中国—金砖国家人工智能发展与合作中心，加强数字基础设施互联互通、促进数字经济合作等，推动各方共享数字发展红利。**在安全方面**，为应对新兴技术带来的各类风险挑战，中国首倡和推动的《联合国打击网络犯罪公约》达成协商一致，成为国际社会首次在全球范围内就网络治理达成的具有法律约束力的公约，将中国提出的网络主权理念转化为有约束力的法律规则。2024年11月，中国提出了《全球数据跨境流动合作倡议》，倡导坚持多边主义、共商共建共享原则，呼吁各方在充分考虑彼此关切的基础上，就数据跨境流动规则进行对话与合作，共同构建开放、安全、可信的数据跨境流动环境，为弥合各方在数据跨境流动规则上的分歧、构建全球数据治理框架提供了重要的思路。

（二）国内数字治理改革进展

1. 数字领域改革创新不断深入，推动营商环境持续优化

习近平总书记关于《中共中央关于进一步全面深化改革、推进中国式现代化的决定》的说明中指出，当前，推动高质量发展面临的突出问题依然是发展不平衡不充分。比如，市场体系仍不健全，市场发育还不充分，政府和市场的关系尚未完全理顺，创新能力不适应高质量发展的要求，产业体系整体大而不强、全而不精，关键核心技术受制于人状况没有根本改变，农业基础还不稳固，城乡区域发展和收入分配差距仍然较大，民生保障、生态环境保护仍存短板，等等。归结起来，这些问题都是社会主要矛盾变化的反映，是发展中的问题，必须进一步全面深化改革，从体制机制上推动解决。优化营商环境是市场经济领域进一步全面深化改革的重要举措，核心在于破除制约发展的体制机制障碍，实现"有效市场"和"有为政府"的良性互动，既"放得活"又"管得住"，更好地激发全社会的内生动力和创新活力，是提振经济、解决不平衡不充分发展问题、进一步满足人民群众对美好生活需要的必然要求。特别是在数字领域，良好的营商环境是实现资源配置效率最优化和效益最大化的重要前提，能进一步发挥数字经济在提高资源配置效率、建设现代化产业体系、构筑国家竞争优势方面的作用，助力实现"一业带百业"、赋能实体经济数字化转型升级。

2024年，我国数字领域的多项重要制度和改革举措先后出台，市场化、法治

化、国际化的营商环境持续优化。

市场化方面，围绕优化新技术新应用市场准入、优化政务服务、促进利企便民等方面做出系列部署，加快打造适应数字化创新发展需要的市场体系。其中，《中共中央办公厅 国务院办公厅关于完善市场准入制度的意见》的推出有利于不断优化人工智能、信息安全等新业态、新领域的准入制度，积极扩大数字产品市场准入，加快战略性新兴产业、未来产业等重点领域和重大生产力布局及相关准入试点。《网络反不正当竞争暂行规定》则完善了新型不正当竞争行为的认定标准及规范要求，加快适应数字市场竞争规制的新形势和新要求。《公平竞争审查条例》重点破除地方保护和行政性垄断，维护统一公平的竞争制度。此外，《关于行业协会的反垄断指南》《经营者反垄断合规指南》强化各有关主体竞争合规指引，通过强化企业自律、行业自律等方式，进一步打造公平有序的市场环境。

法治化方面，围绕数据、技术、应用等重点领域和新兴领域加快健全法律制度，推动网络法治高质量发展。一是在数据领域，持续完善数据安全法律制度。2024 年，我国制定出台《网络数据安全管理条例》，提出了网络数据安全管理的总体要求和一般规定，细化、补充、完善个人信息保护以及重要数据安全、数据跨境流动制度规则，明确网络平台服务提供者的义务和网络数据安全管理工作的部门职责分工等，落实相关法律的要求。同时，相关部门针对工业和信息化、自然资源、会计、银行业等具体行业制定数据安全管理规则，推动相关制度落地实施。二是在技术领域，规范引导前沿技术创新发展。我国不断健全完善人工智能标准规范，制定《网络安全技术 人工智能生成合成内容标识方法》强制性国家标准（征求意见稿），对人工智能生成合成内容在制作、展示以及对外提供时的标识方法提出明确要求。三是在应用领域，持续加强公共应用安全管理。中央网络安全和信息化委员会办公室、中央机构编制委员会办公室、工业和信息化部、公安部四部门联合印发《互联网政务应用安全管理规定》，加强对互联网政务应用的安全保密管理。国家密码管理局公布《电子政务电子认证服务管理办法》，对电子政务电子认证服务机构的资质认定、行为规范、监督管理等提出明确要求。

国际化方面，围绕"引进来"和"走出去"持续优化数字领域发展环境，以高水平开放促进国际经贸发展合作，具体表现为以下三个方面。一是优化外资管理制度，提高外商投资自由化水平。2024 年，国务院办公厅印发《扎实推进高水平对外开放 更大力度吸引和利用外资行动方案》，提出合理缩减外商投资准入负面清单，开展放宽科技创新领域外商投资准入试点等多项务实举措，将通过优化国际环境、做好外资服务等措施，进一步提升我国数字市场对外资企业的吸引力。二是畅通要素跨境流动，推进重点数字领域创新发展。国务院办公厅印发了《关于以高水平开放推动服务贸易高质量发展的意见》，提出扩大电子放货、电子提单在港口航运领域的应用，高效开展重要数据和个人信息出境安全评估，进一步优化服务贸易数字化发展环境，培育外贸发展新动能。三是对接国际高标准经贸规则，完善数字贸易治理体系。中共中央办公厅、国务院办公厅印发的《关于数字贸易改革创新发展的意见》提出，积极参与数字贸易国际规则制定，营造开放、公平、公正、非歧视的数字发展环境，这一文件将为我国数字企业出海发展提供国际法治保障和良好的外部环境。

2. 信息通信业以管理创新为突破口，推动行业高质量发展

2024 年，首个优化营商环境的政策文件《工业和信息化部关于创新信息通信行业管理 优化营商环境的意见》（以下简称《意见》）出台，以创新行业管理为着力点，坚持改革创新、依法行政、技管结合、赋能发展的原则，加快建设与数字化发展相适应的现代化行业监管和服务体系。

《意见》以降低制度性交易成本为抓手，从降低进入成本、运营成本、合规成本、办事成本四个方面，提出优化准入环境、竞争环境、监管环境、服务环境的系列举措。**一是持续优化高效开放统一的准入环境，激发行业发展活力。** 针对市场准入这一行业管理基本职责和企业生产经营关键环节，分别提出了优化市场准入管理、加强创新发展支持、扩大电信业务开放等措施，为行业长期稳定发展提供有力保障。**二是积极营造健康公平有序的竞争环境，维护行业良好秩序。** 聚焦市场秩序重点领域和热点问题，从竞争制度、重点工作、行业共治机制等方面，提出了健全市场公平竞争规则、维护市场良好竞争秩序、深化行业组织协同共治等一系列措施，保障行业规范有序发展。**三是进一步打造规范透明可预期的监管环境，推进行业治理体系和治理能力现代化。** 从监管方式、监管手段、监管执法等方面，提出创新包容审慎监管方式、构建"以网管网"监管能力、严格规范行政监管执法等重点举措，不断提高行业监管现代化水平。**四是着力构建便捷可靠优质的服务环境，增强行业企业获得感。**从提升市场主体获得感和满意度出发，提出优化服务的具体举措，主要包括提升政务服务水平、改善通信服务感知、加强数字服务赋能等，进一步为企业发展赋能增效。

2024 年以来，优化营商环境的系列举措也促进了信息通信企业数量的高速增长。截至 2024 年 12 月底，国内信息通信企业数量达 17.7 万家，同比增长 11%，10 年间增长近 5 倍，民营企业占比超过 93%，外商投资电信企业数量同比增长 31%，市场活力充分释放。同时，政务服务标准化、规范化、便利化水平不断提升，发放增值电信业务经营许可电子证照 2.35 万余张，949 家企业申领新型进网许可标志 9.79 亿枚，许可标志年查询量超百万次，为企业、个人提供多渠道政策咨询服务累计超 16 万次，有效助力市场主体降本增效。

二、2024 年数字治理与法律领域热点分析

（一）数字领域高水平开放体制机制不断完善

1. 数字领域积极扩大高水平对外开放

当前，世界百年未有之大变局加速演进，新一轮科技革命和产业变革同我国转变发展方式形成历史性交汇，经济全球化进入调整变革期，信息通信业的竞争博弈加剧。在全球贸易动荡的背景下，数字贸易以其强大的韧性发挥了"稳定器"作用。数字领域的开放与合作成为各国（地区）把握数字时代发展机遇，共促发展、共享成果的重要抓手。

从外部环境看，全球贸易投资保护主义加剧，世界经济增长乏力，扩大高水平对外开放是释放全球经济增长动能的重要举措。当前，全球贸易壁垒大幅增加，数字监管政策趋严，跨境投资下滑且面临下行压力，亟须扩大数字领域对外开放，激发贸易投资增长动能。《2024 年可持续贸易指数（STI）》显示，2023 年至 2024 年，30 个主要经济体的关税壁垒从约 1.9 万个增加到 2.15 万个，非关税壁垒从 39.2 万个增加到 48.3 万个。2014—2023 年全球经济体数字服务贸易限制指数走向如图 8-2 所示，经济合作与发展组织（OECD）报告显示，2023 年全球经济体数字服务贸易限制指数比 2022 年上升 1.2%，比 2014 年上升 8.0%。

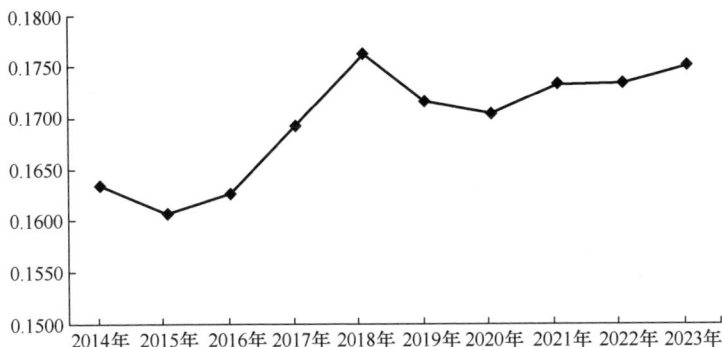

图 8-2　2014—2023 年全球经济体数字服务贸易限制指数走向

（数据来源：OECD）

在全球贸易经历保护主义重组、地缘政治紧张加剧、供应链重构加深的形势下，中国自主扩大数字领域对外开放，降低外资市场准入壁垒，激发外资企业跨国投资热情，提升国际营商环境的可预期性；深化与世界各国（地区）的互惠关系，释放国内超大市场规模红利，共享数字时代新机遇；融入全球分工合作，扩大国际网络连接和业务合作需求，提升产业链韧性。

从内部需求看，中国数字贸易稳步增长，典型业态持续壮大，扩大高水平对外开放是推动中国式现代化行稳致远的内在要求。 中国将发展数字贸易视为推进数字化转型和扩大高水平对外开放的重要组成部分，大力支持数字贸易新业态、新模式发展。2024 年中央经济工作会议提出放宽电信等服务业市场准入，党的二十届三中全会提出推动电信、互联网等领域有序扩大开放，《关于数字贸易改革创新发展的意见》提出放宽数字领域市场准入，对数字领域推进高水平对外开放做出一系列顶层部署。扩大数字领域对外开放，将进一步丰富市场供给，为消费者带来更多选择和差异化服务，提升行业服务能力和水平；将进一步激发创新活力，优化行业竞争格局，加快技术和业务模式创新；将进一步加速应用赋能，促进数实融合和数智赋能，为新质生产力的发展注入动能。

从开放方向看，中国立足于内外部新形势，着力实现更大范围、更宽领域、更深层次的对外开放，重点方向包括有序扩大电信等服务业对外开放、积极促进跨境电商开放发展、稳步推进数字领域制度型开放三方面。 一是推进电信、互联网等服务业扩大开放，更大力度吸引和利用外资。中国信息通信研究院报告显示，2023 年，ICT 服务高速增长，且在全球单项数字服务出口中占比（24.6%）最高，成为数字服务贸易的重要增长极。数字服务贸易占我国服务贸易的比重将近 40%，扩大电信等数字服务对外开放，吸引外资企业加大对我国的投资，营造一流营商环境，提升贸易投资合作质量和水平，促进数字经济高质量发展。二是促进跨境电商制度创新，推动数字贸易创新发展。跨境电商是数字贸易的重要组成部分，推动跨境电商开放发展，打造数字贸易高水平开放平台，高标准建设数字服务出口平台载体，进一步培育外贸新业态、新模式，打造国际经济合作新优势。三是稳步推进制度型开放，以经贸规则网络拉紧与全球合作的纽带。在推进数字领域制度型开放时，既要主动对接国际高标准经贸规则，又要积极参与国际规则制定，从而为数字经济的发展营造有利的外部环境。

2. 电信业对外开放迈入新阶段

电信业是构建国家信息基础设施、提供网络和信息服务、支撑经济社会发展的战略性、基础性和先导性行业，是吸引外商投资、推动高水平对外开放、服务构建新发展格局的重要领域。2024 年 4 月，工业和信息化部发布《关于开展增值电信业务扩大对外开放试点工作的通告》（以下简称《通告》），在北京市服务业扩大开放综合示范区、上海自由贸易试验区临港新片区及社会主义现代化建设引领区、海南自由贸易港、深圳中国特色社会主义先行示范区率先开展试点，在获批开展试点的地区取消互联网数据中心（IDC）、内容分发网络（CDN）等业务的外资股比限制。2024 年 10 月，工业和信息化部向首批四试点地区发放开展试点复文，正式启动增值电信业务扩大对外开放试点工作。

立足产业发展情况，结合外资诉求，选取开放业务。 在本次《通告》试点取消外资股比限制的业务中，IDC 是外资重点关注和有较强意愿进入的业务领域。**一方面**，随着数字经济时代的到来，特别是人工智能的蓬勃发展，算力已经成为全球紧缺的战略性资源和支撑数字经济发展的核心基础设施。本次试点开放的互联网数据中心及其下属子项"互联网资源协作业务"是算力设施的重要组成部分。从数据中心建设情况来看，我国数据中心机架规模持续稳步增长，市场规模不断提升，算力总规模已位居全球第二。随着 AI 原生带来的云技术革新和企业战略调整，我国的云计算市场将开启新一轮增长，预计 2027 年市场规模将突破 2.1 万亿元，发展潜力较大，投资展业前景广阔。**另一方面**，一直以来，电信业是吸引外资的重要领域，多国对我国电信业，特别是增值电信市场开放保持高度关注。例如，中国美国商会发布的《美国企业在中国白皮书》连续三年表达了对中国云服务市场开放的关切，中国欧盟商会通过《欧盟企业在中国建议书》持续呼吁开放 IDC 等相关业务。此次取消 IDC 等相关业务的外资股比限制，有利于支持外资企业参与试点，与全球共享中国数字经济发展红利，实现更大力度吸引和利用外资。

把握开放节奏，筑牢安全底线，有序推动开放进程。 一方面，我国遵循"试点先行，分步实施"的原则，在北京等四地率先开展试点。首批试点地区中，北京、上海、海南、深圳有各自的资源禀赋和制度优势。如上海具有丰富的试点示范经验，吸引外商投资制度健全，安全监管保障能力较强，也是 2014 年试点开放增值电信业务的首个自贸区，目前各项试点业务均在企业落地。再如，海南肩负建设中国特色自由贸易港的使命，区位优势独特，《中华人民共和国海南自由贸易港法》《海南自由贸易港外商投资准入特别管理措施（负面清单）》等配套法规制度完善。依托开放高地，推动治理体系和治理能力现代化，定期总结试点的先进经验、典型模式，形成更多可复制、可推广的经验模式，为适时扩大试点地区范围做好压力测试。**另一方面**，对标对表国际成熟实践与制度规则，统筹高质量发展和高水平安全。从电信业务外资监管的国际经验来看，美国、欧盟、新加坡等重要经济体对增值电信业务不设置严格许可管理，在外资准入环节普遍实行轻手管理，在事中、事后环节，则设有相应的监管机制。如美国建立的安全审查机制，在美国利益受到威胁时，以"国家安全"为由对服务提供商进行调查，并提出监管限制与安全要求；新加坡、德国、印度等则要求企业在运营中应遵守云计算相关安全标准。为有效防范和化解产业发展、安全管理等风险，本次试点在放宽事前准入限制的同时，建立健全与扩大开放相匹配的安全监管体系，完善全链条、全流程监管制度，加快推动配套安全监管系统建设，完善安全监管平台和技术手段，落实网络安全、数据安全、个人信息保护等要求，提升多层次安全保障能力。

3. 促进跨境电商发展的制度创新持续深化

推进跨境电子商务综合试验区建设是创新发展数字贸易的重要方面，是打造对外开放创新高地、开展首创性集成式探索的有力举措。2024 年，我国跨境电子商务综合试验区（以下简称"跨境电商综合试验区"）和海外仓建设提质增效，推动数字产品贸易更加开放便利。

数字产品市场扩大开放重点从"边境前"向"边境后"转变。"边境前"措施主要指通过降低关税和非关税壁垒来促进商品和服务的跨境流动，而"边境后"规则涉及国内监管、产业政策、知识产权保护等更为复杂的领域。随着数字贸易成为国际贸易的重要组成部分，传统的"边境前"措施已无法满足数字经济时代的需求，各国（地区）开始更加关注如何在"边境后"制定和完善相关规则。

这一转变意味着，数字领域对外开放不再仅依赖降低关税壁垒、优化市场准入条件，还需要在更深层次进行制度改革和创新。中国在 2001 年加入世界贸易组织（WTO）时承诺对电子传输免征关税，同时开始大幅降低包括数字产品在内的货物贸易关税，关税总水平从 2001 年的 15.3% 降至 2023 年的 7.3%，贸易自由化和对外开放程度不断提高。2015 年，国务院同意设立跨境电商综合试验区，优化跨境电商交易、支付、物流等环节的业务流程和监管模式，采用"清单核放，汇总申报"等通关便利化措施，进一步在制度层面推动数字产品贸易创新发展。通过制度创新、管理创新和服务创新，跨境电商综合试验区为我国外贸发展提供了新的动力和方向，有效促进了外贸转型升级和贸易便利化，在降低企业运营成本的同时提升了我国跨境电商的国际竞争力。

持续打造跨境电商对外开放创新高地。跨境电商已经成为我国外贸发展的有生力量，也是推动高水平对外开放的重要组成部分。2019—2023 年中国跨境电商进出口情况如表 8-1 所示。中华人民共和国海关总署数据显示，2023 年中国跨境电商进出口规模达到了 23744 亿元，位居世界首位；参与跨境电商进口的消费者人数逐年增加，2023 年达到 1.63 亿人。

表 8-1　2019—2023 年中国跨境电商进出口情况

年份	金额 / 亿元			同比			出口 / 进口比例
	进出口	出口	进口	进出口	出口	进口	
2019 年	12903	7981	4922	22.2%	30.5%	10.8%	1.6
2020 年	16220	10850	5370	25.7%	35.9%	9.1%	2.0
2021 年	19237	13918	5319	18.6%	28.3%	−0.9%	2.6
2022 年	20599	15321	5278	7.1%	10.1%	−0.8%	2.9
2023 年	23744	18409	5335	15.3%	20.2%	1.1%	3.5

（数据来源：中华人民共和国海关总署）

　　一方面，跨境电商综合试验区的区域范围持续扩大，成效持续显现。截至 2024 年年底，我国已设立 196 个跨境电商综合试验区，覆盖 31 个省（自治区、直辖市）。国家鼓励各试点地区在监管、规则、标准、信息化、品牌培育、海外仓高质量发展等方面探索创新，积极利用跨境电商赋能本地产业发展，跨境电商综合试验区内企业的跨境电商贸易规模占全国的比重超过 95%，形成了一批典型案例，如广州推出跨境电商进出口信息化系统，深圳建成全模式阳光化公共服务平台。**另一方面**，海外仓建设助推跨境电商快速发展。根据各地初步统计，全国已建设海外仓超 2500 个，面积超 3000 万平方米。其中，专注于服务跨境电商的海外仓超 1800 个，面积超 2200 万平方米。基于数字化管理的海外仓作为服务跨境电商的重要新型基础设施，通过整合物流、仓储、金融、分销等资源于一体，助力跨境电商在技术、模式、供应链等方面形成全新业态，可以有效提升中国跨境电商的全球竞争力。2024 年，商务部、国家发展改革委等 9 部门联合印发《关于拓展跨境电商出口推进海外仓建设的意见》，旨在进一步培育跨境电商经营主体，加强相关基础设施和物流体系建设，持续优化监管与服务，为跨境电商开放发展培育新动能。

4. 数字领域制度型开放稳步扩大

经过加入 WTO 以来 20 多年的探索，中国数字领域的对外开放实现了从商品和要素流动型开放向制度型开放的转变。相较商品和要素流动型开放，制度型开放重在促进规则、规制、管理、标准的开放，并且要促进要素之间的相通相容。2024年，全球数字经贸规则体系进入新发展阶段，中国顺应国际形势，积极参与多边和区域数字贸易规则制定，主动对标《数字经济伙伴关系协定》（DEPA）和《全面与进步跨太平洋伙伴关系协定》（CPTPP）等高标准规则，统筹国内深化改革和扩大对外开放，推动营造开放、公平、公正、非歧视的数字发展环境。

全球数字经贸规则体系呈现多边协定、双边及区域协定、框架性协议并行的多层次立体化格局。在多边协定层面，2024 年 7 月，WTO 电子商务谈判达成了诸边协定的稳定协议，包含 38 个条款和 1 个电信服务附件，涵盖众多对数字贸易发展具有重要意义的议题，特别是在促进贸易便利化及提升企业和消费者信任方面，协议生效后将为参与谈判的 91 个成员在全球开展数字贸易提供规则基础。**在双边及区域协定层面**，截至 2023 年年底，各经济体间签订的涵盖数字经贸规则专章的自贸协定和数字经贸专门协定数量达到 125 项。2023 年，欧盟与新西兰签署自贸协定，与智利将早期联合协议中的电子商务条款全面升级为数字贸易章节；英国、乌克兰签署数字贸易协定。2024 年，日本、印度尼西亚修订经济合作伙伴关系协定，并将其纳入电子商务章节；欧盟与新加坡完成首个数字贸易协定谈判；韩国正式加入 DEPA，数字经贸圈持续拓展。**在框架性协议层面**，2023 年，欧盟与新加坡、加拿大建立数字伙伴关系，东盟启动《东盟数字经济框架协议》谈判。

中国三轨并进构建数字经贸规则，以制度型开放引领高水平对外开放。亚太经济合作组织（APEC）研究报告发现，两个贸易伙伴之间每增加一项数字经贸规则条款，数字服务贸易流量就增加 2.3%，因此构建数字经贸规则对我国的数字经济发展具有实际促进作用。截至 2024 年年底，中国已签署 10 项包含数字贸易专章的贸易协定，覆盖 18 个数字经贸伙伴国家，包含数字贸易便利化、在线消费者保护、网络安全等 13 项议题。**一是积极推动 WTO 电子商务谈判达成里程碑成果**。该谈判于 2019 年启动，中国作为谈判的重要参加方和主要提案方，参与了所有议题的磋商，提出了促进数据自由有序流动、促进电子支付便利化、促进跨境电商发展等多项提案，涉及 20 余个具体议题，其中多数提案获得各成员认可。与此同时，我国积极参与电信服务等小组磋商，就适用范围、电信监管机构、关键设施等议题阐明立场。**二是对接高标准经贸规则并增强制度外溢效应**。中国积极推进加入 DEPA 等高标准协定进程，2024 年举行了三次首席谈判代表会议。2024 年 11 月，由新加坡资讯通信媒体发展局等机构共同发起与推广的数字贸易标准框架 TradeTrust 将中国的"星火·链网"国际作为其支持的底层区块链，为中国加入 DEPA 谈判奠定了产业合作基础。2024 年 7 月，中国与东盟实质性结束自贸协定 3.0 谈判。该协定专门设置了数字经济、供应链互联互通章节，我国提出符合产业发展利益的促进数字基础设施"硬联通"、增强电子系统"软联通"规则方案。**三是聚焦数字经济创新发展议题合作**。2024 年，中国与 23 个非洲国家签署共同发展经济伙伴关系框架协定，为中国与各方在后续围绕贸易、投资等具体议题开展谈判奠定基础，也为中非数字经贸合作提供长期、稳定、可预期的制度保障。

（二）数据法律制度体系更加健全

1. 坚持安全和发展并重，我国数据法律制度体系加快健全完善

当前，数据已经成为与土地、劳动力、资本、技术等并列的生产要素，逐

步融入生产、生活各环节，深刻影响并重构着经济社会结构，成为数字经济时代影响全球竞争的关键战略性资源。党中央高度重视发挥数据要素价值，党的二十届三中全会提出，要加快建立数据产权归属认定、市场交易、权益分配、利益保护制度，提升数据安全治理监管能力，建立高效、便利、安全的数据跨境流动机制。然而，数据要素市场建设极具挑战性。从数据要素的供给、流通和安全等环节来看，数据要素价值释放还不够充分，具体表现在四个方面。**一是高质量数据供给不足。**目前，我国公共数据占比较高，但公共数据的开放程度和利用水平与社会各界的期待相比仍有很大差距。数据持有者存在"不愿开放""不敢开放""不会开放"的问题。产业数据分布不均衡，重要领域的高质量数据主要集中在部分头部企业。**二是数据价值开发利用不足。**数据价值仍需进一步挖掘，《全国数据资源调查报告（2023 年）》显示，2023 年，全国数据产存转化率为 2.90%，海量数据源头即弃，一年未被使用的企业数据占比为 38.93%。**三是数据安全保障能力待提升。**数据安全与合规成为数字经济持续增长的关键，一些机构依然存在重要数据管理水平不足、数据安全防范能力不够、数据泄露风险隐患突出的问题。**四是数据产业生态不完善。**目前，市面上缺乏数据交易磋商、资产定价、合规评定等规范化的专业服务支撑，数据服务商数量不足且良莠不齐。此外，数据要素市场相关从业人员的数字素养与技能水平也参差不齐。

针对上述问题，我国坚持问题导向，统筹发展和安全，不断完善数据治理规则体系，大力培育数据要素市场。

目前，在数据安全管理制度方面，我国数据安全法律制度的"四梁八柱"已经构建，安全与发展同步推进。我国以"三法一条例"（《中华人民共和国网络安全法》《中华人民共和国数据安全法》《中华人民共和国个人信息保护法》《关键信息基础设施安全保护条例》）为核心，基本构建起网络数据安全管理的法律制度体系。2024 年 8 月 30 日，国务院第 40 次常务会议通过了《网络数据安全管理条例》，标志着我国数据安全法规体系的进一步完善。在数据要素市场发展制度方面，多项政策持续发力，促进数据要素价值释放。2024 年 9 月，中共中央办公厅、国务院办公厅发布《关于加快公共数据资源开发利用的意见》，聚焦破除公共数据流通使用的体制性障碍、机制性梗阻，统筹发展和安全，兼顾效率和公平，从扩大资源供给、规范授权运营、鼓励应用创新、营造良好环境、强化组织保障等方面提出 17 项具体措施。国家数据局等部门加大政策供给，公布《关于促进企业数据资源开发利用的意见》《关于促进数据产业高质量发展的指导意见》《公共数据资源登记管理暂行办法》《公共数据资源授权运营实施规范（试行）》等政策，深入激活数据要素价值。地方上，2024 年，各地加快颁布公共数据运营办法，探索不同的运营模式。南京等地已经出台数据资产登记、公共数据授权运营的具体规则。

2. 数据安全领域"全位阶"法律体系基本形成

2024 年，我国在已有数据安全法律体系基础上持续发力，出台《网络数据安全管理条例》，更新、细化、补充了数据安全管理制度规则，标志着我国的数据安全立法迈入"体系化推进""精细化发展"的新阶段。

《网络数据安全管理条例》进一步构建、完善了我国的数据安全法律体系，补全了我国数据安全领域在行政法规方面的缺失，健全了数据安全领域的"全位阶"法律体系。一方面，该条例上承《中华人民共和国网络安全法》《中华人民共和国数据安全法》《中华人民共和国个人信息保护法》"三法"，进一步更新、细化、落实"三法"中关于数据安全、个人信息保护的相关制度规定，提升数据安全法律制度的可实施性；另一方面，该条例"下启"数据安全相关下位立法，为数据安全相关部门规章等下位立法预留制度接口。例如，在数据跨境流动相关管理规则中，《网络数据安全管理条例》进一步明确了数据出境安全评估、个人信息保护认证、个人信息出境标准合同是数据跨境流动的三类法定路径，并细化规定了相关例外情形，为《促进和规范数据跨境流动规定》等相关规章设立的豁免情形提供了更明确的上位法依据。

《网络数据安全管理条例》着力解决我国数据安全管理实践的紧迫问题，坚持问题导向，"精细化"推进相关制度规则落实落地。近年来，我国相继出台《中华人民共和国网络安全法》《中华人民共和国数据安全法》《中华人民共和国个人信息保护法》《汽车数据安全管理若干规定（试行）》《促进和规范数据跨境流动规定》等相关法律文件，但在数据安全管理实践中仍存在诸多不足，对进一步更新、细化、落实数据安全立法提出要求。聚焦数据安全监管实践，《网络数据安全管理条例》针对重点突出问题明确了相关规定。**着力解决部分数据安全管理制度落地障碍**。我国部分数据相关立法存在制度规定偏于原则性，落地实践缺乏规则指引的问题。例如，《中华人民共和国个人信息保护法》第四十五条明确规定："个人请求将个人信息转移至其指定的个人信息处理者，符合国家网信部门规定条件的，个人信息处理者应当提供转移的途径。"但对于个人行使"可携权"尚未有立法明确相关条件以及对相关数据处理者的要求。《网络数据安全管理条例》承接《中华人民共和国个人信息保护法》立法要求，明确个人信息转移请求的条件包括能够验证请求人的真实身份、请求转移的是本人同意提供的或者基于合同收集的个人信息、转移个人信息具备技术可行性、转移个人信息不损害他人合法权益等。**加快明确数据安全管理制度具体规则**。目前，部分数据安全管理制度规定不明确，部分企业在落实国家数据安全管理要求时存在困惑。例如，《数据出境安全评估办法》明确数据处理者向境外提供在我国收集和产生的重要数据需经数据出境安全评估。《中华人民共和国数据安全法》规定各地区、各部门确定本地区、本部门以及相关行业、领域的重要数据目录。但重要数据的认定缺乏相关规则和标准，企业因不确定其所处理的数据是否属于重要数据而对执法监管预期不足。《网络数据安全管理条例》设立专章明确重要数据安全管理具体要求，明确相关地区、部门应当及时向网络数据处理者告知或者公开发布重要数据。**及时回应新技术、新应用发展对数据安全管理的最新要求**。为应对新技术、新应用发展带来的新型数据安全风险和数据安全管理需求，《网络数据安全管理条例》明确相关规则要求。例如，针对生成式人工智能训练数据存在的数据量大、数据汇聚等潜在数据安全风险，《网络数据安全管理条例》明确规定，提供生成式人工智能服务的网络数据处理者应当加强对训练数据和训练数据处理活动的安全管理，采取有效措施防范和处置网络数据安全风险。**完善相关立法间的协调与衔接**。在数据安全管理实践中，相关部门结合监管和发展实践出台部门规章、规范性文件明确数据安全管理具体要求。例如，针对数据跨境流动问题，我国出台了《数据出境安全评估办法》《促进和规范数据跨境流动规定》等相关立法，明确了不同类型数据出境管理的具体要求。《网络数据安全管理条例》将实践中的成熟做法上升为上位规定，强化其与下位立法的衔接，并进一步明确法定职责、义务等具体规定。

3. 探索构建高效便利安全的数据跨境流动机制

党的二十届三中全会提出，提升数据安全治理监管能力，建立高效便利安全的数据跨境流动机制。2024 年以来，我国对数据跨境流动制度做出进一步优化、调整，同时积极开展数据跨境流动的国际合作，数据跨境流动制度建设更加科学化、国际化。

制度层面，持续完善数据跨境流动机制。2024 年 3 月，国家互联网信息办公室（以下简称"国家网信办"）发布《促进和规范数据跨境流动规定》（以下简称《规定》），对现有数据出境监管制度的实施和衔接做出进一步明确，并适当放宽数据跨境流动条件。**一是明确数据出境安全评估申报标准。**《规定》第七条明确了需要申报数据出境安全评估的两类情形，其中数量触发门槛由《数据出境安全评估办法》中的"自上年 1 月 1 日起累计向境外提供 10 万人个人信息"改为"自当年 1 月 1 日起累计向境外提供 100 万人以上个人信息"，限缩了数据出境安全评估的适用范围。**二是明确了六类豁免情形。**《规定》第三条、第四条、第五条共规定了六种免予申报数据出境安全评估、订立个人信息出境标准合同、通过个人信息保护认证的情形，包括一般业务数据出境、数据过境、个人发起、员工数据出境、紧急情况以及未达到监管数量要求等。**三是授权自由贸易试验区制定数据负面清单。**《规定》第六条明确自由贸易试验区（以下简称"自贸区"）可以自行制定需要适用数据出境监管程序的数据清单，清单外的数据原则上可以自由流动。**四是延长数据出境安全评估的有效期。**《规定》将数据出境安全评估的有效期由 2 年延长为 3 年，且在规定时间内申请批准后可再延长 3 年。**五是明确标准合同、保护认证等制度适用范围。**《规定》第八条规定，关键信息基础设施运营者以外的数据处理者自当年 1 月 1 日起累计向境外提供 10 万人以上、不满 100 万人个人信息（不含敏感个人信息）或者不满 1 万人敏感个人信息的，应当通过签订个人信息出境标准合同或通过个人信息保护认证的方式实现数据出境。

实践层面，数据跨境流动工作开展取得良好成效。一是安全评估申报、标准合同备案数量显著下降。国家网信办数据显示，《规定》出台后，数据出境安全评估项目的数量同比下降约 60%，个人信息出境标准合同的备案数量同比下降约 50%，《规定》促进数据跨境流动的预期目标基本实现 [14]。**二是数据出境安全评估程序有效简化。**国家网信办发布的《数据出境安全评估申报指南（第二版）》对企业需要提交的申报材料进行优化简化，并上线数据出境申报系统，大幅缩减材料流转时间，企业从线上申报到收到评估结果的平均时长不超过 30 个工作日，相比于《数据出境安全评估办法》规定的 45 个工作日大幅缩减。此外，国家网信办数据显示，截至 2024 年 12 月，国家网信办共完成安全评估项目 285 个，其中未通过评估的仅有 27 个，通过率超过九成。**三是自贸区数据出境负面清单初见成效。**北京、天津两地的自贸区数据出境负面清单已通过备案并发布实施，为汽车、医药、零售、民航等领域的数据出境便利化流动发挥积极作用，部分在华企业通过负面清单实现高效便捷的数据出境。其他省份也正在加快制定出台自贸区数据出境负面清单。北京、上海、广州、杭州等地专门设立了数据出境服务中心和服务平台，为企业提供高质量、高效的合规指导 [15]。

对外层面，广泛开展数据跨境流动国际合作，主要体现在两个方面。一是构建双边数据跨境流动交流互信机制。欧盟方面，中欧数据跨境流动交流机制第一次会议于 2024 年 8 月顺利召开，聚焦金融、保险、医药、汽车、信息通信技术等行业数据，就双方数据跨境流动监管框架进行了深入交流，为未来双方探索更多的数据跨境流动合作奠定基础。此外，我国还与德国签订了《关于中德数据跨境流动合作的谅解备忘录》，将加强在数据跨境流动议题上的交流，为两国企业营造公平、公正、非歧视的营业环境。新加坡方面，中新数字政策对话机制第一次会议于 2024 年 6 月顺利召开，进一步明确了两国未来在数据跨境流动领域的合作方向和重点，为企业数据跨境流动提供更多便利。**二是搭建数据跨境流动合作平台。**2024 年 11 月，《全球数据跨境流动合作倡议》正式发布，这是我国继《全球数据安全倡议》《全球人工智能治理倡议》后，就数字治理关键问题向国际社会提出的又一中国方案，明确了我国促进全球数据跨境流动合作的立场、主张和建设性解决思路，为国际数据治理与合作注入强劲动力。

---

14 国家网信办披露数据跨境新规施行后数据出境管理的情况。
15 国家数据局举行专题新闻发布会，介绍"关于推动数据产业高质量发展和促进企业数据资源开发利用"的相关情况。

4. 数据要素价值释放政策建设进入"走深向实"新阶段

近年来，我国加快数据要素市场建设，完善数据要素市场制度规则，深化数据要素市场化配置改革，助推新质生产力发展。2024 年，我国着力推进数据基础设施建设、公共数据资源供给等重点工作，进一步推进数据要素价值释放政策建设"走深向实"。

在数据政策构建方面，我国从体系化构建转向重点探索。2022 年 12 月，中共中央、国务院发布《关于构建数据基础制度更好发挥数据要素作用的意见》，从数据产权制度、数据要素流通和交易制度、数据要素收益分配制度、数据要素治理制度四个方面入手，搭建我国数据基础制度框架。在此基础上，我国系统化推进数据相关政策文件出台，深入推进数据要素价值化改革。2024 年，我国重点在数据基础设施建设、数据资源开发利用、数据流通交易、数据产业发展四个方面发力，出台相关政策文件，深入推进数据要素价值释放。在数据基础设施建设方面，国家发展改革委、国家数据局等部门出台了《国家数据基础设施建设指引》《可信数据空间发展行动计划（2024—2028 年）》等文件，夯实数据要素价值释放底座。在数据资源开发利用方面，中共中央办公厅、国务院办公厅发布《关于加快公共数据资源开发利用的意见》，国家数据局等部门出台《关于促进企业数据资源开发利用的意见》等文件，扩大公共数据供给，激发企业数据活力。在数据流通交易方面，国家发展改革委等部门印发《关于完善数据流通安全治理更好促进数据要素市场化价值化的实施方案》，规范数据流通市场建设。在数据产业发展方面，国家发展改革委等部门印发《关于促进数据产业高质量发展的指导意见》，充分发挥企业的主体作用，加快繁荣数据产业生态。

2024 年，我国以数据基础设施建设、数据资源价值释放等为关键突破口，扎实推进数据要素市场建设。2024 年，我国在数据要素市场建设方面取得显著成效，在数据基础设施建设、数据资源价值释放方面尤为突出。2024 年，我国数据基础设施建设加快推进。我国发布《可信数据空间发展行动计划（2024—2028 年）》，分类施策推进企业、行业、城市、个人、跨境可信数据空间建设和应用，旨在建成广泛互联、资源集聚、生态繁荣、价值共创、治理有序的可信数据空间网络。2024 年，我国公共数据资源开发利用火热开展。我国针对公共数据资源开发利用发布了多部立法征求意见稿和政策文件。2024 年 9 月，中共中央办公厅、国务院办公厅发布的《关于加快公共数据资源开发利用的意见》成为推进公共数据资源价值释放的总体纲领。2024 年 10 月，国家发展改革委发布《公共数据资源登记管理暂行办法（公开征求意见稿）》，规范公共数据资源登记工作，构建全国一体化公共数据资源登记体系；国家数据局发布《公共数据资源授权运营实施规范（试行）》（公开征求意见稿），明确公共数据资源授权运营的具体要求。截至 2024 年 7 月，我国已有 243 个省级和城市的地方政府上线了数据开放平台（其中省级平台 24 个，城市平台 219 个），公共数据资源价值得到进一步释放。

（三）人工智能治理进程全面提速

1. 风险衍化：人工智能范式突破，治理面临前所未有的复杂形势

近年来，人工智能技术以颠覆性、跨越式突破引发新一轮通用人工智能的发展热潮。人工智能成为能自主完成工作流程的"人类外脑"，并可能在未来产业发展中发挥基础作用。与此同时，人工智能风险日趋复杂化、分散化、动态化，对人工智能风险形成系统性和体系化认识，成为各方深化人工智能治理共识的前提。人工智能风险根源于技术系统本身，在技术内生风险的基础上，产生个人组织、国家社会和全人类三个层次的应用安全风险，人工智能风险图层如图 8-3 所示。

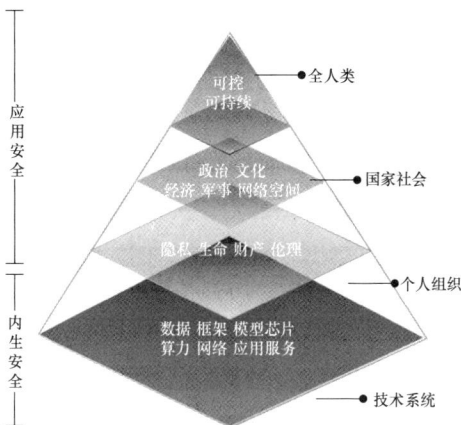

图 8-3　人工智能风险图层
（数据来源：中国信息通信研究院）

在技术系统层面，数据、框架、模型等技术的内生安全治理需求显著提升。一是数据不完整、不准确、存在噪声等可能导致模型训练效果不佳，引发人工智能技术偏见歧视以及隐私泄露问题。二是算力资源分配不均衡、算力网络节点故障等可能导致一些关键任务无法得到充分支持，同时存在的安全漏洞问题导致建立的 AI 系统存在被攻击风险。三是基础模型方面，可解释性差、鲁棒性不足、模型幻觉等问题凸显。例如，OpenAI 前首席技术官米拉·穆拉蒂（Mira Murati）指出，底层大型语言模型的最大问题是编造错误或不存在的事实。

在个人组织层面，人工智能可能引发隐私泄露、信息误导、数据安全等问题。一是人工智能应用过程中可能涉及收集医疗健康、消费习惯、行踪轨迹等大量个人信息，在处理个人信息时，不充分的安保措施可能会引发隐私泄露风险。二是拥有情感陪伴能力的数字人会威胁个人主体性。例如，一位 14 岁美国少年对聊天机器人产生依赖，最终自杀身亡。三是企业可能面临数据安全、商业秘密保护风险，同时在生产过程中，AI 系统故障或误判可能导致业务中断，影响组织的正常运营。

在国家社会层面，人工智能可能带来政治风险、经济风险与文化风险。在政治风险方面，人工智能技术的发展能提高头部科技企业的数据处理和公共设施供应能力，可能导致国家权力的分散。例如，《联合国人工智能治理白皮书》将非国家主体扮演过重角色作为全球人工智能十大风险之一。在经济风险方面，美欧等国家或地区相继对人工智能领域展开反垄断调查，指出算力数据等关键要素被集中控制、头部科技企业垄断地位进一步提升等竞争风险将带来市场竞争失衡问题。例如，英伟达的 AI 芯片占据超 80% 的市场份额，人工智能领域垄断问题浮现。在文化风险方面，人工智能在内容生成和传播中的应用可能导致文化同质化，存在意识形态渗透和文化价值观扭曲的风险，日本等国据此积极布局主权人工智能建设。

在全人类层面，人工智能可能引发劳动替代、智能失控等人机伦理问题，存在生存性风险。国际货币基金组织发布报告显示，预计人工智能将对全球近 40% 的工作岗位产生影响；OpenAI 发表文章认为，与生成式人工智能投入应用前的主流观点相反，ChatGPT 影响较大的岗位并非中低收入人群，而是高学历、高收入人群。而在风险严重性方面，生存性风险受到较大讨论。美国加州大学伯克利分校的罗素（Russell）教授指出，人工智能系统可能在新应用场景中暴露出难以预料的灾难性缺陷，同时，在动态学习中，存在着演化为非预期行为系统的潜在风险。图灵奖获得者杰弗里·欣顿教授预测，未来 5 至 20 年，人类有 50% 的可能性将面对 AI 接管经济的问题。

2. 政府监管：各国（地区）聚焦热点问题，加快探索新兴风险治理方案

2024 年，各国（地区）政府纷纷采取行动，通过立法、监管和监测预警等手段，积极应对这些新兴风险，确保人工智能技术的安全、可靠和可持续发展。

为了有效管理人工智能带来的风险，各国（地区）纷纷出台相关法律法规，明确监管范围和义务要求。**在制度设计方面，各国（地区）采用算力标准确定监管范围，同时提出较为全面的义务要求。**欧盟方面，《人工智能法案》引入参数、计算量等判断标准，将大于 10 亿参数量作为通用人工智能的门槛。同时将计算能力超过 10^{10}PFLOPS 等作为具有系统性风险的通用人工智能的前提之一。除此之外，《人工智能法案》提出了较为全面的义务要求，包括透明度、模型评估、红队测试和事故报告等方面。美国方面，《14110 号行政令》明确至少百亿参数量，且训练算力超过 10^{11}PFLOPS 的双重用途基础模型要承担相应的义务。**在监管调查方面，多个国家（地区）重点对三类风险开展 AI 竞争调查。**微软、OpenAI、英伟达、苹果等企业分别在美国、欧盟、英国、法国四个国家和区域性国际组织就垄断协议、滥用市场支配地位、经营者集中三大问题被立案调查。目前来看，各国（地区）的反垄断调查还未能证明 AI 公司已构成竞争损害。此外，我国也在积极开展平台算法专项治理行动，旨在整治"信息茧房""诱导沉迷""大数据杀熟"等问题，防范侵害新就业形态劳动者权益。这一行动强调算法导向正确、公平公正、公开透明，通过定期进行算法效果评估、建立实时监测机制以及制定相关政策来确保算法推荐系统的公正性和透明度。**在监测预警方面，能源消耗监测和就业替代监测是两大重点。**欧盟《人工智能法案》明确规定，高风险人工智能系统需跟踪、记录、报告能源消耗和资源使用情况，以合理评估 AI 的能耗影响。这有助于推动绿色 AI 的发展，减少能源浪费。此外，美国《14110 号行政令》强调应监测评估人工智能对工作技能的影响以及引发的工作流失风险，实施就业优先战略政策文件，积极应对人工智能等新兴技术快速发展对就业的影响。

3.产业共治：第三方机构在 AI 敏捷治理中扮演关键角色

"以技治技"是 AI 治理的重要特点。为了解决政府与企业间在技术能力、信息资源等方面的不对称，推动政企协同，第三方机构的重要性日益凸显。

一是开发技术治理工具。第三方机构在 AI 治理中通过设计和推广基准程序、内容标识等技术治理工具，不仅有助于评估和提升 AI 的内生安全性，还能防范生成内容的潜在风险。2024 年 5 月，英国 AI 安全研究所开源了用于评估大语言模型的 Inspect 框架。此外，内容标识技术逐渐成为 AI 生成内容治理的重要工具。2024 年 10 月，Adobe 宣布将于次年推出一款免费网络应用，帮助图像和视频创作者添加"内容凭证"。这是一种防篡改元数据技术，可标识作品所有者和创作者，并显示是否使用了 AI 工具进行作品创作。

二是成为技术监管依托。第三方机构能够将政府的监管要求转化为具体标准和可操作指南，并通过与企业合作，确保 AI 系统在开发和部署阶段满足合规性要求。这种模式有效推动了敏捷治理的落地，使监管更加高效灵活。2024 年 7 月，美国国家标准及技术协会（NIST）发布了新的 AI 安全指南，并开源了 Dioptra 软件，帮助企业和机构评估 AI 系统的安全性和可靠性，为推动 AI 行政令的落实提供了技术支持。2025 年 1 月，美国食品药品监督管理局（FDA）发布了题为《使用人工智能支持药品和生物制品监管决策的考量》的指南草案。这是 FDA 首次针对 AI 在药品和生物制品开发中的应用发布指导文件，为利用 AI 评估药品或生物制品的安全性、有效性和质量提供了明确的监管建议。

三是协助设计 AI 安全框架。第三方机构可以综合政府、企业和学界等各方关切，协助设计具有包容性的 AI 安全框架，并提升框架的互操作性。2024 年 5 月，新加坡政府发布《生成式人工智能治理模型框架》。该框架由 AI Verify 基金会和资讯通信媒体发展局共同制定，微软、谷歌、美国商务部等约 70 家企业和机构也参与了该框架的磋商。事实上，安全治理的分工合作已成为趋势。OpenAI 已解散超级对齐团队和 AGI Readiness 团队，并与英国 AI 安全研究所、NIST 达成合作，允许其提前获得新模型的访问权限从而进行评测。2024 年 7 月，谷歌、微软、OpenAI、亚马逊、英伟达、英特尔等 14 家 AI 领域的大型公司宣布联合组建安全人工智能联盟，共同推动 AI 安全标准的制定和实施。

4.国际治理："发展优先"和"风险防范"并行推进

国际社会回应"全球南方"国家关切，以能力建设为抓手，弥合智能鸿沟，推动实现可持续发展目标。一是联合国在推动全球人工智能治理和能力建设方面发挥关键作用。一方面，联合国召开未来峰会和 AI for Good 全球峰会，签署《全球数字契约》，提倡构建更公平、包容的数字环境，确保所有国家都能从人工智能和其他数字技术创新中受益。例如，更有效地调配资源与技术，支持"全球南方"国家人工智能发展。另一方面，人工智能高级别专家咨询机构发布终期报告，提出打造人工智能能力发展网络，向关键行为体提供专门知识、算力和训练数据；建立全球人工智能基金，寻求和汇集资源，尤其为人工智能资源受限国家提供帮助；创建人工智能数据框架，制定数据统一标准，发展数据信托、示范协议等管理机制。

二是多边机制搭建平台，支持发展中国家提升人工智能研发与应用能力。二十国集团（G20）就人工智能促进可持续发展和消除不平等达成共识。2024 年11 月，G20 领导人里约热内卢峰会重点关注"人工智能促进可持续发展和减少不平等"，推进构建国家 AI 能力评估框架，利用 AI 技术提升公共服务水平，为发展中国家 AI 能力发展提供方向性指引。金砖国家深化人工智能领域合作，倡导携手"全球南方"国家推动普惠包容。2025 年 1 月，中国—金砖国家人工智能发展与合作中心运营基地正式启用，启动多个项目。该合作中心搭建金砖国家间人工智能项目合作与市场需求对接平台，实现产业对接功能，推动形成全球人工智能互联互通生态系统。

三是我国搭建发展援助平台，支持发展中国家提升人工智能研发与应用能力。中国高度关注"全球南方"国家需求，致力于成为能力建设的倡导者与实践者，推动公平普惠的全球治理。自第 78 届联合国大会通过加强人工智能能力建设国际合作决议后，中国迅速采取行动，发布《人工智能能力建设普惠计划》，提出"五大愿景"及"十项行动"，覆盖基建、研发、政策交流等关键领域。2024 年 9 月，中国政府与联合国秘书处在上海共同举办首届人工智能能力建设研讨班，近 40 个国家的代表积极参加。中方还计划至 2025 年年底举办十期人工智能领域研修研讨项目，并倡议成立人工智能能力建设国际合作之友小组，持续推动普惠计划，确保"全球南方"国家平等共享 AI 发展成果。

西方国家聚焦前沿人工智能安全合作，建立国际人工智能安全研究网络，在风险类型、安全阈值、安全框架方面推进共识。在风险类型方面，英国提出《国际前沿人工智能安全科学报告》，从内在原因、人类使用和社会系统的不同角度出发，将前沿人工智能的风险类型划分为内在故障风险、恶意使用风险，以及系统性风险。OpenAI、Anthropic、DeepMind 等企业从一线视角对前沿人工智能风险提出各自的认识。总体来看，化学、生物、放射和核（统称 CBRN）滥用以及自主复制、网络安全等被视为前沿人工智能的典型风险。

在安全阈值方面，如何确定前沿人工智能的"风险容忍度"成为重点、难点。在韩国和英国共同主办的人工智能（AI）首尔峰会上，16 家人工智能企业共同承诺明确风险阈值的定义方法，OpenAI 推出准备框架，针对四类典型风险分别设定了四级"风险阈值"。部分公司选择将"能力阈值"作为"风险阈值"的替代方案，例如，Anthropic 提出对前沿人工智能的 CBRN 等领域的应用能力进行评估，确保部署的模型能力保持在可控阈值之下。也有采用可操作性最高的"计算阈值"作为风险接受度标准的方案，例如，美国的《14110 号行政令》仅对算力水平超过 10^{11}PFLOPS 的人工智能模型设置信息披露等强监管义务。

在安全框架方面，不同企业对 AI 安全框架的关注重点存在差异。Anthropic 的负责任扩展政策实施分级访问控制，通过划定四级安全风险，对人工智能的安全风险举措进行分阶段部署。OpenAI 的人工智能风险准备框架从不同风险类型出发，以所有类型风险的最高项定义当前风险阈值。DeepMind 的前沿人工智能安全框架重点确定"关键能力水平"，从网络安全、生物安全、自我复制与自主研发四个方面考虑和部署安全防御举措。

三、2025 年数字治理与法律领域
发展趋势展望

面向"十五五",人工智能引领的新一轮科技革命和产业变革将给经济社会带来深刻影响,也将驱动数字治理改革步伐全面加快,以新技术、新要素、新形态、新体制为关键锚点,突出发展导向和问题导向,进一步深化改革,释放动力,以高水平治理促进高质量发展。

(一)新技术:以高水平治理统筹好向上向善发展和安全风险防范

目前,人工智能治理仍处于起步探索阶段。下一步,国内治理将以促进人工智能健康有序发展为导向,加快形成符合人工智能场景发展需要的治理规则;国际治理将进一步加强共商、共建、共享,形成更多有共识、互操作的治理框架和标准规范。

从国内来看,要探索符合国情的治理路径,发挥第三方机构"以技治技"的力量,主要体现在三个方面。一是坚持发展优先原则。2024 年 12 月,中央经济工作会议提出开展"人工智能 +"行动,培育未来产业。我国具有超大市场规模和丰富的应用场景等优势,"发展优先"仍是未来人工智能治理的主基调。**二是推行场景化治理思路。**当前我国推进全面性、系统性立法的时机尚不成熟,而自动驾驶、医疗、政务、劳工保障等具体场景的治理诉求更加迫切,未来将坚持"小步快跑"的原则,采取"边发展边治理"的路径推进相关工作。**三是充分发挥第三方机构的力量。**如中国信息通信研究院、上海人工智能实验室、中国科学院自动化所等第三方机构凭借其研究与评估等综合能力,在协助政府提升"以技治技"能力、实现全生命周期的技术治理方面发挥重要作用。在数据安全治理上,这些机构可以通过提高数据清洗、标注的效率和优化动态治理质量,助力数据的安全管理;在模型安全治理上,通过红队测试、安全加固等措施提升模型的安全性;在应用安全治理上,利用数字水印技术和审核干预手段,提升事中、事后的监管能力。

从国际来看，应进一步加强共商、共建、共享，推进各方达成有共识、互操作的治理框架和标准规范。当前，主要经济体在人工智能治理上面临着不同的治理需求。"全球南方"国家更关注"发展需求"，致力于解决基础设施不足、数据集建设滞后等智能鸿沟问题；而发达国家则更聚焦于应对前沿人工智能技术引发的"风险治理"。与此同时，各方形成了具有差异性、多样化的治理框架。一是全面宏观的治理框架，对于推进国际合作具有重要意义，如《联合国系统人工智能治理白皮书》所提出的具有包容性、广泛性的治理思路。二是注重基于生产流程的全生命周期治理框架，体现人工智能治理的流程性，如 NIST 框架中的全生命周期包括数据管理、基础建模、模型发布、模型适应、模型使用等阶段。三是基于产业链或社会影响的分层治理，体现人工智能治理的产业逻辑。例如，哈佛大学 AI 治理框架提出社会和法律层、道德层和技术层三层框架等。近一年来，联合国等双多边机构积极推进 AI 国际合作，形成关键性成果。2024 年 3 月，联合国大会通过了首个关于人工智能的全球决议《抓住安全、可靠和值得信赖的人工智能系统带来的机遇，促进可持续发展》。同年 7 月，联合国协商一致通过了由中国主提的加强人工智能能力建设国际合作决议。同年 9 月，联合国正式通过《全球数字契约》，明确提出加强人工智能国际治理，倡导标准组织合作，鼓励共同推进能力建设的国际伙伴关系，以造福全人类。总体来看，各方对构建具有共识性和互操作性的治理框架及标准规范的需求日益迫切，国际人工智能治理将始终秉持求同存异的原则，推动各国间的共商、共建、共享，共同塑造具有包容性、公平性、普适性的人工智能健康发展生态。

（二）新要素：以高水平治理统筹好数据开发利用和数据安全保障

目前，我国数据法律制度体系已基本形成，制度的系统性、协同性不断增强，但在促进海量数据的利用和发挥丰富场景的优势方面还有优化的空间。下一步，在促发展方面，我国将从政策层面加快前瞻性规则探索，并在规则成熟定型之后推动制定高效力层级的法律法规。在保安全方面，我国未来会在已有的法律法规制度框架下，进一步健全相关配套规则。

在促发展方面，自下而上，继续探索前瞻性规则。数据政策的主要着力点将体现在供数动力进一步释放、用数活力进一步激发、数字产业生态繁荣发展三个方面。**从路径上看**，近期，相关部门将会继续加快推动数据要素市场建设的相关政策出台，破除数据流通使用的体制性障碍、机制性梗阻。长期来看，运行成熟的政策规则将进一步上升到法律法规层面，逐步固化。**从内容上看**，一是在收益分配机制方面，研究制定价值评估和价格确定规则，以及数据收益分配机制；二是在数据产权方面，进一步研究明确公共数据、企业数据确权制度，探索合法数据权益保护机制。

在保安全方面，自上而下，健全完善配套规则。当前，我国的数据安全法律法规逐步健全完善，下一步将聚焦法律法规的落地实施，制定配套实施细则。具体包括三个方面。一是在现有规则和制度基础上，加强制度创新和国际合作，进一步探索便捷、多样的数据出境路径；二是继续在各行业、各部门推动数据分类分级管理，落实相关管理要求；三是健全网络数据安全管理的行政执法程序和标准。与此同时，还需要加强相关制度储备研究，应对新型安全风险。例如，端侧大模型带来的安全事件，儿童智能终端新应用引发的一系列数据安全风险，终端直连卫星服务带来的数据跨境流动安全管理挑战等。后续，需要加强相关业务风险的跟踪研究，提前研判和防范风险，加强制度应对。

（三）新形态：以高水平治理统筹好常态化监管和高质量发展

2024 年 11 月 22 日召开的国务院常务会议指出，发展平台经济事关扩内需、稳就业、惠民生，事关赋能实体经济、发展新质生产力。2024 年，我国平台经济发展态势整体向好，前三季度我国市值排名前十的上市平台企业总营收 2.9 万亿元，同比增长 11.3%，总利润达 4298.4 亿元，同比增长 43.2%。独角兽企业的营收增长放缓，凸显出平台经济发展潜力和后劲不足。同时，大数据"杀熟"、侵害新就业形态劳动者权益、电商过度低价竞争等问题时有发生，平台经济生态健康问题仍然突出。党的二十届三中全会指出，应"促进平台经济创新发展，健全平台经济常态化监管制度"。2024 年 12 月，中央经济工作会议提出"加强监管，促进平台经济健康发展"，都为下一步平台经济治理工作指明了方向。面向"十五五"，平台经济治理将进一步处理好活力与秩序、平台企业与平台生态的关系，重点解决平台经济发展后劲不足、"内卷"竞争加剧等难点问题，健全常态化监管制度，推动平台经济健康发展。

进一步强化创新发展支撑，提振行业发展信心。推动平台经济增长，当务之急是稳预期、提信心。2024 年 11 月 22 日召开的国务院常务会议指出，要增强平台经济领域政策与宏观政策取向一致性。这是营造有利于创新发展的政策环境的关键举措。着眼于处理好市场活力与秩序的关系，平台经济领域政策与宏观政策取向一致性的评估力度将进一步加强，系统评估政策出台带来的市场影响，避免政策叠加、层层加码等问题，实现政策同向发力，营造透明可预期的制度环境。与此同时，平台经济创新发展的要素保障将进一步强化。2024 年 10 月 14 日，在国务院新闻办公室举行的加大助企帮扶力度有关情况新闻发布会中，工业和信息化部指出将加大对独角兽企业的金融支持力度。我国将进一步优化投融资支持政策，发挥长期资本、耐心资本的积极作用，加强对科技型企业的全生命周期金融服务，引导早期投资和创业投资支持独角兽企业的培育和发展，为推动平台经济创新发展提供更大的金融支持力度。在新模式、新业态方面，根据国家统计局的数据，2024 年全国网上零售额为 155225 亿元，比上一年增长 7.2%。其中，实物商品网上零售额为 130816 亿元，比上一年增长 6.5%，占社会消费品零售总额的比重为 26.8%。2025 年，相关政策将进一步加大对消费的支持力度，支持消费互联网平台企业挖掘市场潜力，引导网络交易平台发挥流量的积极作用，扶持中小微经营主体发展，持续释放平台经济稳增长、促消费的积极作用。同时壮大工业互联网平台体系，加快赋能产业转型升级。

进一步健全常态化监管制度，规范市场竞争秩序。2022 年的中央经济工作会议提出，要大力发展数字经济，提升常态化监管水平。党的二十届三中全会再次强调，健全平台经济常态化监管制度。近年来，我国围绕公平竞争、隐私保护、网络和数据安全、算法治理等关键领域，加快完善制度规则体系，明确了平台经济领域政策的适用性，为平台经济规范健康发展提供了法治保障。但平台经济常态化监管水平仍有待进一步提升，常态化监管制度有待进一步健全，二者尚不能很好地适应高质量发展的要求，跟不上平台经济快速发展的需要。随着平台经济发展进入深水区，网络违法、违规行为更加隐蔽、复杂，新问题、新风险仍然多发。面向"十五五"，一方面，平台经济领域的监管制度将进一步细化完善，包括加快优化人工智能等新技术、新应用的准入规则和责任分配制度，加快推进反不正当竞争法的修订过程，以及反垄断、数据安全和开发利用等法律法规和配套制度的修订完善，让企业合规经营有更加清晰明确的边界。另一方面，平台经济监管机制将进一步优化，包括进一步明晰新模式、新业态的监管职责分工，进一步完善线上线下、跨部门和跨地域的监管协作机制。同时，支持平台企业进一步加强合规管理，维护网络市场公平竞争的秩序，加强与平台企业的沟通交流，及时了解企业诉求，完善市场监管相关政策和措施，促进平台经济健康发展。

进一步促进各方主体互利共赢，繁荣平台经济生态。2024 年以来，平台经济领域的"内卷"竞争加剧引发社会高度关注，各大网络交易平台纷纷卷入"价格战"，出台"全网最低价""百亿补贴"等活动来争夺用户，不断挤压平台内经营者的利润空间，部分商家不得不以牺牲产品质量应对，消费者权益也受到损害，由此可能会陷入劣币驱逐良币的恶性循环。与此同时，灵活从业人员的劳动权益得不到保障、大数据"杀熟"、直播带货中的不正当竞争等问题也时有发生，引发社会关注和讨论。2024 年 11 月，国务院常务会议指出，要推动平台企业规范经营、有序竞争、提升质量，促进各方主体互利共赢。中央网信办发布《关于开展"清朗·网络平台算法典型问题治理"专项行动的通知》，也将对利用算法侵害新就业形态劳动者权益、实施大数据"杀熟"等典型问题进行重点整治。因此，下一步，行业将着眼于平台经济生态，引导企业由流量至上、低价竞争向公平有序、优质优价竞争转变，切实保障消费者和劳动者的合法权益，健全线上消费投诉公示、消费后评价等制度，指导平台企业依法规范用工，推动算法向上向善发展，促进平台经济生态整体繁荣。

（四）新体制：以高水平治理统筹好开放与发展、开放与改革

开放是中国式现代化的鲜明标识。建设更高水平开放型经济新体制是依托我国超大规模市场优势，主动构建新发展格局、提升国际合作和竞争新优势、维护和发展开放型世界经济的重要战略举措。未来，我国将以制度型开放为重点，深化贸

易、投资等重点领域的体制机制改革，积极主动提升我国对外开放水平。

数字贸易成为高水平对外开放的重点领域。 2023 年，中国可数字化交付服务贸易占服务贸易总额的比重为 41.48%，低于全球 51.39% 的规模占比。中共中央办公厅、国务院办公厅发布的《关于数字贸易改革创新发展的意见》提出，到 2029 年，可数字化交付的服务贸易规模稳中有增，占我国服务贸易总额的比重提高到 45%以上；到 2035 年，可数字化交付的服务贸易规模占我国服务贸易总额的比重提高到 50% 以上，有序、安全、高效的数字贸易治理体系全面建立，制度型开放水平全面提高。目前，中国的数字贸易仍存在开放程度不够高、治理体系不够完善等短板，未来将以制度型开放为抓手，放宽数字领域市场准入，深化数字贸易领域的交流合作。

以开放促发展，为数字贸易高质量发展提供强劲动力。 在进口侧，放宽数字领域市场准入。商务部数据显示，我国可数字化交付服务贸易连续 5 年实现顺差，2023 年，顺差额已达 1414.8 亿美元，进口动力仍待激活。未来将推动电信、互联网等领域有序扩大开放，鼓励外商扩大数字领域投资，提高外资企业在境内投资运营的便利化水平，充分释放对外开放政策效能。在出口侧，数字贸易高水平开放平台的作用将更加凸显。以高标准建设数字服务出口平台载体，利用软硬件政策环境和资源整合优势，培育数字服务出口新主体；同时，通过打造数字贸易集聚区，降低贸易参与主体的跨国交易成本及不确定性，增强各类参与主体的全球连接能力、要素的流动能力，累积增强数字贸易增长势能。

以开放促改革，在扩大国际合作中提升开放能力、优化治理体系。 一方面，主动对接国际高标准经贸规则。积极推进加入《数字经济伙伴关系协定》和《全面与进步跨太平洋伙伴关系协定》进程，逐步构建与国际高标准经贸规则相衔接的制度体系和监管模式，推动数字领域的规则、标准与国际相融相通。另一方面，着力提升制定数字贸易国际规则的话语权，把握在跨境电商贸易中的优势地位，在相关领域引领国际经贸规则谈判。同时，随着区块链、人工智能、云计算等新兴技术的迅速发展，数字贸易等新业态成为关注焦点。未来我国将更加积极地参与新业态领域的国际规则制定，持续推进数字领域制度探索。

网络安全篇

导　读

本篇主要包括"2024 年网络安全领域发展情况综述""2024 年网络安全领域热点分析""2025 年网络安全领域发展趋势展望"三大部分。

第一部分"2024 年网络安全领域发展情况综述"盘点了 2024 年网络安全总体形势，具体为全球进入新一轮战略调整期，网络安全战略环境发生重大变化；我国多措并举完善网络安全政策体系，提升应对安全威胁的实践能力；全球网络空间安全治理保持高压态势，网络攻击事件频发；网络安全产业持续发展壮大，技术生态步入转型重塑期。

第二部分"2024 年网络安全领域热点分析"聚焦并深入分析了 2024 年网络安全领域的热点，具体为人工智能赋能网络安全加速发展，安全大模型在关键环节中的应用初具成效；车联网安全内涵不断延伸，我国以强制性标准为发力点不断强化安全保障；电信网络诈骗技术对抗性持续加码，国内防范治理技术加速升级。

第三部分"2025 年网络安全领域发展趋势展望"结合当前产业发展和网络安全态势进行综合研判，具体为新型工业化加快推进，工业领域网络安全持续深化；ICT 供应链的全球格局更加复杂，安全管控将进一步升级；数据安全法律制度体系持续完善，承接性、配套性政策标准加速出台；智能化网络攻防对抗挑战持续增强，需在网络安全新领域探索人工智能的应用潜力。

本篇作者：

田慧蓉　丰诗朵　李慎之　冯泽冰　刘晓曼　王玉环　李晓伟　周丽丽
杜　霖　焦贝贝　陕　言　宋燕琪　王金钧　杨文钰　葛悦涛

一、2024 年网络安全领域发展情况综述

（一）全球进入新一轮战略调整期，网络安全战略环境发生重大变化

自 2024 年以来，在技术转型、空间博弈等多方因素的影响下，全球网络安全战略环境愈发严峻。**一是网络空间安全实战化趋势显著。**新技术已被逐步应用于网络空间安全实战，美国等发达国家将军用无人机作为网络空间重点战略的部署方向；地区冲突已将无人机袭击、利用人工智能识别打击目标等新技术战法用于实战。**二是网络空间安全威胁范围扩大。**供应链安全事件引发各国深思，2024 年 7 月 CrowdStrike 的错误更新导致"Windows 蓝屏"的软件供应链安全事件造成 20 多个国家、850 多万台用户终端受影响。在供应链安全问题日益严峻的背景下，美国积极发布了相关备忘录、《软件安全开发证明表》等文件，以加强软件供应链安全管理。**三是黑客组织利用人工智能扩大网络攻击影响范围。**黑客组织对人工智能的利用使网络攻击更具针对性、隐蔽性，其运用 GPT 大模型侦察网络攻击目标，有针对性地发起分布式拒绝服务（DDoS）、钓鱼邮件等攻击，安全防御难度大；同时还利用人工智能增强了恶意软件变种能力，以规避现有对恶意样本的检测规则。**四是网络安全博弈成为大国博弈的工具。**多国以"维护国家安全"为由对我国企业实施打压，我国企业被抹黑次数持续增加。此外，美国针对我国重型装备、智能汽车制造、通信设备制造等领域重点展开打击，大国博弈态势显著。

（二）我国多措并举完善网络安全政策体系，提升应对安全威胁的实战能力

我国从政策监管多方布局，强化网络安全防护，通过实战能力建设应对网络安全严峻挑战。**一是不断完善网络安全制度体系。**自 2024 年以来，我国逐步完善网络安全相关法律配套政策，发布多项以《中华人民共和国网络安全法》《中华人民共和国数据安全法》为核心的配套政策，包括《网络数据安全管理条例》《自然资源部关于加强智能网联汽车有关测绘地理信息安全管理的

通知》《国家网络身份认证公共服务管理办法》等，多规管理守住安全底线。此外，我国对重点领域的安全管理日趋强化，在工业互联网领域出台了《工业互联网安全分类分级管理办法》《工业控制系统网络安全防护指南》及 3项国家标准，强化安全管理；在车联网领域首次发布 3 项强制性标准，明确车联网安全相关强制性要求；在数据安全领域出台《工业和信息化领域数据安全事件应急预案》。**二是逐步加强对人工智能等新技术的安全治理。**国家提出了安全监管新要求，党的二十届三中全会强调"加强网络安全体制建设，建立人工智能安全监管制度"。同时，通过加强安全治理促进行业健康有序发展，《生成式人工智能服务管理暂行办法》及《人工智能安全治理框架》1.0 版的出台，旨在强化人工智能安全治理。此外，工业和信息化部就物联网、IPv6、区块链、大数据等技术应用中的安全问题展开治理工作部署，为促进行业发展提出更高的安全监管要求。**三是持续构建网络安全实战能力。**2024 年，网络安全实战攻防已成为常态化工作，"实战化、体系化、常态化"的安全监管理念推动网络安全等级保护工作走深走实。我国加速推动网络安全实战能力建设，北京、上海、长沙等地积极开展网络安全实战攻防应急演练，与以往演练相比，规模更大、范围更广、要求更高；同时，多地积极开展网络安全应用场景优秀案例评选等活动，展现了各行业企业的实战攻防对抗能力。

（三）全球网络空间安全治理保持高压态势，网络攻击事件频发

2024 年，全球网络攻击威胁形势仍然严峻，我国网络安全风险加剧，网络攻击影响持续渗透蔓延。**一是全球网络安全风险持续走高。**截至 2024 年10 月，全球范围内的 DDoS 攻击频率平均每季度增长约 20%，复杂且持续的DDoS 攻击事件不断增加，对网络环境的稳定性构成了严重威胁。勒索攻击组织数量在 2024 年第一季度实现了同比 55% 的显著增长，活动强度急剧提升。值得警惕的是，恶意二维码已成为钓鱼攻击的新手段，进一步增加了用户遭受网络欺诈的风险。在安全漏洞方面，美国国家漏洞库的数据揭示了问题的严峻性。截至 2024 年年底，该库收录的漏洞已达 29 万个，而在 2024 年，新

增漏洞就多达 3.4 万个，这一数字凸显了网络安全防护工作的紧迫性和重要性。此外，供应链成为网络攻击的新突破口，截至 2024 年 9 月，DDoS 攻击规模监测及频率分布情况如图 9-1 所示。根据《2024 年全球勒索软件调查》，2024 年，62% 的勒索软件攻击事件与软件供应链攻击有关。**二是我国网络安全风险突出**。自 2024 年以来，我国遭受网络攻击的数量持续攀升，在公共互联网领域中，各类网络攻击事件达 3600 万起，较上一年同期增长 13%；在工业互联网领域中，恶意网络行为约 7000 万次，较上一年同期增长 22%；在车联网领域中，恶意网络行为近 600 万次，较上一年同期增长 8%。短时高频的跨网 DDoS 攻击已成为主流威胁。2024 年，DDoS 攻击的规模在不同的时间段内有所波动，90% 的 DDoS 攻击是跨网攻击，网络安全的复杂性提升了。同时，DDoS 攻击的发生频率也呈现一定的时间分布特征，其中 75.46% 的 DDoS 攻击在 10 分钟之内发生，凸显攻击的高频性和突发性。这种灵活的网络攻击更加难以检测和防御，对我国的网络空间安全造成严重威胁。此外，我国数据安全风险依然突出，根据《2024 年上半年数据泄露风险态势报告》，2024 年上半年监测并分析验证有效的数据泄露事件达 16011 起，较 2023 年下半年增长 59.58%。与此同时，数据非法交易的隐蔽性进一步提升，95% 以上的数据非法交易发生在社交平台 Telegram 及暗网，且逐渐转向私域群交易，发现和查处的难度显著提升。

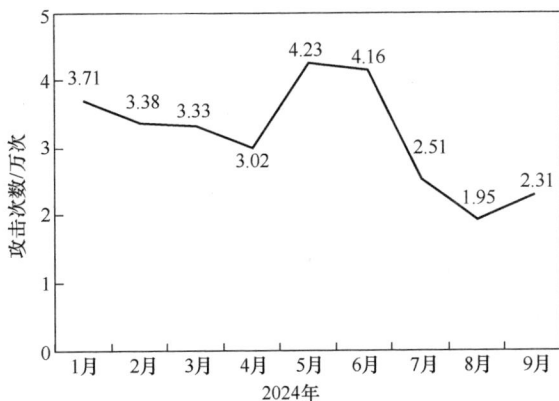

图 9-1　DDoS 攻击规模监测及频率分布情况

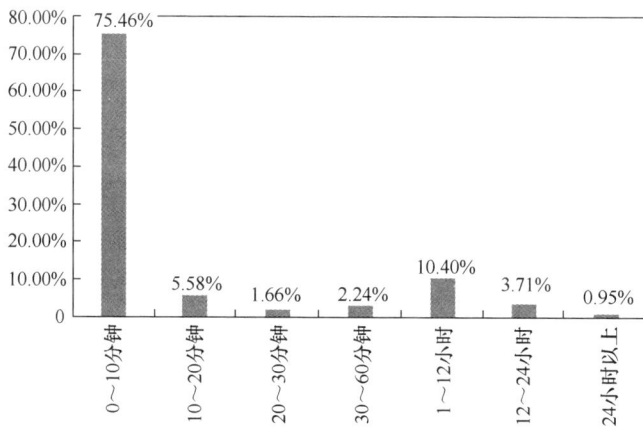

图 9-1　DDoS 攻击规模监测及频率分布情况（续）

（四）网络安全产业持续发展壮大，技术生态步入转型重塑期

自 2024 年以来，世界主要国家与地区的战略聚焦于增强网络安全防御能力，加强对关键基础设施、新兴技术的安全保护等，充分释放网络安全产业发展的活力。与此同时，全球局部冲突伴随网络战愈演愈烈，网络攻击引发国计民生相关业务停滞，严重影响社会稳定运行，社会关于网络安全保障的意识与需求显著提升。网络安全产业在战略、技术及安全威胁等因素的叠加影响下持续发展壮大。**国际方面，网络安全新形势、新挑战带动网络安全市场规模扩张，**2019—2024 年网络安全市场规模实现年均超 11% 的高速增长。蓬勃发展的网络安全市场使得从业企业数量日益庞大，据统计，CB Insights 数据库已收录近万家网络安全企业，其中估值超过 10 亿美元的独角兽企业超过 130 家。为在日趋激烈的市场竞争中塑造核心优势，企业竞争模式由单打独斗转向抱团合作，以资源及生态协同强化竞争壁垒，主要表现如下。**一是生态融合加深。**例如，Fortinet 凭借 OpenFabric 生态集成了超过 400 项安全技术，厂商间通过技术合作形成"你中有我，我中有你"的融合趋势，实现更紧密的技术集成和更高程度的自动化。**二是并购整合提速。**自 2023 年以来，安全企业间发生了 150 余次战略并购，补齐了安全能力。**三是技术模式创新显效。**平台和产品服务订阅成为国际主流的技术服务交付模式和营收增长的主要贡献，用户锁定效应明显。**国内方面，重要行**

业安全投入缩减等导致网络安全产业规模增速放缓，2022—2024 年网络安全产业规模平均增速低于 10%，规模低速增长倒逼产业从合规驱动向价值驱动转型。**我国产业力量不断夯实**，根据工业和信息化部年度统计数据，我国从事网络安全相关业务的企业（以下简称"网络安全企业"）超 2000 家，入选各批次专精特新"小巨人"的企业累计超 100 家。网络安全参与主体更加多元化，形成了以网络安全企业为重要基础、以 IT 及互联网企业为关键补充、以信息通信国有企业为战略使能者的独特产业格局，多股力量通过技术创新和能力深耕，塑造产业转型发展机遇。其中，以奇安信、启明星辰、绿盟科技、安天等为代表的网络安全企业积极拥抱人工智能等新技术，培育差异化竞争优势，提升产品技术价值效能。以华为、腾讯、阿里巴巴等为代表的 IT 及互联网企业深耕云安全领域，提升精细化、定制化的云上安全服务能力；以中国移动、中国联通、中国电信、中国电科等为代表的信息通信国有企业开放使能，发挥自身优势，加大安全战略投资，加强网络安全自研自用及对外输出能力。**从中长期来看，我国网络安全产业发展的韧性和可持续性不断凸显**。一方面，数字技术推动实体经济转型升级，网络安全保障是产业数字化的必需品，数字化转型的动能进一步向网络安全产业传导并支撑产业复苏；另一方面，数字技术等新质生产力为宏观经济发展提供关键引擎，带动宏观经济回升向好，将有效增加网络安全的预算支出。

二、2024 年网络安全领域热点分析

（一）人工智能赋能网络安全加速发展，安全大模型在关键环节中的应用初具成效

1. 人工智能技术助推网络安全技术模式和应用场景创新发展

快速发展的人工智能技术，逐步成为网络安全发展的重要引擎，驱动网络安全关键技术不断演进，使得数据安全分析、网络安全事件处置、安全运营管理等向自主化、智能化方向发展。从技术实现方式来看，驱动网络安全技术发展演进主要有 3 种方式。**一是规则驱动**，主要面向计算机病毒等常规性、逻辑特征规则化且级别相对稳定的网络威胁。通过构建基础性的静态规则，如结构化查询语言（SQL）注入规则、跨站脚本攻击检测规则、网络钓鱼检测规则等，对安全威胁情报、系统日志等数据中的病毒特征进行识别，从而达到识别网络钓鱼攻击、入侵攻击、安全漏洞等威胁的目的。**二是大数据分析驱动**。随着病毒样本数量激增，网络威胁呈现出工业化快速繁殖的特征，要保障网络安全，需要挖掘海量数据中的各种安全威胁。借助大数据分析技术，通过用户和实体行为分析、统计模型等技术手段，对网络流量、用户行为日志等数据进行分析，在海量数据中准确发现并定位网络威胁。**三是智能分析驱动**。网络威胁由规模扩张向质量升级变化，网络攻击呈现变种多样化、高时变性、高绕过、高逃逸等特点，传统的规则驱动和大数据分析驱动已经难以跟上网络威胁的变化速度。机器学习、深度学习、大模型等人工智能技术逐步被用于网络威胁对抗，模型基于威胁样本训练，实现对加密流量、网络攻击行为和安全知识等的学习和分析，并能对网络攻击行为进行预测，从而拓展了漏洞自动化分析、海量情报关联融合、深度威胁检测、安全知识问答等网络安全新型应用场景。

2. 人工智能赋能网络安全从单点智能向多维融合智能发展

在持续演进的网络安全攻防对抗中，人工智能赋能网络安全不断克服挑战，走过了人工智能小模型辅助数据分析、人工智能小模型融入安全产品和系统，以

及将人工智能大模型应用于复杂安全场景中三个阶段，从关注单点安全智能，拓展到实现多点、多维威胁的预测推理、关联处置和安全交互。**第一阶段是人工智能小模型辅助数据分析**。该阶段主要依赖神经网络、机器学习等经典决策性人工智能技术对网络和安全数据展开分析。Cylance 公司早在 2016 年就尝试使用卷积神经网络分析反汇编的二进制文件，以检测恶意文件。人工智能技术在该阶段主要是以离线的方式进行数据分析。**第二阶段是人工智能小模型融入安全产品和系统**。随着网络安全工作对发现和处置网络安全威胁的实时性要求不断提升，离线人工智能分析逐步向在线人工智能分析演进，业界逐步将人工智能能力集成在安全产品中，以提升人工智能安全分析的实时性。例如，新华三将人工智能分析引擎引入新一代防火墙，在应对传统网络安全威胁的基础上还能够识别加密流量中的恶意行为。然而，随着网络安全数据激增，传统的深度学习小模型依赖既有的网络安全威胁特征规则和干预知识库，因参数量少，仅能分析格式化的单维度网络数据，只适用于网络安全威胁检测等决策式场景，而难以分析海量的多维情报数据，也无法实现高隐蔽性网络攻击的分析推理。**第三阶段是将人工智能大模型应用于复杂安全场景中**。利用生成式大模型的语义分析、代码理解和复杂推理能力，对复杂的网络安全语言（如软件代码、加密流量等）进行分析，应用于海量情报关联、安全问答等复杂的网络安全场景。近两年，微软、谷歌、深信服、奇安信等国内外企业均发布了安全大模型产品，大模型技术助推网络安全技术创新发展进入新赛道。

3. 安全大模型技术架构基本成型，大小模型优势互补，协同推进网络安全分析处置流程智能化

随着各企业对安全大模型的创新探索不断深入，其技术架构也基本成型。安全大模型技术架构包括安全语料库、数据标注、通用大模型、安全大模型和安全应用五个部分，如图 9-2 所示。通用大模型是基础，包括企业自研底层大模型和使用开源大模型调优后得到的通用大模型两种。安全大模型技术架构的核心是安全语料库和适配网络安全应用场景的算法模型，其中安全语料库主要包括安全知识、威胁、情报等安全数据以及流量、日志等网络数据，企业用于模型训练的安全数据集已达到千亿 Token 级别。模型算法是企业的核心竞争力，如奇安信 QAX-GPT 安全机器人系统采用 QPiece 等自研算法，以提高训练和解码速度；DarkTrace 自研的传统深度学习大模型等采用数百种安全算法，以缩短服务响应时间。安全大模型已在网络安全实战工作中发挥重要作用，并具有两个突出特点。**一是人工智能大小模型结合使用、优势互补**。企业将安全大模型与小模型充分结合，并与防火墙等安全产品和业务深度整合，打通各类安全产品的分析能力。在此基础上，以安全大模型为底座，调用小模型输出结果，以服务托管的方式对外进行安全赋能。**二是云端协同实现智能化网络安全分析处置**。充分利用云侧、端侧的计算资源和网络数据，部署特定的人工智能模型，云侧、端侧协作分析安全任务，实现云侧推理决策、端侧自动处置。其中，端侧小模型侧重单一场景的安全数据分析，用于提升威胁分析的准确性；云侧大模型侧重安全服务，综合小模型的输出结果，实现对复杂网络威胁的理解、研判和处置。

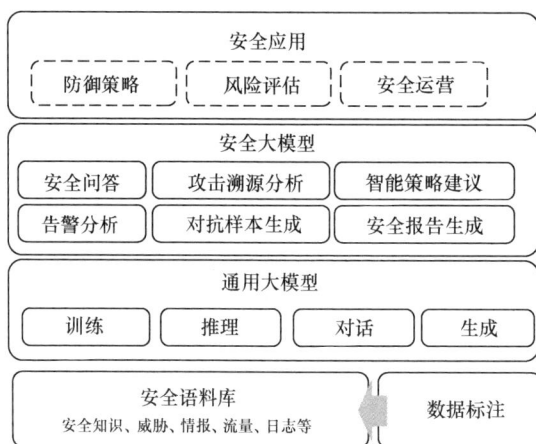

图 9-2　安全大模型技术架构

4. 大模型赋能安全运维初显成效，网络安全攻防对抗仍面临诸多挑战

安全大模型赋能网络安全已取得成效，网络安全运营效率提升，但安全大模型在安全威胁识别、攻防对抗中的应用仍处于探索阶段，目前在高质量数据集构建、优质安全模型研发等方面仍面临挑战。**安全大模型赋能网络安全运营降本增效已初具成效**。安全大模型辅助安全运营，通过安全告警降噪、安全事件研判来减少误报、提升分析处置效率。目前产业界安全大模型产品的告警日志降噪率为 90% 以上，安全响应时间由小时级缩短到分钟级，相比小模型，安全威胁

检出率提升 1 倍、误检率下降至原来的 1/2。**安全大模型在高级安全威胁识别方面的应用仍处于探索阶段**。谷歌构建的 Sec-PaLM 对安全漏洞、恶意软件和安全威胁行为进行关联整合；Palo Alto Networks 运用深度学习模型对安全威胁行为进行预测、预防；深信服、奇安信等利用混淆攻击训练、攻防知识图谱等方式使安全大模型在识别、应对攻击过程中加深对网络威胁的理解。

在实战中，智能化网络安全对抗在数据集、模型和人工干预等层面仍面临多重挑战。**一是数据集挑战**。网络安全数据类型多、分布广、特征丰富，高质量训练数据集难以构建。由于网络安全数据的敏感性，企业的优质数据集难以高效共享，导致模型训练速度慢，安全威胁持续对抗难。**二是模型挑战**。安全大模型产品的不可靠性、算力受限等导致安全策略的生成速度未达预期。由于大模型幻觉问题等仍无法被彻底解决，大模型生成的网络安全事件处置策略难以确保完全可信，还未形成网络安全检测、响应、事件处置的全自动化闭环流程。**三是人工干预挑战**。安全大模型的调优、数据标注仍需要依赖安全专家的经验，但在当前阶段精通人工智能和网络安全知识的人才极其缺乏。

（二）车联网安全内涵不断延伸，我国以强制性标准为发力点不断强化安全保障

1. 多重跨域融合特性赋予车联网更多安全内涵，推动安全管理格局多元化发展

车联网安全内涵不断延伸，加速推动多元化安全管理格局发展，安全监管工作趋严、趋细。**一是车联网安全内涵不断延伸，影响力进一步扩大**。一方面，跨技术、跨系统、跨平台、跨行业等多重跨域融合特性使得车联网安全问题空前复杂，安全内涵进一步丰富。车、路、云、网、数等多要素在多场景交互，引发功能安全风险、预期功能安全风险、运行安全风险、网络安全风险、数据安全风险等相互交织，风险级联效应进一步凸显。另一方面，车联网安全风险的影响力进一步扩大，已引发国家安全担忧。从全球看，美国泛化"国家安全"概念，以保护网络和数据安全为由升级对我国联网汽车的管控措施。2024 年 2 月，美国对我国联网汽车展开调查；2024 年 7 月，美国与盟友国研讨联网汽车安全风险；2024

年 9 月，美国发布《确保联网车辆信息和通信技术及服务供应链安全》拟议规则。从我国看，2024 年 10 月，中华人民共和国国家安全部通报部分境外企业以汽车智驾研究为由非法采集我国原始测绘数据。**二是车联网安全监管工作趋严、趋细，逐步形成"多方协同、多元共治"管理格局。**在国家制造强国建设领导小组下设立由 20 个部门和单位组成的车联网产业发展专项委员会，负责组织制定车联网发展规划、政策和措施，协调解决车联网发展面临的重大问题。工业和信息化部、交通运输部、公安部、市场监督管理总局、自然资源部、住房和城乡建设部等基于自身职责，负责车联网相关研发制造、公告准入、上路通行、空中激活升级、地理测绘、业务应用等工作。车联网安全监管模式由"审慎监管"向"严格监管"演进，具体表现在由发布短期、突击的工作通知和推荐性标准向发布长期、持续的准入条例和强制性标准转变。

2. 全球主要国家和地区超前布局，法规已从过渡阶段进入全面生效阶段

为有效应对车联网安全风险挑战，确保汽车市场在网络安全标准方面达成统一，2020 年 6 月，联合国世界车辆法规协调论坛（UN/WP.29）发布全球首个专门针对汽车网络安全的强制性法规 R155。**一是通过对汽车制造商开展两项认证带动汽车供应链满足安全合规要求。**UN/WP.29 R155 开放申请汽车网络安全管理体系（CSMS）认证和车辆型式认证（VTA），其中汽车 CSMS 认证针对汽车制造商开展审查，确保汽车全生命周期均有流程体系指导，重点审查汽车网络安全管理流程是否覆盖汽车全生命周期；VTA 针对车型开展审查，确保车辆的网络安全防护技术足够完备，重点审查汽车网络安全开发中的具体工作执行情况。CSMS 认证是 VTA 的前提，只有完成 CSMS 认证后才可进行 VTA。**二是 UN/WP.29 R155 在过渡期已产生实质性产业连锁反应，促使汽车产业各方主体强化网络安全防护。**2021 年 1 月至 2025 年 1 月为 UN/WP.29 R155 的过渡期，在此期间，国外权威检测机构已具备汽车网络安全检测能力，对部分汽车制造商开展 CSMS 认证和 VTA。UN/WP.29 R155 已影响全球 56 个国家，在此范围内，汽车的上市销售必须满足 UN/WP.29 R155 的要求。自 2021 年 12 月起，蔚来、长城汽车、小鹏等 10 余家国内车企陆续通过 UN/WP.29 R155 的认证。自 2023 年 12 月起，国外部分车企相关车型因无法满足 UN/WP.29 R155 的要求而相继停产。**三是 UN/WP.29**

R155 正式生效后，其监管范围和影响力将进一步扩大。当前，UN/WP.29 R155 已覆盖乘用车及商用车，适用于 M 类、N 类车型、装备了至少一个电子控制单元（ECU）的 O 类车型、具备 L3 及以上级别自动驾驶功能的 L6 和 L7 类车型。未来，UN/WP.29 R155 的监管范围将进一步扩大，根据最新修订版本，将自 2029 年 7 月起覆盖摩托车（L 类车型）。

3. 第三方机构持续发力，汽车网络安全产业支撑体系已基本形成

标准化组织、检测机构、服务企业等紧跟法规要求，形成与法规相匹配的汽车网络安全标准、检测能力和技术工具。**一是国际标准化组织（ISO）发布与法规相匹配的汽车网络安全认证标准，进一步下沉落地，为产业发展提供重要参考。**2021 年 8 月，ISO 和国际自动机工程师学会（SAE International）共同制定了 ISO/SAE 21434（《道路车辆——网络安全工程》），ISO/SAE 21434 是法规实施层面的配套标准，提供了一套网络安全威胁分析、网络安全风险评估及处置的方法。2022 年 3 月，ISO 发布 ISO/PAS 5112（《道路车辆——网络安全工程审核指南》），ISO/PAS 5112 是与 ISO/SAE 21434 相匹配的审核标准，确保审核全流程安全合规。**二是权威检测机构升级汽车网络安全检测能力，检测技术产品和工具成熟化。**一方面，权威检测机构已逐步具备围绕法规标准的配套检测认证能力。TÜV 南德、TÜV 北德、TÜV 莱茵、DEKRA 等国外权威检测机构已将检测能力拓展至网络安全领域，欧盟的汽车网络安全检测能力已较为成熟。另一方面，权威检测机构已基本具备检测技术产品和工具。例如，权威检测机构已研发了专门的互联车辆安全检测技术工具，如 AutoTrust® AFW 通过远程服务器接收汽车安全检测报告，动态更新安全策略，保持车辆安全防护措施实时更新。是德科技推出汽车安全渗透测试平台，如 Keysight SA8710A 车载网络安全渗透测试平台，能够帮助用户验证 ECU/TCU、子组件和车辆整体抵御网络攻击的可靠性。安全测评技术已覆盖多个层面，如美国汽车嵌入式系统安全中心（CAESS）车载系统安全评估涵盖网络通信、车载软硬件等多方面的安全评估能力，确保对车辆进行全面的安全检查。

4. 汽车安全领域将真正进入强监管时代，助推我国车联网安全市场趋暖向好

紧跟国际步伐，我国发布汽车网络安全强制性标准，带动产业各方加速布局车联网安全市场。**一是强制性标准的出台，标志着我国汽车安全领域将真正进入强监管时代。** 国家强制性标准 GB 44495—2024《汽车整车信息安全技术要求》于 2024 年 8 月 23 日正式发布，将于 2026 年 1 月 1 日起实施。该强制性标准与 UN/WP.29 R155 在内容上基本保持一致，在密码安全、漏洞上报、日志记录、汽车数据处理等方面有更具体的要求。该强制性标准要求汽车上市前需满足管理体系、外部连接、通信安全、软件升级安全、数据安全五个方面的要求。**二是产业各方抢抓发展窗口期，不断创新车联网安全检测评估技术产品和服务。** 企业安全建设"安全左移"的趋势越发明显，首先，在产品的概念阶段引入安全机制，安全检测方式由被动的"亡羊补牢"向主动持续的"先发现、先预防、先处理"转变，如云驰未来基于汽车开发 V 模型将"安全左移"。其次，汽车主机厂、零部件厂商等由以合规测试为主向深度渗透加速转化，如泽鹿安全推出智能汽车信息安全检测工具箱，软安科技使用黑盒测试技术为上海汽车、长安汽车等开展深度测试。最后，安全咨询检测服务范围加速扩大，如检测机构不断丰富检测服务，中汽研汽车检验中心等检测机构将检测业务拓展到网络安全领域；汽车安全厂商推出安全咨询服务，如梆梆安全等推出基于车联网的安全咨询服务。

（三）电信网络诈骗技术对抗性持续加码，国内防范治理技术加速升级

1. 全球电信网络诈骗形势依然不容乐观，治理工作面临诸多挑战

在当今互联网高速发展的时代，电信网络诈骗在全球范围内愈演愈烈，已成为全球性打击治理难题。全球反诈骗联盟（GASA）发布的《2024 年全球诈骗状况报告》称，2024 年，全球诈骗案造成的损失超过了 1.03 万亿美元（约合人民币 7.54 万亿元），这一数字远超过瑞士、波兰等许多中等国家 2024 年的 GDP 总量。据国际货币基金组织（IMF）统计，2023 年，全球仅 19 个国家的名义 GDP 突破 1 万亿美元（约合人民币 7.33 万亿元），而诈骗造成的损失却轻松跨越了这一门槛。上述报告还进一步指出，全球近半数人口每周至少遭遇一次诈骗威胁，

其中，巴西和韩国是受影响最严重的国家，且仅有 4% 的受害者能够挽回损失。电信网络诈骗不仅造成了严重的经济损失，更严重危害了受害者的心理健康、人身安全，乃至威胁社会的和谐稳定与国家的安全。近年来，随着治理工作的不断深入与打击力度的持续加大，电信网络诈骗手法快速迭代翻新、境外诈骗窝点动态迁移、网络诈骗案件数量激增，治理难度持续增加。具体表现如下，**一是深度伪造技术作为电信网络诈骗实施工具已逐渐规模化。** 2024 年，联合国毒品和犯罪问题办公室（UNODC）发布报告称，东南亚地区的诈骗者正在利用生成式 AI 和深度伪造技术，来扩大诈骗行动的规模，有数据统计，近半年 Telegram 及暗网上面向电信网络诈骗团伙的深度伪造产品增加了 600% 以上；英国 Starling 银行的一项调查结果显示，2023 年，28% 的英国成年人成为 AI 拟声诈骗的目标。**二是境外电信网络诈骗团伙向迪拜转移，英语系发达国家为主要受害区域。** 近年来多国通过合作对东南亚地区的诈骗犯罪进行了严厉打击，使得昔日盘踞于缅北地区的电信网络诈骗团伙不得不寻找新的窝点。因迪拜具备先进的网络设施和充裕的金融资源，所以成为电信网络诈骗团伙的新主要聚集地之一。据马来西亚华人报刊《中国报》报道，近两年迪拜的电信网络诈骗园区数量呈快速增长趋势，其中凤凰园区、永利园区、DIP 园区和绿洲园区四大园区尤为引人注目，这些园区的诈骗人员多达 2 万人。据《纽约时报》统计，印度从事电信网络诈骗的人员高达 120 万人，有消息称，印度地区打出了全球 90% 的诈骗电话。**三是钓鱼网站、互联网平台等成为电信网络诈骗的主阵地。** 近两年，网络钓鱼诈骗频发，已成为电信网络诈骗的主要实施手段，以澳大利亚为例，2024 年上半年，超四成的电信网络诈骗案件与网络钓鱼诈骗有关，损失超 460 万澳元（约合人民币 2177 万元）；与此同时，利用社交媒体进行诈骗成为网络诈骗的重要途径，以泰国为例，2024 年网络诈骗案件造成的人均经济损失约为 3.6 万泰铢（约合人民币 7983 元），其中利用脸书（Facebook）进行的诈骗行为占比高达 39%。

2. 电信网络诈骗技术手段迭代翻新，对抗性日益凸显

我国的电信网络诈骗问题依然严峻且复杂多变，其特征体现为诈骗工具迭代加速、通信手段不断翻新、技术攻防对抗升级，为治理工作带来了巨大挑战。具

体表现如下，**一是通信工具持续演进。**在语音通信层面，诈骗分子已从使用传统"猫池"设备进阶至使用"简易猫池"乃至"固话猫"设备，且"固话猫"的应用场景也经历了从"酒店固话"到"家庭宽带固话融合业务""写字楼固话""企业固话"的变迁，诈骗分子搭建通信联络工具的方式更是推陈出新，如诈骗分子伪装成运营商工作人员以"优化网速"为名，或冒充警察以"安全检查"为由上门安装互联网电话（VoIP）等设备。在网络通信方面，诈骗 App 的使用也从使用通用类的通信软件和在线会议软件转向使用自建聊天工具、共享屏幕类软件、开发工具包及会议软件，以规避监测，甚至形成了"一诈骗案一 App"的定制化趋势。**二是通联方式更加多样。**以诈骗电话为例，已从"传统电话"转向"网络电话"，如利用 FaceTime、畅连等无须添加好友即可视频通话的网络电话功能实施诈骗。在诈骗短信方面，短信发送号码由境外号码转变为境内手机号、端口号，诈骗短信形式从纯文本向彩信、5G 消息等多媒体形式演变，诈骗短信发送方式则从点对点升级为端口短信及终端 IP 短信，诈骗短信内容更是从使用变形字、异形字逃避拦截转向发送合成的色情内容威胁转账、预留异网号码引导受害者上钩。**三是技术对抗烈度升级。**为逃避打击，诈骗分子采用了多种防破解、防溯源、防封堵的技术手段。诈骗网站或诈骗 App 的部署位置已从使用境内外机房转向单一云或跨云部署，防封堵手段也从多级域名跳转发展到高防 IP、自建内容分发网络。诈骗 App 的防护手段则从开源框架快速生成，到多级加壳加密，再到采用 HTML5 页面动态更新为涉诈 App，以实现更强的防溯源和防封堵能力。此外，渗透注入、APT 攻击、中间人攻击等高级网络攻击手段也被引入诈骗场景，进一步加大了治理难度。为有效应对这一复杂多变的电信网络诈骗形势和技术对抗局面，工业和信息化部持续开展"断卡""打猫"等专项行动，以及开展针对涉诈App、跨境电信网络诈骗、FaceTime 诈骗的专项治理，有效压缩了诈骗犯罪的活动空间。同时，工业和信息化部坚持以技治网，建设了信息通信行业反诈支撑大平台，构建了跨地域、跨行业、跨部门的联防联控机制，实现了涉诈信息的共享与联动处置。通过这些举措，不断纵深推进电信网络诈骗治理的深度与广度，推动电信网络诈骗治理工作向精细化发展，全面提升了电信网络诈骗的治理效能。

3.新兴技术逐步被用于实施电信网络诈骗，我国提前布局积极应对

随着科技的飞速发展，AI等新技术正以前所未有的速度渗透生活的方方面面，极大地提升了生产效率和生活质量。**一是诈骗分子利用新技术施诈的风险增加，新技术成为实施电信网络诈骗的新工具。**AI技术在电信网络诈骗中的应用，主要体现在以下两个方面，首先是通过AI换声、换脸技术，使得诈骗分子能够轻松伪造出高度逼真的语音和视频，让受害者难以分辨真伪。这种技术不仅被用于冒充受害者亲友进行情感诈骗，还被用于伪造受害者领导指示、冒充公检法人员等实施诈骗。其次，AIGC技术的兴起，使得诈骗短信和诈骗App的制作变得更加容易和高效。通过训练大模型，诈骗分子可以基于受害者的个人信息批量生成具有高度迷惑性的诈骗脚本，从而大大提高了诈骗的成功率。**二是积极投身于反制技术的研究与开发，力求"以技制技"。**为了有效应对AI等新技术被诈骗分子利用的安全风险，信息通信行业迅速行动，通过建立反诈联合实验室及多个研究站，在与诈骗分子的技术对抗中占得先手、占据主动，全面提升电信网络诈骗的治理效能。其中，研究利用AI深度伪造进行诈骗的鉴别技术是重中之重，这项技术主要分为离线鉴伪、在线鉴伪和端侧鉴伪3个层面。离线鉴伪主要利用AI视觉模型对历史视频文件进行深度分析，识别其中的深度伪造涉诈内容。在线鉴伪则是对实时音视频通话、视频会议等视频流进行实时监测，确保在诈骗行为发生时能够迅速发现并阻断。而端侧鉴伪则是基于端侧AI能力，实现对AI换脸的即时感知、识别和处置，形成闭环检测机制，有效遏制AI换脸技术被用于诈骗。除了研究AI深度伪造诈骗的鉴别技术，信息通信行业还充分利用大模型技术提升诈骗治理能力。一是基于大模型的涉诈文本识别，如基于Qwen-7B等大模型，实现对涉诈文本的精准识别，从海量文本中快速提取出微信号、QQ号、网址等关键线索，为追踪和打击诈骗行为提供有力支持。二是基于大模型的涉诈网站/App识别，通过训练大模型实现对涉诈网站/App内容的识别研判，并依托大模型提高涉诈网站/App的分类精度，从而更有效地保护用户的合法权益。

三、2025 年网络安全领域发展趋势展望

（一）新型工业化加快推进，工业领域网络安全工作持续深化

新型工业化进程加速推进，工业互联网、车联网等融合领域创新发展，数字化车间、智能工厂等应用场景大量涌现，5G、人工智能等新一代信息技术日新月异。随着产业模式发展、技术创新迭代，工业领域面临的网络安全风险及其影响范围、对象主体等发生深刻变化，呈现 4 方面典型特征，这一趋势将推动产业各方聚焦网络安全新特点、新动向发力，"保安全、促发展"的成效将进一步凸显，具体介绍如下。**一是融合性推动网络安全技术与工业属性深度适配。**随着工业领域数字化转型步伐加快，工业企业信息技术（IT）与运营技术（OT）融合趋势明显，生产网络、业务系统等互联互通、开放交互，相对封闭可信的环境被打破，网络安全风险向生产流程逐步渗透，这一趋势将驱动安全解决方案与工业场景、网络环境等紧密融合、深度适配。**二是动态性引导智能软硬件安全防护探索实践。**在 5G、人工智能、工业机器人等新技术、新应用深入赋能工业领域的同时，安全漏洞隐患层出不穷，传统问题和新型风险交织叠加。未来，针对 5G 工厂、工业机器人、数控机床等新型工业应用的安全测试、防护验证、标准研制将探索性开展。**三是多样性加快安全防护分类分级推广普及。**我国工业企业量大面广、工业行业门类众多，不同行业的信息化发展水平不一、安全防护需求不同，针对工业领域网络安全防护的多样性，具有分类施策、分级防护特点的工业互联网安全分类分级管理体系将扩面实施。**四是联动性推动产业链上下游企业协同合作。**在制造业网络化协同、智能化制造等模式下，产业链上下游企业密切协同、高度关联、相互依赖，网络安全责任主体更加多元化，工业企业、自动化设备供应商、安全厂商等多方合作的浪潮持续走高，制度规范、管理体系、技术手段、供给能力等多维度协同发力，构建更完善的工业网络安全生态。

（二）ICT 供应链的全球格局更加复杂，安全管控将进一步升级

当前，ICT 供应链安全管理对于保障网络安全具有重大战略意义，相关安全

防范措施也将随战略调整逐步完善。**一是各国ICT供应链安全战略将进一步收紧**。全球供应链安全事件的增加已经暴露出ICT供应链存在的脆弱性问题，各国在制定供应链安全战略的基础上，将进一步加强供应链安全监管。例如，欧盟已颁布"供应链法"——《企业可持续发展尽职调查指令》（CSDDD），引入对企业的尽职调查强制性要求以减少全球供应链中的潜在安全风险。在欧盟"供应链法"的带动下，未来各国针对外企的供应链安全风险评估审查或将采取强制性要求，ICT供应链安全监管将趋于强制化。此外，在美国新设供应链韧性委员会等的影响下，荷兰紧随其后扩大出口管制，其他国家也将加快更新供应链安全管理政策机制，供应链安全限制要求将更加苛刻，供应链安全管控将再度升级。**二是ICT供应链安全管理体系正逐步完善**。在政策驱动下，基于相关标准的供应链安全管理体系将逐步落地实践，推动企业安全能力升级、产品安全可控。**组织侧**，为促进供应商提高安全管控水平，供应商评估将被企业纳入安全策略，从交付能力、技术能力、财务稳定性、质量管理水平等维度进行供应商评估，严选、优选供应商，降低供应中断风险，并制定合同条款划清双方责任边界。**产品侧**，一是基础产品研发能力将进一步增强，以促进基础软硬件、应用软件、信息安全产业安全可控程度加深；二是开源软件安全管理将继续深化，用于梳理所用开源软件，监控安全漏洞、断供及许可合规风险；三是供应链透明度和可追溯性将持续提高，以物料清单为抓手实现细粒度资产来源管控。

（三）数据安全法律体系持续完善，承接性、配套性政策标准加速出台

随着数据要素在推动经济高质量发展和新质生产力形成中的作用更加凸显，以高水平数据安全法治建设护航数字经济持续健康发展成为必然要求，国家数据安全法律体系将进一步完善。在国家数据安全顶层立法的牵引下，聚焦重点制度机制、数据流通利用、特殊主体的承接性配套政策标准将加速出台：**从国内看，数据安全配套政策标准加快完善**。一是重要制度机制持续建设。重点推进建设数据分级分类保护制度、事件应急处置流程规范等制度机制配套的实施细则，安全要求及实施路径进一步明确。**二是数据安全保护要求不断细化**。为推动数据产业高质量发展、加快繁荣数据产业生态，结合国家对数据产业的整

体规划，数据安全保护的相关要求更加细化、更加具有针对性，为培育全国一体化数据市场提供基础保障，包括针对云服务、数据产品等数据流通利用重点业务场景制定可操作、可落地的数据安全保护要求，及结合初创企业、中小企业特殊主体数据安全风险特点，制定有针对性的数据安全指南等。**三是推进数据安全重点标准的编制**。数据流通安全技术标准、数据分类分级保护标准等重点标准加快编制，为政策落地提供实操指引。**从国际看，数据跨境流动规则更加便利化、多元化**。随着北京、上海等地数据出境管理正负面清单出台，更多地方自贸区数据出境管理正负面清单将陆续发布实施，各地数据出境管理能力及便利化程度进一步提升。依托中欧数字领域高层、中新（新加坡）数字经济合作等双边机制，扩展我国与欧盟、东盟成员国在数据跨境流动领域的合作范围与伙伴网络，逐步加强跨境数据流动标准合同、公司约束性规则等制度的国际对接，探索搭建数据跨境流动国际通道。

（四）智能化网络攻防对抗挑战持续升级，需在网络安全新领域探索人工智能应用潜力

在传统网络攻击手段的基础上，犯罪分子对人工智能技术的恶意应用放大了网络攻击效果，致使网络攻击规模更大且更具针对性和杀伤力。智能化驱动下，未来几年网络攻击将会呈现 3 个方面的特点。**一是攻击门槛和成本将降低**。大模型的恶意利用为攻击者提供了更便利的攻击条件，黑客在网上公开兜售使用 GPT 大模型和黑客数据专门训练的网络攻击 GPT 模型，利用特殊 GPT 工具即可生成钓鱼电子邮件和短信，或编写恶意代码和软件程序，攻击门槛降低。**二是网络攻击欺骗性更强**。犯罪分子可利用人工智能技术生成虚假网络钓鱼电子邮件和社会工程方案，与合法信息的区别很小，更容易欺骗目标。**三是犯罪分子攻击"武器"持续升级**。攻击者利用人工智能实现自动化攻击渗透，并能通过学习规避已有的安全检测方法。面对上述挑战，必须采取"以智打智、比快打快"的应对策略，利用人工智能在网络安全防御方面进行新探索、解决难问题。为了提升网络攻防实战中的智能化对抗能力与自动化响应水平，**未来人工智能赋能网络安全将在高级威胁分析、自动化威胁检测、未知威胁识别等新领域不断创新发展**，具备发展潜力的研究方向包括：通过多维情报关联推理、

解决高级安全威胁预测深度、广度、准确度不足等问题，从而识别高隐蔽性、强对抗性安全威胁和攻击行为；通过生成式人工智能构建脚本，开展自动化渗透测试，识别脆弱资产和网络风险环节，达到以攻促防的目的；利用人工智能的推理能力，对"未知"的网络数据（如加密流量）进行推理分析，实现对海量多维数据中未知威胁的识别。